教育課程(カリキュラム)編成は こうすればよい

社会に開かれた教育課程の実現

竹田 敏彦 [監修・編著]

ミネルヴァ書房

は じ め に

──社会に開かれた教育課程の実現──

　各学校においては，各教科等の目標や内容を見通し，特に学習の基盤となる資質・能力〔言語能力，情報活用能力（情報モラルを含む。），問題発見・解決能力等〕や現代的な諸課題に対応して求められる資質・能力の育成のために，各教科等横断的・総合的な学習を充実することや，新学習指導要領の目玉ともいえる「主体的・対話的で深い学び」の実現に向けた授業改善を，単元や題材など内容や時間のまとまりを見通して行うことが求められている。

　これらの取り組みの実現のためには，学校全体として，児童生徒や学校，地域の実態を適切に把握し，教育内容や時間の配分，必要な人的・物的体制の確保，教育課程の実施状況に基づく改善などを通して，教育活動の質を向上させ，学習効果の最大化を図るカリキュラム・マネジメントに努めることが不可欠である。

　文部科学省は，新学習指導要領「総則」において，「児童生徒や学校，地域の実態を適切に把握し，教育の目的や目標の実現に必要な教育の内容等を教科等横断的な視点で組み立てていくこと，教育課程の実施状況を評価してその改善を図っていくこと，教育課程の実施に必要な人的又は物的な体制を確保するとともにその改善を図っていくことなどを通して，教育課程に基づき組織的かつ計画的に各学校の教育活動の質の向上を図っていくこと（以下「カリキュラム・マネジメント」という。）に努める」ことを新たに示した。

　教育課程（カリキュラム）は，日々の各教科等の指導の中で，当然の如く機能するものでなければならないが，教育課程（カリキュラム）編成の意義が重視され，絶え間ない振返りのもと，工夫・改善が図られるという機会は多くはないというのが学校教育現場の実態である。いうまでもなく，教育課程は，各学校の教育活動の中核をなす重要な役割を担うものである。

　教育課程の意義については様々な捉え方があるが，各学校において編成する教育課程については，「学校教育の目的や目標を達成するために，教育の内容

を児童生徒の心身の発達に応じ，授業時数との関連において総合的に組織した各学校の教育計画である」ということができ，その際，学校の教育目標の設定，指導内容の組織及び授業時数の配当が教育課程編成の基本的な要素となる。

　学校の教育課程は，学校教育法施行規則において，国語，社会，算数・数学，理科，音楽，図工・美術，保健体育，技術・家庭及び外国語の各教科，特別の教科である道徳（道徳科），総合的な学習の時間，特別活動，外国語活動（以下「各教科等」という。）によって編成することとしており，学習指導要領においては，各教科等の目標や指導内容が学年段階に即して示されている。

　各学校においては，こうした法令で定められている教育の目的や目標などに基づき，児童生徒や学校，地域の実態に即し，学校教育全体や各教科等の指導を通して育成を目指す資質・能力を明確にすること（学習指導要領第1章総則第1の3）や，各学校の教育目標を設定（学習指導要領第1章総則第2の1）することが求められ，それらを実現するために必要な各教科等の教育の内容を，教科等横断的な視点をもちつつ，学年相互の関連を図りながら組織する必要がある。

　授業時数については，教育の内容との関連において定められるべきものであるが，学校における児童生徒の一定の生活時間を，教育の内容とどのように組み合わせて効果的に配当するかは，教育課程の編成上において重要な要素といえる。学校教育法施行規則に各教科等の標準授業時数を定められており，各学校はそれを踏まえ授業時数を定めなければならないこと（学習指導要領第1章総則第2の3（2））になっている。

　各学校においては，以上のように，教育基本法や学校教育法をはじめとする教育課程に関する法令に従い，学校教育全体や各教科等の目標やねらいを明確にし，それらを実現するために必要な教育の内容を，教科等横断的な視点をもちつつ，学年相互の関連を図りながら，授業時数との関連において総合的に組織していくことが求められているのである。

　こうした教育課程の編成は，学習指導要領第1章総則第1の4に示されている「カリキュラム・マネジメント」の一環として行われるものであり，総則の項目立てにあるように，各学校における教育課程の編成や実施等に関する流れを踏まえて，①学校教育の基本と教育課程の役割（第1章総則第1），②教育課

程の編成（第1章総則第2），③教育課程の実施と学習評価（第1章総則第3），④児童生徒の発達の支援（第1章総則第4），⑤学校運営上の留意事項（第1章総則第5），⑥道徳教育に関する配慮事項（第1章総則第6）が示されている。

　すなわち，教育課程はあらゆる教育活動を支える基盤となるものであり，学校運営についても，教育課程に基づく教育活動をより効果的に実施していく観点から組織運営・経営がなされなければならないものである。カリキュラム・マネジメントは，学校教育に関わる様々な取り組みを，教育課程を中心に据えながら組織的かつ計画的に実施し，教育活動の質の向上につなげていくことである。

　具体的には，児童生徒や学校，地域の実態を適切に把握し，教育の目的や目標の実現に必要な教育の内容等を教科等横断的な視点で組み立てていくこと，教育課程の実施状況を評価してその改善を図っていくこと，教育課程の実施に必要な人的または物的な体制を確保するとともにその改善を図っていくことなどを通して，教育課程に基づき組織的かつ計画的に各学校の教育活動の質の向上を図っていくことである。

　したがって，各学校においては，学習指導要領「総則」の全体像を含めて，教育課程に関する国や教育委員会の基準を踏まえ，自校の教育課程の編成，実施，評価及び改善に関する課題がどこにあるのかを明確にして教職員間で共有し改善を図ることにより学校教育の質の向上，カリキュラム・マネジメントの充実に努めることが求められる。

　しかし，今日，教育課程（カリキュラム）の編成権が学校にあるにもかかわらず，各学校の特色を生かした教育課程（カリキュラム）編成が学習指導要領に基づいて教科等横断的な視点で組み立てることが十分に実施されているとはいえない。各学校においては，そのことに的確にメスを入れ，学習指導要領において示唆されている教育課程編成を主体的・組織的・計画的・体系的に実施することが喫緊の課題といえる。

　本書はこの課題に理論的・実践的に応えるべく先進的な「教育課程（カリキュラム）の編成」，「社会に開かれた教育課程の実現」を目指して論を展開することとする。

（竹田敏彦）

教育課程（カリキュラム）編成はこうすればよい　**目　次**

おわりに——教育課程（カリキュラム）編成の改革

第1章

教育課程（カリキュラム）とは

　本章では，教育課程（カリキュラム）の定義と意義を明確にしたうえで，「社会に開かれた教育課程」を重視すること，「創意工夫を生かした特色ある教育課程」を編成・実施すること，「カリキュラム・マネジメント」を実現することを踏まえ，教育課程の編成の工夫改善を図る必要性について論じる。

　具体的には，第1節で教育課程とカリキュラムの同義性及び教育課程（カリキュラム）の定義と意義について，第2節で教育課程（カリキュラム）の基準及び教育課程に関する法令について，第3節で教育課程（カリキュラム）編成の主体及び教育課程（カリキュラム）編成の原則について，第4節で何に依拠して教育課程を編成するか，どのような教育課程を編成するか，どのように価値観を形成するか，学校種間の接続をどう実現するかについて取り上げる。

1　教育課程（カリキュラム）の定義と意義

　文部科学省は，2017（平成29）年3月31日に学校教育法施行規則の一部改正と小中学校の学習指導要領の改訂を行った。新小学校学習指導要領は2020（令和2）年度，新中学校学習指導要領は2021（令和3）年度から全面的実施となった。

　今回の改訂は，2016（平成28）年12月21日に「幼稚園，小学校，中学校，高等学校及び特別支援学校の学習指導要領等の改善及び必要な方策等について（答申）」（以下「中央教育審議会答申」という。）を踏まえ，次の①〜③を基本的なねらいとして行ったものである。

　① 教育基本法，学校教育法などを踏まえ，これまでの我が国の学校教育

の実績や蓄積を生かし，子供たちが未来社会を切り拓くための資質・能力を一層確実に育成することを目指すこと。その際，子供たちに求められる資質・能力とは何かを社会と共有し，連携する「社会に開かれた教育課程」を重視すること。

② 知識及び技能の習得と思考力，判断力，表現力等の育成のバランスを重視する2008（平成20）年改訂の学習指導要領の枠組みや教育内容を維持した上で，知識の理解の質を更に高め，確かな学力を育成すること。

③ 先行する特別教科化など道徳教育の充実や体験活動の重視，体育・健康に関する指導の充実により，豊かな心や健やかな体を育成すること。

　上記①からもわかるように，教育課程（カリキュラム）に関わって，新学習指導要領は「社会に開かれた教育課程」の実現を重視している。

　このことを踏まえて，各学校においては，学習指導要領等についての理解を深め，「創意工夫を生かした特色ある教育課程」を編成・実施することが求められているといえる。

　それでは，何のための教育課程（カリキュラム）の編成・実施であり，「社会に開かれた教育課程」の実現の重視なのであろうか。

　中央教育審議会答申は，"よりよい学校教育を通じてよりよい社会を創る"という目標を学校と社会が共有し，連携・協働しながら，新しい時代に求められる資質・能力を子どもたちに育む「社会に開かれた教育課程」の実現を目指すことを示している。すなわち，よりよい学校教育を通じてよりよい社会を創るために，「社会に開かれた教育課程」の実現を目指すというのである。

　また，中央教育審議会答申は，そのうえで学習指導要領等が学校，家庭，地域の関係者が幅広く共有し活用できる「学びの地図」としての役割を果たすことができるよう，次の①～⑥の6点にわたってその枠組みを改善するとともに，各学校において教育課程（カリキュラム）を軸に学校教育の改善・充実の好循環を生み出す「カリキュラム・マネジメント」の実現を目指すことなどを求めている。

【学習指導要領等が学びの地図としての役割を果たすための枠組みの改善点】
　　①「何ができるようになるか」（育成を目指す資質・能力）
　　②「何を学ぶか」（教科等を学ぶ意義と，教科等間・学校段階間のつなが
　　　りを踏まえた教育課程の編成）
　　③「どのように学ぶか」（各教科等の指導計画の作成と実施，学習・指導
　　　の改善・充実）
　　④「子供一人一人の発達をどのように支援するか」（子供の発達を踏まえ
　　　た指導）
　　⑤「何が身に付いたか」（学習評価の充実）
　　⑥「実施するために何が必要か」（学習指導要領等の理念を実現するため
　　　に必要な方策）

　先に列挙した「社会に開かれた教育課程」，「創意工夫を生かした特色ある教
育課程」，「カリキュラム・マネジメント」の視点は，いずれも教育課程（カリ
キュラム）編成の工夫・改善において考慮されなければならない重要な要素で
ある。このことは，本稿を通して，次第に明らかにされることになる。

（1）教育課程とカリキュラム

　「教育課程」と「カリキュラム」はどのような関係にあるのか。同義なのか
訳語なのか。西岡加名恵は「教育課程という用語は，戦後の日本において cur-
riculum の翻訳語として成立した。」（西岡 2018：7），田中耕治は「日本では，
通例，前者（カリキュラム）は研究的な用語（たとえば「日本カリキュラム学
会」のように）として，後者（教育課程）は公式の用語として，使い分けられ
ています。」（田中 2018：2）と述べている。

　本稿では，「教育課程」と「カリキュラム」をほぼ同義として捉え，必要に
応じて使い分けることとする。

（2）教育課程（カリキュラム）の定義

　教育課程の定義については，文部科学省が学習指導要領において，次のよう

に捉えている。

> 学校教育の目的や目標を達成するために，教育の内容を児童生徒の心身の発達に
> 応じ，授業時数との関連において総合的に組織した各学校の教育計画である。

　この定義は，文部科学省が学習指導要領（平成29年告示）解説「総則編」第
2章「教育課程の基準」第1節「教育課程の意義」の次の文章に記されている。
文章中の＿＿（下線部）がその該当部分である。

　　　教育課程は，日々の指導の中でその存在があまりにも当然のこととなっ
　　ており，その意義が改めて振り返られる機会は多くはないが，各学校の教
　　育活動の中核として最も重要な役割を担うものである。教育課程の意義に
　　ついては様々な捉え方があるが，学校において編成する教育課程について
　　は，学校教育の目的や目標を達成するために，教育の内容を児童生徒の心
　　身の発達に応じ，授業時数との関連において総合的に組織した各学校の教
　　育計画であると言うことができ，その際，学校の教育目標の設定，指導内
　　容の組織及び授業時数の配当が教育課程の編成の基本的な要素になってく
　　る。　　　　　　　　　　　　　　　　　　　　　　〔文部科学省　2017：11〕

（3）教育課程（カリキュラム）の意義

　新学習指導要領は，各学校において，教育基本法や学校教育法をはじめとす
る教育課程に関する法令に従い，学校教育全体や各教科等の目標やねらいを明
確にし，それらを実現するために必要な教育の内容を，教科等横断的な視点を
もちつつ，学年相互の関連を図りながら，授業時数との関連において総合的に
組織していくことを求めている。こうした教育課程の編成は，学習指導要領第
1章総則第1の4に示すカリキュラム・マネジメントの一環として行われるも
のである。
　すなわち，教育課程（カリキュラム）の意義は，教育課程の定義を踏まえ，
学校の教育目標の設定，指導内容の組織及び授業時数の配当を教育課程の編成
の基本的な要素として，カリキュラムをマネジメントすることと捉えられる。

　文部科学省は，学習指導要領において，教育課程の編成において重視している「カリキュラム・マネジメント」について，次のように定義している。

　　　各学校においては，生徒や学校，地域の実態を適切に把握し，教育の目的や目標の実現に必要な教育の内容等を教科等横断的な視点で組み立てていくこと，教育課程の実施状況を評価してその改善を図っていくこと，教育課程の実施に必要な人的又は物的な体制を確保するとともにその改善を図っていくことなどを通して，教育課程に基づき組織的かつ計画的に各学校の教育活動の質の向上を図っていくこと

〔文部科学省　2017：39(小)40(中)〕

　各学校が「カリキュラム・マネジメント」を推進するためには，この定義にそって，次のように努めることが求められている。

　　　教科等の目標や内容を見通し，特に学習の基盤となる資質・能力〔言語能力，情報活用能力（情報モラルを含む。以下同じ。），問題発見・解決能力等〕や現代的な諸課題に対応して求められる資質・能力の育成のためには，教科等横断的な学習を充実することや，「主体的・対話的で深い学び」の実現に向けた授業改善を，単元や題材など内容や時間のまとまりを見通して行う。これらの取組の実現のためには，学校全体として，児童生徒や学校，地域の実態を適切に把握し，教育内容や時間の配分，必要な人的・物的体制の確保，教育課程の実施状況に基づく改善などを通して，教育活動の質を向上させ，学習の効果の最大化を図る。

〔文部科学省　2017：4 - 5 (小) 5 (中)〕

2　教育課程（カリキュラム）に関する法制

（1）教育課程（カリキュラム）の基準

　学校教育を組織的，計画的，継続的に実施するためには，学校教育の目的や

目標を設定し，その達成を図るための教育課程（カリキュラム）が編成されなければならない。

　小中学校は義務教育であり，また，公の性質を有するものであることから，各学校において編成，実施される教育課程は，国全体としての統一性を保つことが求められる（学習指導要領の「基準性」）。

　したがって，各学校においては，必要な限度で定められた国の基準に基づきながら，創意工夫を加えて，児童生徒や学校，地域の実態に即した教育課程を責任をもって編成，実施することになる。また，学校を指導・管理する立場にある教育委員会の役割は，学校の主体的な教育課程編成の取り組みを支援していくことに重点が置かれている。

　しかしながら，各学校と教育委員会の教育課程編成に係る連携はうまくいっているとは思われない。その根拠に，教育委員会の指導・支援の手が各学校に届いていないことや，各学校においても教育課程編成の工夫改善が進んでいないことが挙げられる。

　学校教育法の規定に基づいて，文部科学大臣は，学校教育法施行規則において，小中学校の教育課程に関するいくつかの基準を定めている。すなわち，小学校の教育課程は，国語，社会，算数，理科，生活，音楽，図画工作，家庭，体育及び外国語の各教科（中略），特別の教科である道徳，外国語活動，総合的な学習の時間並びに特別活動によって編成するものとする（第50条）ことや，授業時数については，第3・4学年で新設する外国語活動に年間35単位時間，第5・6学年で新設する外国語科に年間70単位時間を充てることとし（第5・6学年の外国語活動は廃止），それに伴い各学年の年間総授業時数は，従来よりも，第3学年から第6学年で年間35単位時間増加すること（第51条の別表第1）などを定めている。また，中学校の教育課程は，国語，社会，数学，理科，音楽，美術，保健体育，技術・家庭及び外国語の各教科，特別の教科である道徳，総合的な学習の時間並びに特別活動によって編成すること（第72条）や，授業時数については，各学年における各教科，道徳科，総合的な学習の時間及び特別活動のそれぞれの年間の標準授業時数並びに各学年における年間の標準総授業時数（第73条の別表第2）などを定めている。

これらの定めのほか，小学校の教育課程については第52条において，中学校の教育課程については第74条において，教育課程の基準として文部科学大臣が別に公示する小中学校学習指導要領によらなければならないことを定めている。

（2）教育課程に関する法令

学校教育の目的や目標及び教育課程については，日本国憲法の精神にのっとり，次のような法令が定められている。各学校においては，以下の法体系の全体を理解して教育課程の編成及び実施に当たる必要がある。

① 教育基本法

教育の目的（第1条），**教育の目標**（第2条），生涯学習の理念（第3条），教育の機会均等（第4条），**義務教育**（第5条），学校教育（第6条），私立学校（第8条），教員（第9条），幼児期の教育（第11条），**学校，家庭及び地域住民等の相互の連携協力**（第13条），政治教育（第14条），宗教教育（第15条），**教育行政**（第16条），**教育振興基本計画**（第17条）など

教育基本法に示されている条文の中で太字で表している事項は，教育課程（カリキュラム）編成においてとりわけ重要である。

② 学校教育法，学校教育法施行規則

学校教育法には，教育基本法における教育の目的及び目標並びに義務教育の目的に関する規定を踏まえ，義務教育の目標が10号にわたって規定されている（第21条）。そのうえで，小学校の目的として，「心身の発達に応じて，義務教育として行われる普通教育のうち基礎的なものを施すこと」（第29条），中学校の目的として，「小学校における教育の基礎の上に，心身の発達に応じて，義務教育として行われる普通教育を施すこと」（第45条），小学校教育の目標として，「前条に規定する目的を実現するために必要な程度において第21条各号に掲げる目標を達成するよう行われるものとする。」（第30条第1項），中学校教育の目標として，小学校と同様のこと（第46条）が定められている。また，小中学校に共通する確かな学力観として，第30条第2項は，「前項の場合において

は，生涯にわたり学習する基盤が培われるよう，基礎的な知識及び技能を習得させるとともに，これらを活用して課題を解決するために必要な思考力，判断力，表現力その他の能力をはぐくみ，主体的に学習に取り組む態度を養うことに，特に意を用いなければならない。」と規定している。さらに，これらの規定に従い，文部科学大臣が小学校の教育課程（第33条）及び中学校の教育課程（第48条）の基準を定めることになっている。

　なお，教育基本法第2条（教育の目標），学校教育法第21条（義務教育の目標）及び第30条第1項（小学校教育の目標），第46条（中学校教育の目標）は，いずれも「目標を達成するよう行われるものとする。」と規定している。これらは，児童生徒が目標を達成することを義務づけるものではないが，教育を行う者が「目標を達成するよう」に留意しなければならないことを明確にしていることである。

③　学習指導要領

　学校教育法第33条（小学校の教育課程），第48条（中学校の教育課程）及び学校教育法施行規則第52条（小学校の教育課程の基準），第74条（中学校の教育課程の基準）の規定に基づいて，文部科学大臣が学習指導要領を告示することになっている。

　学校教育法施行規則第52条及び第74条が「教育課程については，この章に定めるもののほか，教育課程の基準として文部科学大臣が別に公示する学習指導要領によるものとする」と示しているように，学習指導要領は，教育について一定の水準を確保するために法令に基づいて国が定めた教育課程の基準であるので，各学校の教育課程（カリキュラム）の編成及び実施に当たっては，これに従わなければならない。このように，学習指導要領は「基準性」を有することから，学習指導要領に示している内容は，全ての児童生徒に対して確実に指導しなければならないものであり，生徒の学習状況などその実態等に応じて必要がある場合には，各学校の判断により，学習指導要領に示していない内容を加えて指導することも可能である（第1章総則第2の3（1）ア及びイ）。また，各教科等の指導の順序について適切な工夫を行うこと（第1章総則第2の3

（1）ウ）や，授業の1単位時間の設定や時間割の編成を弾力的に行うこと（第1章総則第2の3（2）ウ），総合的な学習の時間において目標や内容を各学校で定めることなど，学校や教職員の創意工夫が重視されている。

④ 地方教育行政の組織及び運営に関する法律

　公立の小中学校においては，以上のほか，地方教育行政の組織及び運営に関する法律による定めがある。すなわち，教育委員会は，学校の教育課程に関する事務を管理，執行し（第21条第5号），法令又は条例に違反しない限度において教育課程について必要な教育委員会規則を定めることができる（第33条第1項）。この規定に基づいて，教育委員会が教育課程について規則などを設けている場合には，学校はそれに従って教育課程を編成しなければならない。

3　教育課程（カリキュラム）編成の原則

（1）教育課程（カリキュラム）編成の主体

　教育課程の編成主体については，学習指導要領第1章総則第1の1において「各学校においては，…（中略）…適切な教育課程を編成するものとし」と示され，第1章総則第1の2において，学校の教育活動を進めるに当たっては，各学校において「創意工夫を生かした特色ある教育活動を展開する」ことが示されている。このことから，教育課程編成は学校が主体性を発揮して行うべきことであると捉えられる。

　学校において教育課程を編成するということは，学校教育法第37条第4項，第49条の中学校の準用規定において「校長は，校務をつかさどり，所属職員を監督する。」と規定されていることから，学校の長たる校長が責任者となって編成するということになる。これは教育課程編成の権限と責任の所在を示したものであるが，学校は組織体であるから，教育課程の編成作業は，当然ながら全教職員の協力の下に行わなければならない。校長はそのリーダーシップをとることが求められているのである。

　教育課程の編成に当たっては，「総合的な学習の時間」をはじめとして，創

意工夫を生かした教育課程が求められる。そのためには，学級や学年の枠を越えて教師同士が連携協力することが不可欠である。

　各学校には，校長，教頭のほかに主幹教諭，指導教諭，教務主任をはじめとして各主任・主事等が置かれ，それらの担当者を中心として全教職員がそれぞれ校務を分担処理している。各学校の教育課程は，これらの学校の運営組織を生かし，各教職員がそれぞれの分担に応じて研究を重ね，教育課程全体のバランスに配慮しながら，創意工夫を重ねて編成することが望まれる。また，校長は，学校全体の責任者として指導性を発揮し，家庭や地域社会との連携を図りながら，学校としての統一性や一貫性のある教育課程編成が実施できるように努めることが求められている。

（2）教育課程（カリキュラム）編成の原則

　教育課程の原則については，文部科学省が学習指導要領において，次のように示している（学習指導要領解説 総則編 第3章 教育課程の編成及び実施 第1節 学校教育の基本と教育課程の役割 1 教育課程編成の原則，学習指導要領 第1章第1の1）。

　　　各学校においては，教育基本法及び学校教育法その他の法令並びにこの章以下に示すところに従い，児童生徒の人間として調和のとれた育成を目指し，児童生徒の心身の発達の段階や特性及び学校や地域の実態を十分考慮して，適切な教育課程を編成するものとし，これらに掲げる目標を達成するよう教育を行うものとする。　　　　　　　　　　　〔文部科学省 2017：17〕

　教育課程編成の原則に基づき，校長を中心として全教職員が共通理解を図りながら，学校として統一のあるしかも特色をもった教育課程を編成することが求められている。
　そのためには，教育を行うための中核となる教育課程を編成するに当たって，次のア，イの2点及び「生きる力」「確かな学力観」が重要になる。

　ア　教育基本法及び学校教育法その他の法令並びに学習指導要領の示すと
　　ころに従うこと
　イ　児童生徒の人間として調和のとれた育成を目指し，児童生徒の心身の
　　発達の段階や特性及び学校や地域の実態を十分考慮すること
　　学習指導要領総則において，知・徳・体のバランスのとれた「生きる
力」の育成（第1の2）や，そのための知識及び技能の習得と，思考力，
判断力，表現力等の育成，学びに向かう力，人間性等の涵養という，いわ
ゆる資質・能力の三つの柱のバランスのとれた育成（第1の3），幼児期
の教育との接続や義務教育9年間を見通した中学校教育との接続（第2の
4），小学校教育との接続や高等学校との接続など学校段階間の接続（第
2の4）など，児童生徒の発達の段階に応じた調和のとれた育成を重視し
ていることに留意する必要がある。　　　　　　〔文部科学省　2017：18-19〕

4　教育課程（カリキュラム）編成をめぐる論点

　教育課程（カリキュラム）編成の工夫改善を図るためには，学校，教師，子
どもたちの実態を踏まえたP（計画）→D（実践）→C（評価）→A（修正・
改善）のサイクルが大切にされなければならない。P（計画）は「学校として
意図的に計画された教育課程編成」，D（実践）は「教育課程編成に基づいて
教師たちが実際に行う実践とその結果」，C（評価）は「教育課程編成に基づ
く実践によって子どもたちに達成された学習の成果」，A（修正・改善）は
「教育課程編成に基づく実践の結果の振り返りによる修正・改善」である。
　P→D→C→AサイクルのP→Dができていない学校は論外といわざる
を得ない。まずはP→Dができることが求められる。P→Dができている学
校の課題はC→Aをしっかり機能させることである。C→Aの機能がしっか
りしているかどうかが教育課程（カリキュラム）編成の明暗を分けるといって
も過言ではない。
　西岡は教育課程をめぐる論点として，次の（1）～（4）を挙げている（西
岡　2018：23-26）。

（1）何に依拠して教育課程を編成するか：編成原理

西岡は，歴史的に見て教育課程編成をめぐっては，経験主義と系統主義という二つの立場（編成原理）があることを指摘した。経験主義は「子供の生活から出発し，その生活の改善をめざして組織された経験として教育課程が構想される。そこでは，『教育と生活の結合』が重視される」こと，系統主義は「教科を構成している基礎学問の論理によって教育課程を組織することが目指される。そこでは，『教育と科学の結合』が強調される」ことを挙げている。

このことは，教育課程編成をめぐっては，「子供の生活から出発し，その生活の改善をめざして教育課程が構想されること」，「教科を構成している基礎学問の論理によって教育課程が組織されること」が重要であることを述べている。

（2）どのような教育課程を編成するか

西岡は，まず，「教育課程編成にあたって，どのように目標を設定できるかについて検討する。」ことを挙げ，次に，「学力論の蓄積を確認するとともに，「資質・能力」を育成するために，教育課程全体，ならびに各領域の目標設定をどう構想できるのか」を提案している。

西岡は，また，教育課程の領域をどう設定するかについては諸説があることを述べ，「①教育課程全体を子どもの経験の再構成として捉える説，②学問的な体系的知識を教授する教科と，学校生活において子どもたちが行動することを通して生き方を学ぶ教科外活動の2領域を位置づける説，③系統的な指導を行う教科，子どもたちが探究的な学習を進める総合学習，子どもたちが自治的に取り組む特別活動という3領域を設定する説，①の説は経験主義，②と③の説は系統主義」であることを示している。

本稿は，③の立場に立って論述する。

（3）どのように価値観を形成するか

西岡は，教育課程において，子どもたちの価値観の形成をどう位置づけるかは，とりわけ論争的であると捉えている。

西岡は，「2015（平成27）年3月に学習指導要領が一部改正されて設置された

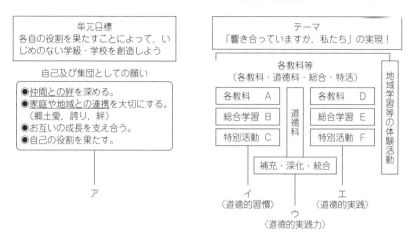

ア…児童生徒が単元目標に係る自己及び集団としての願いをもつ。
イ…児童生徒が単元目標や願いを意識して各学習活動に立ち向かう。：道徳的習慣
ウ…道徳の時間で，テーマ「響き合うこと」に係る道徳的価値及びそれに基づいた「人間としての生き方」（「自己の生き方」）についての自覚（考え）を深める。その際，事前の学習活動（体験活動等）における自己の立ち向かう姿について内省し，自己の課題をもつ（児童生徒の内面において道徳的価値に係る補充・深化・統合が図られるようにする。）：道徳的実践力
エ…自己の課題を次なる学習活動に生かし，自己のよさを発揮する。：道徳的実践

図1-1　価値観を形成する教育課程──総合単元的な道徳学習

出所：筆者作成。

「特別の教科 道徳」においては，「項目」（徳目）の指導と「議論する道徳」が強調されている」ことを述べ，「主権者としての市民をどのように育成するのかが，改めて問われている」ことを挙げている。

　教育課程において，子どもたちの価値観の形成をどう位置づけるかは，極めて重要である。本稿は，図1-1のように，「各教科，特別活動，総合的な学習の時間の学習指導」→「道徳科」→「各教科，特別活動，総合的な学習の時間の学習指導」の学習指導過程を重視しており，そのような教育課程編成を目指すものである。

（4）学校種間の接続をどう実現するか

　西岡は，「教育課程は各学校が編成するが，子どもたちの成長・発達を促進

する観点からは，幼稚園・小学校・中学校・高等学校・大学へと続く教育の過程を適切に接続することが求められる。」ことを述べている。

このことに異論はない。しかしながら，現実は学校種間の接続が適切に行われているとは思われない。現状を分析し，課題を明確にすることによって，教育課程編成が改善されなければならない。そのためには，教育課程編成に向けた文部科学省，各都道府県教育委員会，市町村教育委員会，学校長のリーダーシップ，校内外の研修体制や議論の場が不可欠である。

引用・参考文献

田中耕治（2018）「教育課程（カリキュラム）とは何か」『よくわかる教育課程 第2版』ミネルヴァ書房.

西岡加名恵（2018）「教育課程（カリキュラム）とは何か」『教職教養講座 第4巻 教育課程』協同出版.

文部科学省（2018）『小学校学習指導要領（平成29年告示）解説 総則編』東洋館出版社.

文部科学省（2018）『中学校学習指導要領（平成29年告示）解説 総則編』ぎょうせい.

（竹田敏彦）

第2章

日本の教育課程（カリキュラム）改革の動向

　　日本の学校の教育課程は，文部科学大臣により告示される学習指導要領を基準にして，各学校により編成される。学習指導要領とは，全国のどの地域で教育を受けても，一定の水準の教育を受けられるようにすることを目的として定められた，教育課程を編成する際の基準である。この学習指導要領は，およそ10年に一度改訂されてきた。改訂は，社会の変化に応じてなされており，改訂の中身を考察することは，その時代ごとの社会の変化や，社会の変化に対応した教育のあり方に関する人々の間の議論を考察することにもつながる。本章では，学習指導要領の歴史的変遷を確認しつつ，改訂にあたっての社会的背景や，改訂の歴史を通じて常になされてきた学校教育のあり方に関する議論を概観する。本章で紹介される内容は，あくまで学習指導要領や教育課程に関する歴史的議論の一部に過ぎないが，この章の内容を通して，現代の学習指導要領や教育課程がどのような歴史的背景をもって成立してきたのかを考える手がかりを提供するとともに，教育に対する見方を歴史を手がかりにして相対化し，見つめなおすための手がかりを提供したい。

　第1章では，現行学習指導要領の内容やその成立過程，あるいは学校教育法をはじめとした教育法規の内容を確認しながら，教育課程の定義と意義を明らかにした。本章では，学習指導要領の歴史的変遷を確認しながら，それぞれの時代において教育課程がいかなる意図をもって編成されていったのか考えていきたい。

　すでに第1章で確認した通り，学習指導要領は学校教育法第33条（小学校の教育課程），第48条（中学校の教育課程）及び学校教育法施行規則第52条（小学校の教育課程の基準），第74条（中学校の教育課程の基準）といった規定に基づいて，文部科学大臣により告示されることになっている。学習指導要領と

は，学校教育において一定の水準の教育を確保するために法令に基づいて定められた教育課程の基準であり，これに従って各学校の教育課程の編成及び実施が行われる必要がある。この意味で，学習指導要領は各学校の教育課程の内容を制限する，法的な拘束力をもった文章と解される。

しかしながら，こうした学習指導要領の法的な拘束力は，学習指導要領が現れた当初から明確に成立していたわけではない。このことは，戦後に示された初期の学習指導要領の内容から確認することができる。以下では，学習指導要領の歴史的変遷を概観し，学習指導要領の内容やその文書としての位置づけの変化を確認するとともに，学習指導要領の改訂にあたっての社会的背景，学習指導要領の改訂と教育課程の編成をめぐって交わされた議論の内容についても確認する。

1 戦後「新教育」の展開

1947（昭和22）年 3 月20日，文部省は最初の学習指導要領を出版した。この最初の学習指導要領が示された時点では，あくまで学習指導要領は「試案」であり，このように学習指導要領が「試案」として扱われる状況が1958（昭和33）年まで続くことになる。こうした戦後において日本の今後の新たな教育のあり方を模索する時期のことを，「新教育」期と呼ぶ。

第 2 次世界大戦後，最初に示された学習指導要領は，戦前の国家主義的な教育課程に対する反省のもと，民主的な教育課程を目指すことを明確にしている。このことは，1947年に示された「学習指導要領　一般編（試案）」の文章からも見て取ることができる。序論の一，「なぜこの書はつくられたか」には，戦後の日本の教育が目指す，民主的な教育課程の編成の方向性が示されている。以下は冒頭の文章である。

　　いまわが国の教育はこれまでとちがった方向にむかって進んでいる。この
　　方向がどんな方向をとり，どんなふうのあらわれを見せているかということ
　　とは，もはやだれの胸にもそれと感ぜられていることと思う。このような

あらわれのうちでいちばんたいせつだと思われることは，これはとかく
上の方からきめて与えられたことを，どこまでもそのとおりに実行すると
いった画一的な傾きのあったのが，こんどはむしろ下の方からみんなの力
で，いろいろと，作りあげて行くようになって来たということである。

〔文部省 1947：1〕

また，この学習指導要領の位置づけについては，次のように説明している。

　この書は，学習の指導について述べるのが目的であるが，これまでの教師
用書のように，一つの動かすことのできない道をきめて，それを示そうと
するような目的でつくられたものではない。新しく児童の要求と社会の要
求とに応じて生まれた教育課程をどんなふうにして生かして行くかを教師
自身が自分で研究して行く手びきとして書かれたものである。…（中略）
…この書を読まれる人々は，これが全くの試みとして作られたことを念頭
におかれ，今後完全なものをつくるために，続々と意見を寄せられて，そ
の完成に協力されることを切に望むものである。　　〔文部省 1947：2〕

　ここでは，1947年の学習指導要領があくまで「試論」であり，「教育課程を
どんなふうにして生かして行くかを教師自身が自分で研究して行く手びき」に
過ぎないことが述べられている。したがって実際の教育の場においては，教師
が「現場の経験にもとづいていっそう適切な指導法を工夫することがたいせ
つ」（文部省 1947：3）であり，教育内容についても，画一化されたものではな
く，現場の経験や児童生徒の学びのあり方に応じた形で，教師自身が工夫して
いくことが推奨されている。これは，教育課程を構成する教科教育の内容だけ
でなく，学校教育における教師の位置も，画一的な教育活動を行う存在ではな
く，一定の裁量をもった存在として位置づけられていることを意味する。した
がってここでは，教育課程の内容だけでなく，教育課程を編成し，実施するに
あたっては，国，学校，教師の関係もまた民主的なものでなければならないこ
とが述べられていることになるだろう。

こうした趣旨のもとで作成された初期の学習指導要領には，教育課程の構成に関して経験主義の考え方が取り入れられている。この学習指導要領の経験主義的な教育観は，例えば1951（昭和26）年に改訂された学習指導要領（試論）の以下のような文章からも見て取ることができる。

　　本来，教育課程とは，学校の指導のもとに，実際に児童・生徒がもつところの教育的な諸経験，または，諸活動の全体を意味している。これらの諸経験は，児童・生徒と教師との間の相互作用，さらに詳しくいえば，教科書とか教具や設備というような物的なものを媒介として，児童・生徒と教師との間における相互作用から生じる。これらの相互のはたらきかけあいによって，児童・生徒は，有益な経験を積み教育的に成長発達するのである。しかも，児童・生徒は一定の地域社会に生活し，かつ，それぞれの異なった必要や興味をもっている。それゆえ，児童・生徒の教育課程は，地域社会の必要，より広い一般社会の必要，およびその社会の構造，教育に対する世論，自然的な環境，児童・生徒の能力・必要・態度，その他多くの要素によって影響されるのである。これらのいろいろな要素が考え合わされて，教育課程は個々の学校，あるいは個々の学級において具体的に展開されることになる。　　　　　　　　　　　　　　　〔文部省 1951：76〕

　ここでは教育課程が，「実際に児童・生徒がもつところの教育的な諸経験，または，諸活動の全体」として定義されている。そして教育課程の意義は，学校生活に限らない児童生徒の生活における諸経験を基礎にして，教育課程における学びの中でその児童生徒の経験を再構成することにあることになる。
　こうした教育を経験の再構成として捉える考え方には，ジョン・デューイの経験主義的な教育論からの影響を見て取ることができる。デューイの影響を受けた経験主義の教育課程においては，児童生徒の様々な生活の場での経験を，学校という組織的に準備された環境において再構成を促し，より豊かなものへと発展させていく教育が試みられることになる。そして，その教育活動を通して「個人生活の充実」や「個人能力の最大限の発展」，そして社会生活におけ

る「民主的生活の価値や方法に対して，深い理解と，問題を処理する能力の発展」を実現していくことが目標となる。

　こうした経験主義の教育課程の目標として考えられる事項は，1951年の学習指導要領においても「教育の一般目標」として挙げられているものである。このように，経験主義の教育課程が目標とする事項として考えられるものが「教育の一般目標」として挙げられていることからも，「試論」段階にあった初期の学習指導要領が経験主義的な教育観のもとで作成されていたことがわかるだろう。以下は実際の学習指導要領の文章である。

　　まずわれわれは，個人生活の充実，個人能力の最大限の発展を考えなければならない。そしてその個人が家庭生活や，社会生活を営み，さらにそこにおいて経済生活・職業生活に従事するのであるから，これらの生活領域における民主的生活の価値や方法にたいして，深い理解と，問題を処理する能力の発展とを期さなければならない。　　　　　〔文部省 1951：8-9〕

　また社会科を教育課程における中核科目として設定していたことも，初期の学習指導要領が経験主義的な教育課程を目指していたことを示すものであるといえるだろう。経験の再構成を促し，民主主義社会の担い手の育成を目指す新教育の教育観においては，社会科を中核科目とした，経験主義的な教育課程の構成が構想されることとなる。例えば1947年の学習指導要領では，新たな教科として位置づけられた社会科について以下のような説明がなされている。

　　この社会科は，従来の修身・公民・地理・歴史を，ただ一括して社会科という名をつけたというのではない。社会科は，今日のわが国民の生活から見て，社会生活についての良識と性格とを養うことが極めて必要であるので，そういうことを目的として，新たに設けられたのである。ただ，この目的を達成するには，これまでの修身・公民・地理・歴史などの教科の内容を融合して，一体として学ばれなくてはならないので（学習指導要領社会科編参照）それらの教科に代わって，社会科が設けられたわけである。

　ここでいう「社会生活についての良識と性格」という言葉には，学校教育が目指す人間像の多様な面が含意されているように思われるが，ここで想定されている人間像には，民主主義社会における問題の解決に資する市民像が含まれていると解することができよう。このように戦後の新教育期における学習指導要領は，教育課程に対する経験主義的な考え方を基礎にして構成されたものであるということができるだろう。

2　系統主義への転換と「教育内容の現代化」

　だが，こうした経験主義的な教育課程に対して，徐々に批判がなされるようになる。経験主義の考え方を基礎にした1951年の学習指導要領（試案）の改訂を待たずして，すでに1950年には，広岡亮蔵による「牧歌的なカリキュラムの自己批判」（広岡 1950：12-17）や，矢川徳光による「新教育への批判」（矢川1950）といった論考において，経験主義的な教育課程に対する批判がなされている。例えば，矢川は次のように経験主義的な教育課程を批判している。

　　各教科の学習においてもまた，理論と実践との結合がはかられなくてはならない。われわれが生活経験を重視するということは，この結合を念頭において言っていることである。…（中略）…だが，その実践（実際指導）にあたっては，その生活経験が理論の体系の中において占める位置，ここの問題の解決が理論の体系において持つべき意義を見失わないような指導がなされなければならない。そうでなければ，またあのノロワレタ「はいまわる経験主義」に陥るであろう。　　　　　　　〔矢川 1950（1973）：211〕

　ここでは，十分に理論的な裏付けなしに，やみくもに子どもたちの経験を促すような教育実践のあり方が批判されている。引用文に出てくる「はいまわる経験主義」は，経験主義に対する批判を代表する言葉としてよく知られている。

この「はいまわる経験主義」という言葉には，経験主義の教育が積極的に取り入れる「地域を調査して回る学習方法」が，「はいまわる」だけの学習法に過ぎないものになってしまっているのではないかとの批判が込められているという（水原 2018：127）。実際に経験主義的な教育課程に対して上記の批判が全面的に当てはまるかどうかは，現在に至っても議論の余地があるものの，1947年，1951年の学習指導要領において示された戦後の「新教育」の考えに対する批判が徐々に高まっていったことは事実であろう。

　1950年代は，国際的には1950年には朝鮮戦争が勃発するとともに，1951年にはサンフランシスコ講和条約や日米安全保障条約といった条約が締結された。また国内政治においては社会主義と自由主義のイデオロギー対立に関する政治的議論が高まった時代である。警察予備隊の創設など，日本の事実上の再軍備化についても議論がなされることとなる。連合国による占領が終わったのちの，こうした国内の政治情勢の変化は「逆コース」と呼ばれる。

　このような社会情勢のなか，1958（昭和33）年には新たな学習指導要領が「告示」された。この1958年の学習指導要領において初めて，学習指導要領は「試案」ではなく，（それまでの学習指導要領が一出版物であったのに対して）文部大臣が公示する，法的な拘束力をもった文書として解されるものとなった。[(2)]この後，学習指導要領はおよそ10年ごとに改訂されていくことになる。

　1958年改訂の学習指導要領の特徴の一つとして挙げられるのが，「道徳の時間」の特設であろう。それまで，道徳教育は社会科を中心として学校の教育活動全体を通じて行うものとなっていたが，各教科や特別活動において行われる道徳教育を「補充，深化，統合」することを目的として，「道徳の時間」が特設されることとなった。ただし，こうした道徳教育の強化に関しては，先述した「逆コース」の表れであるとして，国家が道徳教育に深く関わることへの批判の声もあがることになる。

　また，1958年の学習指導要領においては，教育課程を編成する際の基礎的な原理にも大きな変更が加えられることになった。それまでの新教育における経験主義から，系統主義への転換である。経験主義が，子どもの生活における経験を中心として，その経験を再構成することを志向した教育課程を想定するの

に対して，系統主義は「科学や学問などにもとづいた知識体系を前提として，教育内容や方法を決定する」(田中 2018：28) ことを志向した教育課程を想定する。したがって系統主義は，教育課程を構成する際にも「最初に日常生活に向かうのではなく，科学や技術等の成果としての知識体系に目を向ける」(田中 2018：29) こととなる。

　こうした経験主義から系統主義への転換の背景には，経験主義的な教育が「基礎学力の低下」をもたらしているのではないかとの批判の高まりがあった。したがって，系統主義的教育観は，1958年改訂の学習指導要領にとどまらず，1968 (昭和43) 年改訂の学習指導要領においても維持されることになる。

　1968年の学習指導要領においては，アメリカとソビエトの冷戦構造の中で生じた，国際的な宇宙競争に代表される科学技術の発展が強い影響を及ぼしている。この科学技術の発展の背景では，それを可能にした科学的研究の進展と，それに伴う科学的な知識，概念の飛躍的な増加も生じていた。こうした科学の発展に対応する形で，教育課程の変革が企図されることとなった。

　1968年の学習指導要領のスローガンは，「教育内容の現代化」であり，特に先述した科学の発展に対応するために数学や理科における教育課程の系統性が重視されることとなった。さらに，1960年代の日本は高度経済成長の時期を迎えており，経済成長に資する能力を有する人材開発のための教育も求められることとなった。各学校には，この科学の発展や人材開発といった課題に対応する形で，系統主義的な教育課程の編成が求められることとなったわけである。

　この1968年の系統主義的な学習指導要領の内容には，ジェローム・S・ブルーナーによる「構造」や，「発見学習」といった考え方からの影響を見て取ることができる。ブルーナーは，それぞれの学問領域を構成する基本的な観念や概念を「構造」と呼び，教科教育においてその「構造」を子どもが自ら発見していく過程を通して，発達段階に応じた形で繰り返し発展的に学んでいく教育課程のあり方を提起した (田中 2018：22-23)。このブルーナーの発見学習は，「子どもが自ら発見するプロセスを通じて，教科の学習内容の基本的概念や構造を発見していくという点では，探究的な子ども中心の学習の仕方としてみることもできるが，学問の構造を習得させていくことを中心的なねらいとしてい

る点で，系統主義に基づいた教科カリキュラムという側面を有している」（山田 2018：57）。こうしたブルーナーの考え方は，1968（昭和43）年の学習指導要領の系統主義的な教育観に影響を与えている[3]。

　だが，こうした教育課程における系統性の重視は，新たな批判を生むことになる。確かに，1968年の学習指導要領が志向した系統主義的な教育課程は，（その時代における）現代科学の成果を教育内容に取り入れたものであり，その意味で先進的なものであった。しかし，結果として学校での学習内容の増加をもたらし，学習時間が圧迫されているのではないかとの批判がなされることとなった。また，この学習時間の圧迫に起因して，限られた時間の中で規定の授業内容を進めることを重視するあまりに（その進度の速さから「新幹線授業」と揶揄された），行われる教育内容や教育方法が児童生徒の興味関心に沿ったものとなっていないのではないかという批判や，受験競争も激化する中で，知識を詰め込むことが優先されてしまい，学校教育がいわゆる「詰め込み教育」になってしまっているのではないかという批判が生じてくることになる。さらに，教育内容の高度化に伴い，授業内容についていくことができない，いわゆる「落ちこぼれ」も問題となり，不登校や非行，校内暴力も社会問題化することとなる。

3　「現代化」路線から「ゆとり」志向へ

　1970年代になると，日本の高度経済成長は終わり，低成長の時代を迎えることになる。この時代は経済的発展だけでなく，人間的な発展や，ゆとりをもった生活や社会の実現を志向する時代となったといえる。

　1977（昭和52）年に改訂された学習指導要領も，こうした社会の情勢を受けて「ゆとりと充実」がテーマとなった。1977年の学習指導要領がねらいとしたのは，大まかにいえば次の4点である。① 道徳教育や体育を一層重視し，知・徳・体の調和のとれた人間性豊かな児童生徒の育成を図ること。② 各教科の基礎的・基本的事項を確実に身に付けられるように教育内容を精選し，創造的な能力の育成を図ること。③ ゆとりある充実した学校生活を実現するた

めに，各教科の標準授業時数を削減し，地域や学校の実態に即して授業時数の
運用に創意工夫を加えることができるようにすること。④学習指導要領に定
める各教科等の目標，内容を中核的事項にとどめ，教師の自発的な創意工夫を
加えた学習指導が十分に展開できるようにすること[3]。

　1977年改訂の学習指導要領において象徴的なのは，年間の授業時数の削減と
教育内容の精選である。授業時数の削減によって生まれた時間は，学校の裁量
によって使用することが可能となった（「ゆとりの時間」と呼ばれる）。

　1989（平成元）年改訂の学習指導要領においても，この「ゆとり」を志向す
る観点は維持され，さらなる授業時数の削減と教育内容の精選が進められてい
くことになる。特に教科に関していえば，小学校低学年で社会，理科が廃止さ
れ，合科的な教科である「生活」が新設された。

　また1989年の改訂では，これまでとは異なる学力観として，「新学力観」が
打ち出されている。ここでいう「新学力観」とは，それまで一般に「学力」と
して捉えられてきた「知識・理解・技能」の習得だけでなく，「主体的に学ぶ
意志・態度・能力」の育成も含んだ形で教育のあり方を考える視点であるとい
える。この新学力観が基礎となり，その後の「生きる力」の教育観も形成され
ていくことになる。

4 「生きる力」と「ゆとり」をめぐって

　1989年の改訂において維持された「ゆとり」の路線は，1998（平成10）年改
訂の学習指導要領においても引き継がれる。1998年の学習指導要領が告示され
る前に示された，中央教育審議会の答申「21世紀を展望した我が国の教育の在
り方について」では，以下のように今後の教育のあり方が説明されている。

　　我々は，学校・家庭・地域社会を通じて，我々大人一人一人が子供たちを
　　いかに健やかに育てていくかという視点に立つと同時に，子供の視点に立
　　って審議を行い，今後における教育の在り方として，［ゆとり］の中で，
　　子供たちに［生きる力］をはぐくんでいくことが基本であると考えた。そ

して，［生きる力］は，学校・家庭　地域社会が相互に連携しつつ，社会全体ではぐくんでいくものであり，その育成は，大人一人一人が，社会のあらゆる場で取り組んでいくべき課題であると考えた。

〔文部科学省　1996a〕

しかし，ここで出てくる「生きる力」とはどのような力を意味するのであろうか。同答申において，「生きる力」は次のように説明されている。

このように考えるとき，我々はこれからの子供たちに必要となるのは，いかに社会が変化しようと，自分で課題を見つけ，自ら学び，自ら考え，主体的に判断し，行動し，よりよく問題を解決する資質や能力であり，また，自らを律しつつ，他人とともに協調し，他人を思いやる心や感動する心など，豊かな人間性であると考えた。たくましく生きるための健康や体力が不可欠であることは言うまでもない。我々は，こうした資質や能力を，変化の激しいこれからの社会を［生きる力］と称することとし，これらをバランスよくはぐくんでいくことが重要であると考えた。

〔文部科学省　1996b〕

こうした「生きる力」の育成にあたって，新たに設定されたのが「総合的な学習の時間」である。従来までの教育観では，教科ごとに縦割りで「知識・理解・技能」の習得を中心とした「学力」を育成することが図られてきたのに対して，「総合的な学習の時間」の設定は，その観点を転換させ，教科横断的に課題に対して主体的に考える学びの中で，様々な社会的課題に対応することのできる力を育成することを目指した，新たな動きであるといえるだろう。

ただし，1977年の学習指導要領から始まった「ゆとり」の路線は，1998年の学習指導要領が告示される前から様々な批判を受けることになる。授業時数の削減と教育内容の精選が進められていくなかで，「学力が低下しているのではないか」といった指摘や，経済協力開発機構（OECD）の「生徒の学習到達度調査（PISA）」の調査結果を受けて，「学習意欲が低下しているのではないか」

といった指摘がなされ，「学力低下」に関する論争が起こることとなる。

　この「学力低下」批判に対応する形で，文部科学省（2001（平成13）年に文部省と科学技術庁を統合し，設置された）は2002年に「確かな学力の向上のための2002アピール『学びのすすめ』」を示し，2003年には学習指導要領の一部改正を行った。「学びのすすめ」においては，「学習指導要領は最低基準であり，理解の進んでいる子どもは，発展的な学習で力をより伸ばす」（文部科学省 2002）ことが述べられ，学習指導要領の示す内容があくまで「最低基準」であることが示された。これを受けて，学習指導要領の内容を超えた，いわゆる「発展的な学習内容」も学校教育において取り扱われることとなった。このように，「学力低下」論争を受けて，「確かな学力」を確保する教育のあり方が模索されることになったわけである。

5　「ゆとり」路線から「確かな学力」へ

　2000年代に入ると，ゆとり教育の成果に対してさらなる論争が起こることになる。ことさら，2004年にOECD生徒の学習到達度調査（PISA2003）の結果が発表されたことは，その論争を加熱させることとなった。PISA2003では，日本の生徒の「読解力」の低下を疑わせる結果となっており，このことが以前から指摘されていた「学力低下」を表しているのではないかという批判が生じてきたからである。したがって，「確かな学力」を確保する形での教育のあり方を模索する議論が活発化した。

　しかし，ここでいう「学力」とは何なのだろうか。2007（平成19）年に改正された学校教育法においては，学力の3要素として，「知識・技能」，「思考力・判断力・表現力等」，「主体的に学習に取り組む態度」が示された。この学力の3要素については，2008（平成20）年に改訂された学習指導要領においても示されている。2008年の学習指導要領においても，あくまで「生きる力」の路線は堅持されているが，この改訂では21世紀が「グローバル社会」，「知識基盤社会」であることを踏まえ，前述したPISAショックにも対応する形で，基礎的・基本的な知識・技能の習得を確実にすることが強調されている。あくま

で，基礎的・基本的な知識　技能の習得を確実にし，それを活用する思考力・判断力・表現力をつけるとともに，主体的に探究する態度を育成することによって「生きる力」が形成されるというのが，2008年の学習指導要領の立場であるといえるだろう。

6　おわりに

本章では，学習指導要領の歴史的変遷を見ることを通して，日本の教育課程の変革の流れを確認してきた。本来であれば，学習指導要領の変遷を追うだけでも，一冊の書籍となる内容であり，ここで確認したのはその変遷や，それに関わる議論についての一部に過ぎない。

日本の教育において学習指導要領が教育課程の基準として位置づけられている以上，教育課程のあり方を考えるうえで学習指導要領の内容に目を向けることは避けられない。ただし，その際には最新の学習指導要領だけでなく，過去の学習指導要領にも目を向けることで，現在の学習指導要領や教育課程が何を重視しているのかということについて理解を深めることが可能である。それだけでなく，過去の学習指導要領に目を向けることは，現在の自らの教育に関する考えを歴史を通して見つめなおす視点をもたらし，今後の教育のあり方について，自らが考える際の手がかりを得ることにもつながるであろう。

注

(1)　文部省（1947：1）。なお，1947年の学習指導要領においては，教科外の活動などを含めた教育計画を指す「教育課程」ではなく，「教科課程」という言葉が用いられている。

(2)　1958年に学校教育法施行規則の改正が行われ，学習指導要領は文部大臣が公示するものとされた。

(3)　ただし，実際のブルーナーの理論を見てみると，その理論は経験主義と系統主義の2項対立を止揚したものとしてみることもできる。このような見方については例えば水原ら（2018：153）を参照。

引用・参考文献

田中耕治編（2018）『よくわかる教育課程［第2版］』ミネルヴァ書房.

広岡亮蔵（1950）「牧歌的なカリキュラムの自己批判」『カリキュラム』15：12-17.

水原克敏ほか（2018）『学習指導要領は国民形成の設計書——その能力観と人間像の歴史的変遷』東北大学出版会.

文部科学省「学制120年史」
（https://www.mext.go.jp/b_menu/hakusho/html/others/detail/1318313.htm）
2021年10月25日閲覧。

文部科学省（1996a）「21世紀を展望した我が国の教育の在り方について：はじめに」
（https://www.mext.go.jp/b_menu/shingi/chuuou/toushin/960701b.htm）2021年
10月25日閲覧。

文部科学省（1996b）「21世紀を展望した我が国の教育の在り方について：第1部
（3）今後における教育の在り方の基本的な方向」
（https://www.mext.go.jp/b_menu/shingi/chuuou/toushin/960701e.htm）2021年
10月25日閲覧。

文部科学省（2002）「確かな学力の向上のための2002アピール『学びのすすめ』」
（https://www.mext.go.jp/a_menu/shotou/actionplan/03071101/008.pdf）2021年
10月25日閲覧。

文部省（1947）「学習指導要領　一般編（試論）」

文部省（1951）『昭和26年（1951）改訂　学習指導要領一般編（試論）』.

矢川徳光（1950）「新教育への批判」『矢川徳光教育学著作集　第3巻』（1973）所収,
青木書店。

山田雅彦編著（2018）『教育課程論［第2版］』学文社.

（奥田秀巳）

第3章
教育課程（カリキュラム）編成の原理

　本章では，第1章の「教育課程（カリキュラム）とは」をもとに，学習指導要領解説総則編第3章第2節　教育課程の編成を手がかりに，より具体的な編成の原理や姿を論じたい。そこで教育目標や重点を明確にしたうえで，様々な手順を踏みながら教育課程（カリキュラム）の編成にあたることを確認するとともにその重要性について考えることとする。また，学習指導要領で求められている教科等横断的な取り組みについて，事例を通してその必要性と実践による工夫改善を確認したい。

　具体的には，第1節で各学校の教育目標と教育課程の編成について，第2節で教科等横断的な取り組みやその視点に立った資質・能力の育成について，第3節で教育課程の編成における共通的事項，第4節で幼小連携，小中連携等，学校段階等間の接続について，第5節では編成の趣旨を生かした取り組みで「つなぐ」ことの意義について取り上げる。

1　各学校の教育目標と教育課程の編成

（1）学校の教育目標と教育課程との関係に係る基本的事項

　学校には，教育を推進する際の目指すべき学校教育目標（以下，教育目標と略記）が設けられている。教育課程の編成において，まず何より重要な指針となるのが教育目標である[(1)]。教育課程の編成に関する，教育目標の明確化や基本的方針の家庭や地域との共有について，小学校学習指導要領第1章第2の1では，下記のように示されている。

　教育課程の編成に当たっては，学校教育全体や各教科等における指導を通して育成を目指す資質・能力を踏まえつつ，各学校の教育目標を明確にす

るとともに，教育課程の編成についての基本的な方針が家庭や地域とも共有されるよう努めるものとする。その際，第5章総合的な学習の時間の第2の1に基づき定められる目標との関連を図るものとする。

〔文部科学省，2017a：18-19，強調は筆者による〕

さらに，小学校学習指導要領解説総則編（以下，解説総則編と略記）においても教育課程の編成と教育目標の関係について，以下のように記載されている。

各学校の教育課程の編成の基本となる学校の教育目標は，法令に定める学校教育の目的や目標及び教育課程の基準に基づき，各学校が当面する教育課題の解決を目指し，両者を統一的に把握して設定することが重要となる。各学校における教育課程は，当該学校の教育目標の実現を目指して，指導内容を選択し，組織し，それに必要な授業時数を定めて編成する。

〔文部科学省 2017b：46，強調は筆者による〕

加えて，解説総則編（2017b：47）では，各学校において教育目標を設定する際には，基本的事項となる次の点を踏まえることが重要と明示されている。
　(1) 法律及び学習指導要領に定められた目的や目標を前提とするものであること。
　(2) 教育委員会の規則，方針等に従っていること。
　(3) 学校として育成を目指す資質・能力が明確であること。
　(4) 学校や地域の実態等に即したものであること。
　(5) 教育的価値が高く，継続的な実践が可能なものであること。
　(6) 評価が可能な具体性を有すること
　上記の基本的事項を確認しながら，教育目標が設定される。まず，実際の教育目標と重点などの方針をいくつか表3-1に示す。多くの学校で教育計画や方針がホームページで公開されているので，母校を検索して具体的イメージを描きながら学びを深めてほしい。
　このように各学校における教育課程の編成では，教育目標を実現するために，

表3-1　各学校の教育目標と重点などの方針

	教育目標	重点などの方針
A小学校	自ら学び，自ら考え，明るい未来を切り拓いていく児童の育成	主体的・対話的で深い学びの推進 自ら正しく判断し，行動できる力の育成 カリキュラム・マネジメントの確立
B小学校	自他を尊重し主体的に学び続ける子どもの育成	主体性，表現力育成に向けたカリマネ
C中学校	ふるさとを愛し，誇りと志をもって未来を切り拓く生徒の育成	確かな学力づくり 思いやりあふれる心づくり 活力あふれる体力づくり

校長の方針の下に，何に重点を置き日々の実践に取り組むのか，そのために限られた授業時数のなかで総合的に組織しようと教育計画を作成していく。

（2）2領域による教育課程の取り組み

　第1章4（2）で記されている，西岡（2018）による「②学問的な体系的知識を教授する教科と，学校生活において子どもたちが行動することを通して生き方を学ぶ教科外活動の2領域を位置づける説」の事例として，筆者の勤務校である香川大学教育学部附属高松小学校[(2)]の取り組みの概要を紹介する。本校の教育目標は，「豊かな心　考える力　たくましい心　たくましい体」で，目指す子ども像を「分かち合い，共に未来を創造する子ども」と設定している。

　　　この2領域カリキュラムに込められた思いやその背景として，教育における問題の根本の原因は，「学ぶことと生きることの乖離である」という背景から，2領域カリキュラムの構想に至っている。子どもたちは，地域社会の中で様々な現実と対峙し，多様な「ひと・もの・こと」との関わりの中で，2領域カリキュラムは，改めて学校の中に，「学ぶこと」「生きること」を両立させ，これからの社会を生きる子どもに必要な力を育もうとするものである。すなわち，本来地域が中心になって担っていた，多様な「ひと・もの・こと」と関わりながら個や集団の問題解決を通して自己の生き方・在り方を深化させていく機能を新領域「創造活動」として，学校内のカリキュラムに位置付けたということである。〔前場 2020より抜粋〕

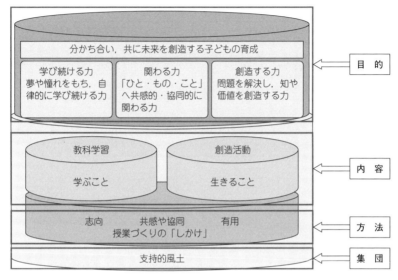

図3-1　附属高松小学校の2領域カリキュラム構想図

2　教科等横断的な視点に立った資質・能力

（1）教科等横断的な学習による資質・能力の育成

　学習指導要領では，教科等横断的な学習の充実によって，①学習の基盤となる資質，能力（・言語能力，・情報活用能力，・問題発見，解決能力等），②豊かな人生の実現や災害等を乗り越えて次代の社会を形成することに向けた現代的な諸課題に対応して求められる資質・能力を育成することを各学校に求めている。これらは，基本的に2016（平成28）年の中央教育審議会答申に基づいている

　上記の①で示されている能力が教科等横断的活動でどう育まれるのか，その仕組みや過程を学習者である子どもの視点に立って考えてみたい。まず，子どもは学びにおいて，国語，社会，算数，理科など多様な教科固有の見方や考え方を習得しながら，特定の社会事象や多様な課題に様々な角度から考えようと

したり何とか解決しようと試行錯誤したりしながら向き合っていく。子どもの学びは，個々の教科で閉じるものではなく，相互に関連付きつながりあっている。そこで，学習者である子どもは知識を他の知識と関連づけて定着させたり，構造化された新しくより強い知識を身に付けたりすることができるようになっていく。換言すれば，対象を知識として断片的に捉えたり覚えたりするだけでは簡単に消え去っていくが，そうではなく，学ぶ対象の周辺状況や他の関連する事象との共通点，相違点を見出しながら理解し，それらを併せてインプットできるようになれば，思考，判断，表現に役立つ知識を素早く獲得していくのである。つまり，重要なことは教科等横断的活動を通して理解の質を高めることである。例えば，総合的な学習の時間などで，ある知識が各自の経験と結びつきながら，表現や発表などを通してアウトプット（出力）されていくと，知識はさらにより確かで強固なものとなる。このような複合的な見方や考え方を身に付けると，他の事象への理解も早く深くなりがちである。

　また，②の現代的な課題については，具体的に教科等横断的に教育内容を構成する例として解説総則編付録6で，次の13の教育内容で学習指導要領の記載に基づく教科・単元の関連表が例示として掲載されている。

　(1)伝統や文化，(2)主権者，(3)消費者，(4)法，(5)知的財産，(6)郷土や地域，(7)海洋，(8)環境，(9)放射線，(10)生命の尊重，(11)心身の健康の保持増進，(12)食，(13)防災を含む安全である。これらの例示を参考に各学校において，各校の教育目標や児童生徒の実態を踏まえた上で，カリキュラム・マネジメントの参考として活用してほしい旨が補説されている。

　このような教科等横断的な学習による資質・能力を育成するためにも解説総則編で指摘されている，教育課程は① 教科間の連関を十分に考慮すること，② 学習内容の重複を避け，有効で能率的な組織ができるよう計画であることが求められる。

（2）教科等横断的な取り組み

　ここでは，教育目標を受けて設定されている，育てたい資質・能力や教科等横断的な取組事例をもとに考えたい。なお，カリキュラム・マネジメントの定

表3-2　育てたい資質・能力

答申等で示された 資質・能力３つの柱	知識及び技能	思考力・判断力・表現力	学びに向かう力，人間性等
田中小で育てたい 資質・能力	・課題発見 ・知識・技能	・対話・協働 ・思考・判断・表現	・自主性・主体性 ・自尊感情 ・郷土愛

出所：三木町立田中小学校（2021）。

義や意義については，第16章で詳細に述べられるので参照されたい。

　まず，表3-1で紹介したＡ小学校の育てたい資質・能力について表3-2に示した。Ａ小は平成19年度からコミュニティースクールとして，多様な活動を地域や保護者とともに積極的に取り組んできた。そこで，教育課程や育てたい資質・能力についても，学校だけでなく家庭や地域と情報を共有・連携して協議を行っている。子どもに関する様々な実態や課題等の情報を分類整理し，いくつかの観点に分ける過程での話し合いを通じて，表3-2のように学習指導要領で示されている３つの柱を意識して，育てたい資質・能力が定められている。これをもとに低・中・高学年ごとにより具体的な能力を求めている。

　Ａ小学校では表3-1の学校教育目標や重点となる方針を設定し，具体的な教育課程の編成に取り組む際に，カリキュラム・マネジメントの視点から，生活科・総合的な学習の時間を核にした教科等横断的な計画表を位置づけている。まず，「育てたい資質・能力」から，学年ごとに育てたい児童の姿をできるだけ具体的に設定し，生活科・総合的な学習の時間のテーマや内容を見直し，年間指導計画を改定した。これを核にして，表3-3の教科等横断的なカリキュラム表（年間指導計画）が作成されている。

3　教育課程の編成における共通的事項

　学習指導要領第1章第2の3教育課程の編成における共通的事項として，(1)内容等の取扱い，(2)授業時数等の取扱い，(3)指導計画の作成等に当たっての配慮事項が記載されている。それらの基本的事項について確認していく。

表3-3　教科等横断的なカリキュラム表（年間指導計画，第5学年　部抜粋）

	4		5		6		7		9	
社会	わたしたちの国土（導入）世界の中の国土国土の地形の特色	1 4 3	低い土地のくらし／高い土地のくらし国土の気候の特色	5 3	あたたかい土地のくらし／寒い土地のくらしわたしたちの生活と食料生産（導入）くらしを支える食料生産	4 1	米づくりのさかんな地域	8	水産業のさかんな地域これからの食料生産とわたしたち	7 5
家庭	これまでの学習を家庭科につなげよう家庭の生活再発見クッキングはじめの一歩	1 1 4	クッキングはじめの一歩ソーイングはじめの一歩	4 1	ソーイングはじめの一歩整理整とんで快適に	4 2	整理整とんで快適にできるよ，家庭の仕事	2 2	ミシンでソーイング	6
体育	体ほぐしの運動マット運動短きょり走リレー	2 6 1	短きょり走リレー鉄ぼう運動	6 4	鉄ぼう運動心の健康水泳	1 4 4	水泳	11	祭りだ ワッショイ走りはばとび	6 2
外国語	1Helo, friens.	7	Helo, friends.When's your birthday?	1 7	When's your birthday?What do you want to study?	1 7	What do you want to study?Check Your Steps 1 外国の人に自己紹介をしようHe can Bake bread well.	1 2 1	He can Bake bread well.	7
道徳	人生という教科ぬぎすてられたくつもったいない	1 1 1	ぼくがいるよ世界にはばたく「航平ノート」わたしはひろがる友のしょう像画	1 1 1	電池が切れるまで落とし物言葉のおくりものミッキーマウスの誕生	1 1 1	復興への願いフェニックスうばわれた自由	1 1	植物とともに牧野富太郎どろだらけのユニフォーム手品師	1 1 1
総合	みんなが住みやすい町について考えよう①		→		高齢者について知ろう①		→		みんなが住みやすい町について考えよう②	
地域	1年生をお迎えしよう！地域のバリアフリーについて調べよう①		役場の方から教えてもらおう！		防災について学ぼう！介護福祉士の方や認知症サポーターの方と交流しよう米づくりをしている方から学ぼう！		自分の命を守ろう「浮いて待て！」学校で出来ないことにチャレンジ！家族で料理づくり		地域のバリアフリーについて調べよう②（サンサン館・文化交流プラザ）ハンセン病について調べようミシンでソーイング	

（1）内容等の取扱いでの基本的事項

　まず，各教科，道徳科，外国語活動及び特別活動の内容に関する事項では，特に示す場合(3)を除き，いずれの学校においても取り扱うとともに，特に必要がある場合以外は，全ての児童生徒に対して指導するものとする内容の範囲や程度等が明示されている。さらに，内容に掲げる事項の順序は，指導の順序を示すものではなく，学校において適切な工夫を加えることが求められている。

　また，小学校における2学年まとめて内容を示した教科及び外国語活動では，2学年間かけて指導する事項を児童や学校，地域の実態に応じ，2学年間を見通して計画的に指導することが指摘されている。

　特に，学校の教育活動全体を通じて行う道徳教育の内容は，学習指導要領第3章で記載されているが，実施にあたっては，第1章第6に示す道徳教育に関する配慮事項を踏まえることが求められている。加えて，重点的に指導する内容項目を設定し，意図的，計画的に指導することや各教科等でもそれぞれの特質に応じて，関連する内容項目を取り上げるなど，学校としての重点的に取り扱う道徳教育の内容やその生かし方の特色が明確になった指導を行うよう心掛けることが大切である。詳細については，解説総則編での記載も確認するとともに，学校の重点を踏まえて教科等横断的な計画・実践の参考にもされたい。

（2）授業時数等の扱いでの基本的事項

　授業時数等の扱いでは，学校教育法施行規則の別表として示されている授業時数(4)を計画の段階から下回って編成することは，学習指導要領の基準性の観点から適当とは考えられず，主に下記のような点が求められている。

　授業は，年間35週（第1学年は34週）以上で行うよう計画し，週当たりの時数が児童生徒の負担過重にならないようにする。ただし，学習活動の特質に応じ効果的な場合には，長期休業日の期間に授業日を設定することもできる。

　なお，各学校では，必要な指導時間を確保するとともに，学年や学期，月ごと等に授業時数の実績の管理や学習の状況の把握などをもとに，自ら点検及び評価を行い改善に努めることが重要である。

　また，小学校の特別活動は，活動の性質上，学校ごとの特色ある実施が望ま

表3-1 小学校，中学校での授業時間数

小学校

区分	各教科の授業時数										道徳特別の教科	外国語活動	総合的な学習の時間	特別活動	総授業時数
	国語	社会	算数	理科	生活	音楽	図画工作	家庭	体育	外国語					
第1学年	306		136		102	68	68		102		34			34	850
第2学年	315		175		105	70	70		105		35			35	910
第3学年	245	70	175	90		60	60		105		35	35	70	35	980
第4学年	245	90	175	105		60	60		105		35	35	70	35	1015
第5学年	175	100	175	105		50	50	60	90	70	35		70	35	1015
第6学年	175	105	175	105		50	50	55	90	70	35		70	35	1015

中学校

区分	各教科の授業時数									道徳特別の教科	総合的な学習の時間	特別活動	総授業時数
	国語	社会	数学	理科	音楽	美術	保健体育	技術・家庭	外国語				
第1学年	140	105	140	105	45	45	105	70	140	35	50	35	1015
第2学年	140	105	105	140	35	35	105	70	140	35	70	35	1015
第3学年	105	140	140	140	35	35	105	35	140	35	70	35	1015

出所：学校教育法施行規則別表1。

れるが，児童会活動，クラブ活動及び学校行事については，内容に応じ，年間，学期ごと，月ごとなどに適切な授業時数を充てる。時数と示されている35時間は学習指導要領で定める「学級活動」に充てるものとされる。

さらに，実態や特質等に応じて，創意工夫を生かした時間割を弾力的に編成できることも示されている。その点からも，小学校では，短い時間の扱いについて新たに下記の点が明示された。例えば，外国語活動などで活用している事例もみられる。

　　各教科等の特質に応じ，10分から15分程度の短い時間を活用して特定の教科等の指導を行う場合において，教師が，単元や題材など内容や時間のまとまりを見通した中で，その指導内容の決定や指導の成果の把握と活用等を責任をもって行う体制が整備されているときは，その時間を当該教科

等の年間授業時数に含めることができること。　〔文部科学省 2017a：20〕

（3）指導計画の作成等に当たっての配慮事項

　指導計画の作成に当たっては，学習指導要領に明示されている配慮事項を踏まえたうえで，地域や学校の実態を考慮して，創意工夫を生かし，全体として調和のとれた具体的な指導計画を作成することが求められる。特に配慮事項として，第1章総則第2の3（3）に，次の4項目が明示されているので，これらに留意する必要がある。

  ① 資質・能力を育む効果的な指導
  ② 各教科等及び各学年相互間の関連
  ③ 学年の目標及び内容を2学年まとめて示した教科等の指導計画
  ④ 合科的・関連的な指導

　特に④の合科的・関連的な指導に関しては，解説総則編で下記の説明がある。

> 　合科的な指導は，教科のねらいをより効果的に実現するための指導方法の一つである。単元又は1コマの時間の中で，複数の教科の目標や内容を組み合わせて，学習活動を展開するものである。また，関連的な指導は，教科等別に指導するに当たって，各教科等の指導内容の関連を検討し，指導の時期や指導の方法などについて相互の関連を考慮して指導するものである。　　　　　　　　　　　　　　　　　　　〔文部科学省 2017b：72〕

4　学校段階等間の接続

　幼・小・中の各学校段階間の接続については，今回の改訂学習指導要領等を踏まえ，幼児期の教育と小学校教育，中学校教育及びその後の教育との円滑な接続の重要性が今まで以上により強く示された。学校教育を通じて「育みたい資質・能力」が明確化されたことで，今後は各教科等を学ぶ意義と各教科等の

横断の視点，学校段階間連携・接続の視点を踏まえて，教育課程を編成する取り組みが必要となり，前の学校段階での教育が次の段階で生かされるよう，学びの連続性を確保することが重要になった。これまでの学習指導要領でも児童生徒理解だけでなく，学習の充実の点からも，これらの接続の重要性は指摘されてきたところである。

　まず，幼児期の教育との接続及び小学校低学年における教育全体の充実に関しては，主に次の点が明示されている。

　　・幼児期の終わりまでに育ってほしい姿を踏まえた指導を工夫すること
　　・幼児期の教育を通して育まれた資質・能力を踏まえて，児童が主体的に
　　　自己を発揮しながら学びに向かうことが可能となるようにすること。
　　・低学年において，生活科で育成する自立し生活を豊かにしていくための
　　　資質・能力が，他教科等の学習においても生かされるようにする
　　・教科等間の関連を積極的に図り，幼児期の教育及び中学年以降の教育と
　　　の円滑な接続が図られるよう工夫すること

　また，小学校と中学校教育及び義務教育学校等の教育課程については，義務教育9年間を見通した計画的かつ継続的な教育課程が重要である。つまり，小学校と中学校間で一体的な教育内容と指導体制を確立して特色ある教育活動を展開していくことが重要となる。また，中学卒業後の教育との接続では，高等学校学習指導要領の趣旨を理解したうえで，小・中の義務教育9年間で育成された資質・能力を生かすことがより強く求められている。

　学校段階の接続においては，これらの趣旨を踏まえたうえで計画や実践を不断に見直していくことが何よりも重要となる。

5　教育課程編成の趣旨を生かした創意工夫の取り組み

（1）教育課程における「つなぐ」ことの意味と取り組み

　各学校が定めることとされている総合的な学習の時間の目標については，学校の教育目標との関連を図り，地域の実態に応じてふさわしい探究課題を設定することができる。総合的な学習の時間の特質が，各学校の教育目標の実現に

生かされるようにしていくことが重要であり，総合的な学習の時間等を核に教科等横断的な教育活動を計画する際には，何をつなぐかということが検討されるだろう。① 中核となる教科等を位置づけて構想する場合，② 中心となる資質・能力などを想定して構想する場合，など多様に考えられるが，どのようにつなぐかという視点が重要な鍵となる。その際に，学校の特色を生かした構想において，重点化と精選の視点が重要である。どこに重点を置くのか，あれもこれもと欲張りすぎずに精選（強い関係に限定）できるか，換言すればシンプルにつなぐことができるかという視点でもある。

（2）教育課程の目指すところは，学校教育の目的や目標の達成

　学校の教育目標を実現には，教育目標，育成すべき資質・能力，各教科等の縦のつながりを意識した教育課程の編成に基づく日々の授業実践と教科等横断的な横のつながりを意識した日々の授業実践がともに肝要である（図3-2を参照）。加えて，重要なことは，学校の全教職員が，教育目標の実現を意識して日々の教育実践を行い，子どもたちに確実に資質・能力を身に付けさせようと取り組むことである。つまり，1時間1時間の授業や教育活動に取り組む教員が，日々の実践と学校として育成を目指す資質・能力がどのように結びついているのか，どのような意図や互いに共有した意識をもって重点とする教育活動に取り組むのかがポイントであるともいえる。

　さらに，児童生徒や地域の実態に応じた適切な教育課程の編成になっているのかを常に見つめ直そうとする姿勢をもちたい。例えば，次のような視点で振り返ってみることを学年団や教職員全体で位置づけて取り組みたい。

　A　教育目標は児童生徒，地域，学校の実態に応じたものになっているか。

　B　教育課程は児童生徒，地域，学校の実態に応じたものになっているか。

　C　日々の授業は児童生徒，地域，学校の実態に応じたものになっているか。

　　c-1　学校の教育目標と教育課程はつながっているか

　　c-2　教育課程とそれぞれの授業はつながっているか

　c-1，2のつながりを，例えば，目標や内容の妥当性の検討，人的・物的体

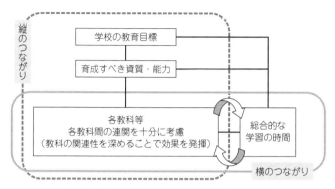

図3-2　教育課程における縦と横のつながり

制の確保や有効な資源の活用などから具体的に再確認してほしい。

　このような視点を教育課程のPDCAサイクルの各過程において意識していきたい。その際に，学級や学年の枠を越え，教師同士の連携や協力がますます重要である。そして他の学年や他の教科の教員と共有すれば，「教科等横断的」な実践に一歩ずつなっていくのである。大きな目標を達成するためにどのようなステップを踏むのかを考える。教科等横断的な教育課程の編成や実践を一人だけでなく，チームとして取り組む姿勢が不可欠である。今回の新学習指導要領では，「学びの地図」とも表現されるように，これまで以上にこの「道筋と全体像」をしっかりと考えることが重要となっている。

注

⑴　教育目標は校長の交代と合わせて変更されることや毎年少し表現が変わることもありうる。また，校長が交代してもある一定期間は変更しない学校もある。当然，社会の要請や学習指導要領等の大きな方針の影響を鑑みながら設定されていく。

⑵　平成29年度から文部科学省教育課程特例校として，「創造活動」と「教科学習」からなる2領域カリキュラムに取り組んでいる。これは平成28年度までの研究開発学校指定期間に研究・開発したもので，新時代の初等教育における学力観で重視される「教科の本質を知る」，「問題解決能力をつける」，「学び続ける力をもつ」という課題に係る実践研究である。創造活動の時間は，道徳，総合的な学習の時間，特別活動の時間により生み出されている。令和3年度も継続的に実践している。

⑶　特別な場合とは，例えば研究開発学校や教育課程特例校などの指定を受けている場合や大きな災害等で教育活動の実施が困難である状況等である。

⑷　小学校の1単位時間は45分，中学校は50分であるが，各教科の授業の1単位時間は，「各学年及び各教科等の年間授業時数を確保しつつ，児童の発達の段階及び各教科等や学習活動の特質を考慮して各学校において定める」とされている。ただし，「年間授業時数を確保しつつ」という意味は，あくまでも1単位時間を小学校では45分として計算した学校教育施行規則の別表1に定める時数を確保する意味であるため，例えば1単位時間を40分とした場合，45分に換算し直した上で授業時数をクリアしていなければならない。

⑸　クラブ活動は，平成10年の改訂において，「学校や地域の実情等を考慮しつつ，学校で適切な授業時数を充てるが，0時間は望ましくない」と示されている。

引用・参考文献

香川県教育会（2021）「社会に開かれた教育課程の実現に向けて——家庭や地域とともに育つ田中っ子」『第72回日本連合教育会研究大会香川大会要項』37-38.

西岡加名恵（2018）「教育課程（カリキュラム）とは何か」『教職教養講座　第4巻　教育課程』協同出版.

前場裕平（2020）「附属高松小学校の研究〜2領域カリキュラム〜」学園だより『悉驪饗學』高松学園.

三木町立田中小学校（2021）「令和3年度教育計画」.

文部科学省（2017a）『小学校学習指導要領（平成29年告示）』.

文部科学省（2017b）『小学校学習指導要領（平成29年告示）解説　総則編』.

（植田和也）

第4章

教育課程（カリキュラム）編成と学校図書館

　　戦後教育改革におけるエースとして期待され，昭和33年から平成27年まで学習指導要領の改訂ごとに総則に明記される学校図書館は，いわば学校教育というチームのレギュラー選手でありながら，次のような「ゆとり教育」と「詰め込み教育」との間で翻弄され，その実力を発揮できていない。

　　基礎学力，科学技術教育の向上（昭和33）→教育内容の現代化（昭和43）→ゆとり教育（昭和52）→新しい学力観（平成元）→生きる力の育成（平成10）→脱ゆとり（平成20）→三つの柱（平成29）。

　　本章では，一貫して学習指導要領というベンチにいてその教育力に大きな期待を寄せられながら，これまで一度も活躍できていない選手（学校図書館）の起用方法について提案したい。

1　学校図書館法にみられる理念

（1）学校図書館法の制定

① 学校図書館は戦後教育改革の目玉

　学校図書館は，戦後の教育改革に当初から組み込まれた一大エポックであった。

　図4-1に示すように，教育基本法・学校教育法の制定から6年後の1953（昭和28）年に学校図書館法が制定された。学校図書館法は，当時世界でも珍しい学校図書館に関する単独法であり，日本の教育改革において学校図書館への期待がいかに大きなものであったかを物語っている。

　まず，学校図書館法第1条で学校図書館が「学校教育において欠くことのできない基礎的な設備」であり，「学校教育を充実する」と目的が規定されている。

```
1）昭和21年　米国教育使節団報告書
2）昭和22年　教育基本法制定
3）昭和22年　学校教育法，学校教育法施行規則制定
4）昭和25年　第二次米国教育使節団報告書
5）昭和25年　全国学校図書館協議会（全国SLA）結成
6）昭和28年　学校図書館法制定
7）昭和29年　司書教諭講習開始
```

図4-1　戦後の教育改革の概要

　続く第2条では，「教育課程の展開に寄与するとともに，児童生徒の健全な教養を育成する」と学校図書館の理念が示されており，教育課程と学校図書館との密接な結びつきが宣言されていることに注目される。さらに第3条では，「学校図書館を設けなければならない」と設置義務が謳われていた。

② 学習指導要領に位置づけられた学校図書館
　「学校の教育課程の展開に寄与する」という学校図書館の理念は，学校図書館法の制定に先行する1951（昭和26）年の学習指導要領一般編（試案）Ⅱ教育課程の中に，図4-2のように明記されている。アメリカのCourse of Studyを参考にした学校教育内容のガイドラインである試案には，学校図書館の運営に対する児童の関わりや読むことによって言葉や知識の習得が発展的学習に結びつくことなど，児童が学校図書館を利用する経験主義，児童中心主義の教育理念がくみ取れる。
　戦後の教育改革の中に学校図書館はまちがいなく最初から組み込まれており，教育課程と学校図書館とが最初から密接な関係にあったことを示している。
　今日の学校図書館の現状を鑑みるとき，私たちは，学校図書館法及び学習指導要領において，どれほど学校図書館への期待が高かったか，民主的な教育の普及にとっていかに学校図書館が重視されていたか，その崇高な理念及び「教育課程の展開に寄与する」という文言とを決して忘れてはならない。

```
Ⅱ　教育課程
　1．小学校の教科と時間配分
　(2)　自由研究の時間に代って，新たに教科以外の活動の時間を設けたこ
　　　とについて
　(a)　民主的組織のもとに，学校全体の児童が学校の経営や活動に協力参
　　　画する活動
　　(ii)　児童の種々な委員会
　○　学校図書館の運営
　　　　（中略）
　4．各教科の発展的系統
　(1)　国語科
　(c)　読むこと
　　　学級文庫や学校図書館の利用がじょうずになる。
```

図4-2　昭和26年 学習指導要領一般編（試案）

（2）学習指導要領の改訂と学校図書館

① 学習指導要領に一貫して規定されてきた学校図書館

　1952（昭和27）年のサンフランシスコ平和条約の締結を経て戦後復興期をおえた昭和30年代に入ると，学校教育制度は新時代に即応する新たな発展をとげ始める。「這い回る経験主義」という語句に代表されるように，アメリカ式の教育理念にもとづく経験主義，児童中心主義教育は，子どもの読み書き能力の低下に対する懸念や1957（昭和32）年のスプートニク・ショックによる基礎学力の充実と科学技術教育への要請などにより，大きく変化し始めた。日本式知識伝達型教育は，学習指導要領の全面改訂によって復活することとなった。

　1958（昭和33）年の第1回学習指導要領全面改訂は，知識の詰め込み教育の始まり，法的拘束力をもつ「告示」となったこと，道徳の時間が新設されたことなどが大きな特徴であるが，「学校図書館」を各教科，道徳，特別教育活動等の指導効果の向上に向けて「活用」することが第1章総則に盛り込まれていたことは特に注目すべきことである。

　以下，学校図書館法第2条「教育課程の展開に寄与するとともに，児童生徒の健全な教養を育成する」という規定がどのように具体化されてきたのか，小学校学習指導要領の改訂順に整理してみよう。

【昭和33年　小学校学習指導要領】

第1章総則　第2　指導計画作成および指導の一般方針

　　2　各教科，道徳，特別教育活動および学校行事等の指導を能率的，効果的にするた
　　めには，下記の事項について留意する必要がある。

　　(6)　教科書その他の教材，教具などについて常に研究し，その活用に努めること。
　　また，学校図書館の資料や視聴覚教材等については，これを精選して活用するよう
　　にすること。

第2章　各教科

第1節　国語

　第2　各学年の目標および内容〔第4学年〕

　2　内容

　A　聞くこと，話すこと，読むこと，書くこと

（読むこと）

　(1)　次の事項について指導する。

　ア　黙読に慣れること。

　イ　文章を段落ごとにまとめて読むこと。

　ウ　読み取ったことについて話し合うこと。

　エ　必要なところを細かい点に注意して読むこと。

　オ　わからない文字や語句を文脈にそって考えること。

　カ　知るため楽しむために本を読むこと。

　　上に示す指導事項のほか，「学校図書館の利用のしかたがわかること」などにつ
　いて指導することも望ましい。

【昭和43年　小学校学習指導要領】

第1章　総則　第1　教育課程一般

　8　以上のほか，次の事項について配慮するものとする。

　　(3) 教科書その他の教材・教具を活用し，学校図書館を計画的に利用すること。

第2章　各教科

第1節　国語　第3　指導計画の作成と各学年にわたる内容の取り扱い

　4年間の指導計画を立てるに当たっては，次のような点に留意するものとする。

　　(5) 読むことの指導については，日常における児童の読書活動も活発に行なわれる
　　ようにするとともに，他の教科における読書の指導や学校図書館における指導との

　関連をも考えて行なうこと。また，児童の読む図書の選定に当たっては，国語科の
　目標を根底にして，人間形成のため幅広くかたよりのないようにすること。
第4章　特別活動 第2 内容
　特別活動は，児童活動，学校行事および学級指導から成るものとする。
　〔学級指導〕
　2　内容
　　学級指導においては，学校給食，保健指導，安全指導，学校図書館の利用指導その
　他学級を中心として指導する教育活動を適宜行なうものとする。

【昭和52年　小学校学習指導要領】
第1章　総則 第1 教育課程一般
　8　以上のほか，次の事項について配慮するものとする。
　　⑵ 視聴覚教材などの教材・教具や学校図書館を計画的に利用すること。
第2章　各教科
第1節　国語 第3 指導計画の作成と各学年にわたる内容の取り扱い
　1　指導計画の作成に当たっては，次の事項に配慮するものとする。
　　⑸ 各学年の内容のBのうち，読むことの指導については，日常生活において児童
　が読書活動を活発に行うことを促すように配慮するとともに，他の教科における読
　書についての指導や学校図書館における指導との関連を考えて行うこと。なお，児
　童の読む図書については，人間形成のため幅広く偏りがないように配慮して選定す
　ること。
第4章　特別活動
第2　内容 C学級指導
　　⑶ 学校給食の指導，学校図書館の利用の指導

【平成元年　小学校学習指導要領】
第1章　総則 第4 指導計画の作成等に当たって配慮すべき事項
　2　以上のほか，次の事項に配慮するものとする。
　　⑻ 視聴覚教材や教育機器などの教材・教具の適切な活用を図るとともに，学校図
　書館を計画的に利用しその機能の活用に努めること。
第2章　各教科
第1節　国語 第3 指導計画の作成と各学年にわたる内容の取扱い
　1　指導計画の作成に当たっては，次の事項に配慮するものとする。

⑹ 読むことの指導については，読書意欲を高め，日常生活において読書活動を活発に行うことを促すようにするとともに，他の教科における読書の指導や<u>学校図書館</u>における指導との関連を考えて行うこと。なお，児童の読む図書については，人間形成のため幅広く偏りがないように配慮して選定すること。

第4章　特別活動

第2　内容　A学級活動

　学級活動においては，学級を単位として，学級生活の充実と向上を図り，健全な生活態度の育成に資する活動を行うこと。

　⑵ 日常の生活や学習への適応及び健康や安全に関すること。

　　不安や悩みの解消，基本的な生活習慣の形成，望ましい人間関係の育成，意欲的な学習態度の形成，<u>学校図書館</u>の利用や情報の適切な活用，健康で安全な生活態度の形成，学校給食など

【平成10年　小学校学習指導要領】

第1章　総則 第5　指導計画の作成等に当たって配慮すべき事項

　2　以上のほか，次の事項に配慮するものとする。

　⑼ <u>学校図書館</u>を計画的に利用しその機能の活用を図り，児童の主体的，意欲的な学習活動や読書活動を充実すること。

第2章　各教科

第1節　国語 第3　指導計画の作成と各学年にわたる内容の取扱い

　1　指導計画の作成に当たっては，次の事項に配慮するものとする。

　⑶ 第2の各学年の内容の「A話すこと・聞くこと」，「B書くこと」及び「C読むこと」の言語活動の指導に当たっては，<u>学校図書館</u>などを計画的に利用しその機能の活用を図るようにすること。

　⑹ 第2の各学年の内容の「C読むこと」に関する指導については，読書意欲を高め，日常生活において読書活動を活発に行うようにするとともに，他の教科における読書の指導や<u>学校図書館</u>における指導との関連を考えて行うこと。なお，児童の読む図書については，人間形成のため幅広く，偏りがないように配慮して選定すること。

第2節　社会 第3　指導計画の作成と各学年にわたる内容の取扱い

　1　指導計画の作成に当たっては，次の事項に配慮するものとする。

　⑷ <u>学校図書館</u>や公共図書館，コンピュータなどを活用して，資料の収集・活用・整理などを行うようにすること。また，第4学年以降においては，教科用図書の地

図を活用すること。

第4章　特別活動　第2　内容　A学級活動

(2) 日常の生活や学習への適応及び健康や安全に関すること。

　　希望や目標をもって生きる態度の形成，基本的な生活習慣の形成，望ましい人間関係の育成，学校図書館の利用，心身ともに健康で安全な生活態度の形成，学校給食と望ましい食習慣の形成など

【平成20年　小学校学習指導要領】

第1章　総則　第4　指導計画の作成等に当たって配慮すべき事項

　以上のほか，次の事項に配慮するものとする。

　(10) 学校図書館を計画的に利用しその機能の活用を図り，児童の主体的，意欲的な学習活動や読書活動を充実すること。

第2章　各教科

第1節　国語　第3　指導計画の作成と内容の取扱い

　1．指導計画の作成に当たっては，次の事項に配慮するものとする。

　　(2) 第2の各学年の内容の「A話すこと・聞くこと」，「B書くこと」，「C読むこと」及び〔伝統的な言語文化と国語の特質に関する事項〕に示す事項については，相互に密接に関連付けて指導するようにするとともに，それぞれの能力が偏りなく養われるようにすること。その際，学校図書館などを計画的に利用しその機能の活用を図るようにすること。また，児童が情報機器を活用する機会を設けるなどして，指導の効果を高めるよう工夫すること。

　　(5) 第2の各学年の内容の「C読むこと」に関する指導については，読書意欲を高め，日常生活において読書活動を活発に行うようにするとともに，他の教科における読書の指導や学校図書館における指導との関連を考えて行うこと。学校図書館の利用に際しては，本の題名や種類などに注目したり，索引を利用して検索をしたりするなどにより，必要な本や資料を選ぶことができるように指導すること。なお，児童の読む図書については，人間形成のため幅広く，偏りがないように配慮して選定すること。

第2節　社会　第3　指導計画の作成と内容の取扱い

　1．指導計画の作成に当たっては，次の事項に配慮するものとする。

　　(3) 学校図書館や公共図書館，コンピュータなどを活用して，資料の収集・活用・整理などを行うようにすること。また，第4学年以降においては，教科用図書「地図」を活用すること。

第5章　総合的な学習の時間　第3　指導計画の作成と内容の取扱い

　2．第2の内容の取扱いについては，次の事項に配慮するものとする。

　　(6) 学校図書館の活用，他の学校との連携，公民館，図書館，博物館等の社会教育
　　　施設や社会教育関係団体等の各種団体との連携，地域の教材や学習環境の積極的な
　　　活用などの工夫を行うこと。

第6章　特別活動　第2　各活動・学校行事の目標及び内容

〔学級活動〕

　2　内容〔共通事項〕

　(2) 日常の生活や学習への適応及び健康安全

　オ　学校図書館の利用

表4-1　小学校学習指導要領に学校図書館に関する記述のある箇所

記述のある章や節など		昭和33年	昭和43年	昭和52年	平成元年	平成10年	平成20年	平成29年
第1章　総則		○	○	○	○	○	○	○
第2章　各教科	国語	○	○	○	○	○	○	○
	社会					○	○	○
第5章　総合的な学習の時間							○	○
第6章　特別活動			○	○	○	○	○	○
記述の合計箇所		2	3	3	3	5	7	9

② 学習指導要領改訂ごとにみる「学校図書館」の取扱い

　1958（昭和33）年から2017（平成29）年までの7回の改訂をとりまとめた表
4-1からは，次の5点が指摘される。

　第1に，小学校学習指導要領における学校図書館に関して，総則と国語科に
1958（昭和33）年～2017（平成29）年改訂まで一貫して規程されてきたこと，
1968（昭和43）年以降は，総則，国語科，特別活動に連続して規定されている
ことは，学校図書館の教育力を明確に宣言したものといえる。

　第2に，利用から活用への文言の変化である。学校図書館の「利用」という
語句から学校図書館の「計画的利用」「活用」への表現の移り変わりは，（盲目
的な利用にまかせるのでなく）教科学習や興味・関心との関わりを前提とする
目的の明確な資料の利用を想定したものと理解される。

　第3は，学校図書館の教育力の広がりである。1998（平成10）年から表4-1の各教科に第2節社会が加わり「資料の収集・活用・整理などを行うようにすること。」，2008（平成20）年からは表4-1の第5章総合的な学習の時間においても学校図書館の活用において工夫することが含まれるようになった。

　第4は，学校図書館の利用指導が1968（昭和43）年改訂の学習指導要領から明記されたことである。2008（平成20）年改定では「本の題名や種類などに注目したり，索引を利用して検索をしたりするなどにより，必要な本や資料を選ぶことができるように指導すること。」と利用指導の具体的な取り組みが認められる。

2　高度情報ネットワーク社会での学校図書館

（1）2017（平成29）年改訂学習指導要領における学校図書館の教育力

　2017（平成29）年3月31日，小学校学習指導要領の改訂が告示された。「生きる力の育成」に主眼を置いた平成20年告示の学習指導要領から，「主体的・対話的で深い学び」の実現に向けて，新しい教育ビジョンが提示された。以下，学校図書館がどのように位置づけられているかを提示する。

第1章　総則 第3 教育課程の実施と学習評価
　1 主体的・対話的で深い学びの実現に向けた授業改善
　　(7) 学校図書館を計画的に利用しその機能の活用を図り，児童の主体的・対話的で深い学びの実現に向けた授業改善に生かすとともに，児童の自主的，自発的な学習活動や読書活動を充実すること。また，地域の図書館や博物館，美術館，劇場，音楽堂等の施設の活用を積極的に図り，資料を活用した情報の収集や鑑賞等の学習活動を充実すること。
第2章　各教科
第1節　国語
　第2　各学年の目標及び内容［第1学年及び第2学年］2 内容〔思考力，判断力，表現力等〕C読むこと (2)
　　ウ 学校図書館などを利用し，図鑑や科学的なことについて書いた本などを読み，

分かったことなどを説明する活動。

第2　各学年の目標及び内容〔第3学年及び第4学年〕2　内容〔思考力，判断力，表現力等〕C読むこと（2）

　　ウ　学校図書館などを利用し，事典や図鑑などから情報を得て，分かったことなどをまとめて説明する活動。

第2　各学年の目標及び内容〔第5学年及び第6学年〕2　内容〔思考力，判断力，表現力等〕C読むこと（2）

　　ウ　学校図書館などを利用し，複数の本や新聞などを活用して，調べたり考えたりしたことを報告する活動。

第3　指導計画の作成と内容の取扱い　1

　　(6)　第2の第1学年及び第2学年の内容の〔知識及び技能〕の(3)のエ，第3学年及び第4学年，第5学年及び第6学年の内容の〔知識及び技能〕の(3)のオ及び各学年の内容の〔思考力，判断力，表現力等〕の「C読むこと」に関する指導については，読書意欲を高め，日常生活において読書活動を活発に行うようにするとともに，他教科等の学習における読書の指導や学校図書館における指導との関連を考えて行うこと。

第3　指導計画の作成と内容の取扱い　2

　　(3)　第2の内容の指導に当たっては，学校図書館などを目的をもって計画的に利用しその機能の活用を図るようにすること。

第2節　社会

第3　指導計画の作成と内容の取扱い　2

　　(2)　学校図書館や公共図書館，コンピュータなどを活用して，情報の収集やまとめなどを行うようにすること。また，全ての学年において，地図帳を活用すること。

第5章　総合的な学習の時間　第3　指導計画の作成と内容の取扱い　2

　　(7)　学校図書館の活用，他の学校との連携，公民館，図書館，博物館等の社会教育施設や社会教育関係団体等の各種団体との連携，地域の教材や学習環境の積極的な活用などの工夫を行うこと。

第6章　特別活動　第2　各活動・学校行事の目標及び内容［学級活動］

　2　内容　(3)

　　ウ　主体的な学習態度の形成と学校図書館等の活用

　　　学ぶことの意義や現在及び将来の学習と自己実現とのつながりを考えたり，自主的に学習する場としての学校図書館等を活用したりしながら，学習の見通しを立て，振り返ること。

　2017（平成29）年改訂では，次の5点が従来よりも具体的に規定されている点において注目される。

　第1に，総則において，学校図書館の機能の活用を図るという（前提条件から），児童の自主的，自発的な学習活動や読書活動を充実することの間に「児童の主体的・対話的で深い学びの実現に向けた授業改善に生かす」と教育課程の実施そのものに関連づけるともに，教育課程の展開について従来よりも具体的に守備範囲を非常に幅広いものと規定している。

　次に，第2章各教科では国語の2内容〔思考力，判断力，表現力等〕C読むこと(2)において，低・中・高学年ごとに利用するメディアの焦点化と利用後における学習の取り纏め方について細かく定めていること。低学年では，「図鑑や科学的なことについて書いた本などを読み，分かったことなどを説明する活動」，中学年では「事典や図鑑などから情報を得て，分かったことなどをまとめて説明する活動」，高学年では「複数の本や新聞などを活用して，調べたり考えたりしたことを報告する活動」と低・中・高学年別に読む図書・資料の種類と読後の学習展開について具体的に述べている。どの学年でも図鑑・辞典など参考図書が含まれていること，高学年では複数の本を読み比較・検討することなど読む資料と読み方について言及している。

　第3に，国語の第3指導計画の作成と内容の取扱いで，「C 読むこと」に関する指導について，「読書意欲を高め，日常生活において読書活動を活発に行うようにするとともに，他教科等の学習における読書の指導や学校図書館における指導との関連を考えて行う」と教科学習での読むことの指導にまで関連づけて踏み込んでいる。

　第4に，第2節社会では，情報収集やまとめのために学校図書館だけでなく公共図書館やコンピュータ利用にまで言及していること。

　第5に第6章 特別活動において，学校図書館の活用が主体的な学習態度の形成に密接な関わりのあることを「自己実現」「学習の見通し」などの語句をもちいて具体的・積極的に捉えている。

（2）学校図書館の教育力のもつ潜在的優越性

① 学校図書館教育力楽観論

　まことに残念なことであるが，1958〜2017年改訂までの学習指導要領の中に「読書の活動」「読書の指導」という語句は認められるが，学習指導要領本文及び解説編において「読書指導」という語句が使用されたことはこれまで一度もない。

　「1．(2)学習指導要領の改訂と学校図書館　①学習指導要領に一貫して規定されてきた学校図書館」で述べた学習指導要領で規定される「教育課程の展開に寄与する」学校図書館のあり方は，学校図書館の経営条件が完璧に揃っているという前提で学校図書館の教育課程への位置づけが構想されたものである。

　教育課程の展開に寄与する具体的な道筋は，教育方法学的に捉えれば学習指導と生徒指導の双方に関わるものであろう。さらに読書指導が学習指導と生徒指導の効果を高める基盤として位置づけられていれば，学校図書館はもっと多くの「出番」があっただろう。

　従来から，学校図書館研究が教育学の側から追究されることは希であった。例えば，問題解決学習など代表的な教授過程論の中で学校図書館を関連づけた解説が行われることは無かった。近年では，総合的な学習の時間と図書館との関係，生きる力の育成と図書館との関係について実際に検証しないまま，図書館を利用することが無条件で学習に対する子どもの主体性を育成し，読書は心のオアシスであり必ず豊かな心を育てるものであり，図書館を利用したり読書をしたりする子どもはよい子である，という楽観的な先入観や安易な思いこみに支配されてきたといえよう。

　こうした中で，いち早く「学校図書館の教育力」を章見出しに設定した塩見昇は『学校司書の教育実践』青木書店（1988）の中で，学校図書館運営者の観点，立場から見た教育力（発揮）の条件等について論じている。だが，子ども（学習者）の側に立った学校図書館の教育力，学校図書館の教育効果について検証しているとは言いがたい。学校図書館の環境条件を整備することさえおぼつかない現状の中で，学校図書館がどのような教育効果を挙げうるかという点については，いまだ未知数といえる。

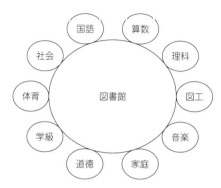

図4-3　学校図書館センターの概念

②「学校図書館センター論」

　1985（昭和60）年時代の後半に入ると，科学技術の進歩と経済発展とは，物質的な豊かさを生みだすとともに，情報化，国際化，核家族化，高齢化など日本社会の各方面において予想もしない大きな変化をもたらした。

　やがて昭和から平成へと元号が変わり，社会の予測もつかない急激な変化に対応するため，教育内容の見直しが行われた。

　1989（平成元）年の学習指導要領改訂では，キーワードとして「新しい学力観」が示され，生活科の新設，観点別評価や絶対評価の導入，さらに1992（平成4）年から「学校週五日制」が導入された。

　学校図書館については，1998（平成7）年8月「児童生徒の読書に関する調査協力者会議報告書」が提出された。同報告では，新しく魅力的な学校図書館を作るために「学校図書館は子供のオアシス，学校の読書センターにしよう」「学校図書館を学校の学習情報センターにしよう」「地域に開かれた学校図書館にしよう」「学校図書館の機能を充実する校内の協力体制をつくろう」などが提唱された。新しく目標とされる学校図書館の機能を，教材センターとしての学校図書館，資料センターとしての学校図書館，学習センターとしての学校図書館，情報センターとしての学校図書館，学習情報センターとしての学校図書館という，巨大な目標を提示した。

　学校図書館の役割を，教材，学習，資料，情報など，学習指導及び読書指導

を推進する中心に学校図書館を位置づけた「学校図書館センター論」は，1997（平成9）年6月「学校図書館の一部を改正する法律」に引き継がれた。

改正学校図書館法では，司書教諭の講習や発令に大きな変化があったが，教育課程との関わりについて見ると，(1)司書教諭の職務は，「教師として」「情報メディアの専門家として」「教育課程の立案・展開のコンサルタントとして」学校図書館の専門的職務を掌る，と司書教諭の任務と役割の専門性を認めたこと(2)学校図書館事務職員（学校司書）の資格及び司書教諭・学校司書の役割分担と協働を規定したことが画期的な変革であった。

3 学校図書館の理想と現実

（1）学校図書館のもつ独自性

学校図書館は，教育活動と図書館活動という2つの歯車によって構成されるしくみである。2つの歯車は，収集・整理・保存・提供という学校図書館の基本的機能がきちんと達成されることによって，はじめてピッタリ噛み合って回転する。

学校図書館が収集するものは，歴史・科学・生命・道徳・交通など人間存在に関わる全ての主題が対象である。つまり，収集する内容の網羅性及びメディアの多様性・復元性が学校図書館の第1の特性である。

十進分類法による分類排架は，主題による検索を容易にするだけでなく，図書と図書以外の種別配置や資料と並んで情報提供を可能とし，さらに検索・相談・利用援助という多様なサービス提供力を学校図書館にもたらす。学校図書館では，合理的な構造で永続的に使え，簡潔で誰にもわかりやすい『日本十進分類法』を整理のツールとして採用している。何万点というコレクションを一つの限られた空間中に合理的に配置している。

第3に保存という機能も看過できない。図書館資料の永久保存は，館種を問わず図書館サービスの提供に信頼性を保障する基盤である。

こうした収集・整理・提供・保存という図書館の基本的特性がきちんと機能することが，PDCAという原則に裏付けられた学校経営が実現するための条

件であり　「小学校学習指導要領第1章　総則　第1小学校教育の基本と教育課程の役割」に規定される「教科等横断的な視点」に関わる部分への学校図書館が教育課程の展開に対して発揮する独自の優位性として位置づけられる。

小学校学習指導要領　第1章　総則　第1小学校教育の基本と教育課程の役割

4　各学校においては，児童や学校，地域の実態を適切に把握し，教育の目的や目標の実現に必要な教育の内容等を教科等横断的な視点で組み立てていくこと，教育課程の実施状況を評価してその改善を図っていくこと，教育課程の実施に必要な人的又は物的な体制を確保するとともにその改善を図っていくことなどを通して，教育課程に基づき組織的かつ計画的に各学校の教育活動の質の向上を図っていくこと（以下「カリキュラム・マネジメント」という。）に努めるものとする。

小学校学習指導要領　第1章　総則　第2　教育課程の編成　2　教科等横断的な視点に立った資質・能力の育成

①各学校においては，児童の発達の段階を考慮し，言語能力，情報活用能力（情報モラルを含む。），問題発見・解決能力等の学習の基盤となる資質・能力を育成していくことができるよう，各教科等の特質を生かしつつ，教科等横断的な視点から教育課程の編成を図るものとする。

②各学校においては，児童や学校，地域の実態及び児童の発達の段階を考慮し，豊かな人生の実現や次代の社会の形成に向けた現代的な諸課題に対応して求められる資質・能力を，教科等横断的な視点で育成していくことができるよう，各学校の特色を生かした教育課程の編成を図るものとする。

（2）学校図書館の現状

　2016（平成28）年の学校司書配置率は，文部科学省の発表によると小学校54.4％，中学校53.1％，高等学校64.4％にとどまっている。とくに義務教育段階で低い。約半数の小中学校には配置されていないのが現実である。学校図書館の蔵書のデータベース化100％の学校は，小学校68.1％，中学校58.1％，高等学校43.7％にとどまっている。ちなみに，各学校の平均蔵書冊数は，小学校8920，中学校1万784，高等学校2万3794（平成27年度）である。

　2016年の「学校図書館の蔵書冊数に関する日本十進分類法による分類別把握状況」によると，小学校58.3％，中学校54.6％，高等学校80.1％にとどまって

いる。とくに義務教育段階で低い。

　ところが，現実の学校図書館はドアに鍵がかかっており「常時閉館」している。図書資料等の分類排架とコンピュータ管理ができていない。図書と雑誌，新聞，視聴覚資料など資料の種別や形態によって館内の配置区分ができていない。利用者は，書架を順番に巡りながら探している図書に出会うのを期待するしかすべがない。膨大な資料から欲しい図書を即座に検索できるという図書館の特性が損なわれている。

　司書教諭または図書館係の先生ひとりが担当のために，何かわからないことがあっても先生が授業中などで不在の時，質問できない。読書や資料利用等における学校図書館の指導性が期待できない。蔵書のデータベース化，十進分類法による資料分類の達成率と学校司書の配置状況という3点についてデータをみると，そこに理念と現状との間にある学校図書館の大きな矛盾を見いだすことができる。

　学校図書館の独自な優位性を実現するには次のような条件整備が必要である。

　まず学校図書館の明確な経営概念と適切な経営組織，経営の財政的裏付けである予算措置が必要である。経営概念とは，教育活動と図書館活動という2つの歯車の噛み合わせのことである。適切な経営組織とは，司書教諭と学校司書との協働体制である。予算措置は，あらゆる教育活動を支援するための資料収集を実現する図書・資料費である。

4　学校図書館の教育力とそれを実行するための条件

（1）教育課程の編成に学校図書館を位置づける道筋

　学校図書館を巡っては，制度的・行政的・経営的取り組みはほぼ出尽くしたといえる。にもかかわらず，学校図書館を教育課程編成に関連づける取り組みが不完全なのは，学校内での教職員の学校図書館に関する理解や意識の欠落が根強く残っているからと結論づけられる。「教育課程の展開に寄与」するには，教師の学校図書館理解と活用がなによりも重要な前提条件である。

　例えば，どのくらいの割合の教諭が自校図書館の蔵書冊数を知っているだろ

うか。メディアの分類は館種をこえて図書館の命である。どの教諭にとっても自校図書館の図書が分類排架されているか否かは，指導上きわめて重要な知識である。全教諭が日本十進分類法の10区分を児童生徒に説明できるだろうか。現在使われている国語の教科書に，「ラベルに書かれた3桁の数字を手がかりにしましょう」という説明があることを知っているだろうか。

　校長は，学校図書館について何をどのくらい知っているだろうか。校長は，週に一度，それができなければ，せめて月に一度は学校図書館に出向き，そこで子どもたちがどのようにメディアとふれ合っているかを自分の目で確認すること，図書館の閲覧席にすわり，書架から一冊の本を取り出して頁をめくって学校教育と学校図書館とのつながりをチェックしているだろうか。

　職員会議では，児童生徒の学校図書館の利用状況，その現状や改善策について話し合われることがどのくらい実施されているだろうか。『子どもの学力を高める学校図書館の教科別活用法』（2004年）という図書は，どのくらい先生たちに知られているだろうか。

　およそ70年前に宣言した「教育課程の展開に寄与する」という理念は，何気ない教職員の図書館利用，図書や雑誌・新聞などとの触れ合いから始まる。そのことが，文字通り学校図書館を学校の〔学習指導・読書活動・調査研究・交流・娯楽などの〕センターとして位置づけるための最善のそして最短の道である。

（2）教員養成課程の変革

　教職員の学校図書館に関する認識・意識の欠落を改善するもっとも有効な解決策は教員養成課程の変革である。その具体的な方策として，次の5点を提案したい。

① 全科目で教科書（テキスト）を使用する。

　各大学がウェブ公開しているシラバスを見る限りテキストを指定しない科目は相当な割合を占める。高度な専門教育を謳う大学では，少なくとも一冊の図書をテキストとして指定し，まず学習の道具としての文献情報に気付かせるこ

と，さらに学問分野の全体構成や学習への見通しを確認できるようにすること
が最低限の責任である。

② 大学生のための図書館利用指導と読書の指導を徹底する。

　大学教育では，スマホに支配される大学生に対して大学図書館の活用が不可
欠であること，一般図書だけでなく辞典・事典，図鑑，年鑑，書誌などの参考
図書の存在と活用について熟知させることが専門教育指導の基礎条件である。
例えば，『最新教育動向2021』（明治図書）は教員養成課程では全員が所有すべ
き図書である。

③「学校経営と学校図書館」「学習指導と学校図書館」の必修化

　現在，司書教諭資格取得に必要な科目「学校経営と学校図書館」を教職必修
科目として，全教員免許状取得希望者に受講を義務づける。学校図書館が，機
能的に⑴読書センター，⑵教材センター，⑶学習情報センターであり，学校の
教育指導において不可欠の機関であることを大学在学中から意識づけていく。

④ 大学図書館利用を通して紙媒体のもつメリットを感得させる

　NIE や SDGs など次々と新しい事象が生まれる今日，インターネット情報は
看過できないものの，情報の保存や復元性という点において新聞という紙媒体
のもつ優位性について気付かせる。新聞を読まないといわれる教員志望の大学
生対象に NIE 活動の具体的指導を展開する。

⑤ レポートや卒業論文での確実な文献リスト作成指導

　レポートや卒業論文で文献リストがきちんと作成できることは，論拠を正確
に提示できることを意味しており，研究として課題内容と同等の価値がある。
その際，とくに図書と雑誌記事で資料区分及び表記区別ができること，刊行ま
たは発表年月の順番に並べられることなどが基本である。

引用・参考文献

教えて先輩 Q&A　分類について「小学校の学校図書館の分類」2桁と3桁，どちら
　　がよいのでしょう？

　　https://www.j-sla.or.jp oshietesenpai-bunrui.（2021.10.10閲覧）

文部科学省児童生徒課　平成28年度「学校図書館の現状に関する調査」結果について
　　（概要）　平成28年10月13日.

　　https://www.mext.go afieldfile 2016/10/13 pdf（2021.10.10閲覧）

塩見昇著（1988）『学校司書の教育実践』青木書店.

（中島正明）

第5章

数学科の教育課程（カリキュラム）の特質と課題

　　本章の第1節は，学習指導要領の改訂と経緯を基に，人工知能（AI）やIoTの進展による社会構造の大きな転換期に対応した学校教育，新しい時代に求められる資質・能力について，第2節は，新学習指導要領の方針等について，第3節は，数学科の教育課程編成の実際について，第4節は，教育課程（カリキュラム）編成の改革として，数学的に考える資質・能力を効果的・効率的に育成する授業の在り方，評価方法等について論述する。

1　学習指導要領の改訂の経緯

　戦後の日本教育は，急速に進んだ経済成長を支え，我が国の成長と発展を支える人材を輩出し，素晴らしい成果を上げてきた。特に，理数分野において，世界トップクラスを維持し，我が国の教育が自動車産業や電気産業等，技術革新を担う源となったのは紛れもない事実である。しかし，現在の急速な人工知能（AI）やIoT[(1)]の進展により，今や世界の社会構造は大きな転換期を迎えている。

　このような変化が激しく先の予想が難しい今日の社会においては，経験したことがない問題に柔軟な発想で対応し，自らの力で課題解決を行うことが必要である。学校教育においては，生涯にわたり学習する基盤が培われるように，学校教育法第30条第2項に示される「基礎的な知識及び技能」，「基礎的な知識・技能を活用して課題を解決するために必要な思考力，判断力，表現力その他の能力」，「主体的に学習に取り組む態度」を，生徒に身に付けさせる使命がある。新学習指導要領で，育成を目指す資質・能力が「知識・技能」，「思考力，判断力，表現力等」，「学びに向かう力・人間性等」の三つの柱に沿って明確化

されたことにより，教員は，日々の授業において学校教育が個々の生徒の自己実現を支えると同時に，複雑な社会問題を解決して社会の発展に貢献できる次代の担い手を育てる役目を負っていることを，意識することになる。言い換えると，教員に，授業において生徒をよりよい社会の形成に主体的に関わるように成長させたかを問い，学校教育の使命を確実に果たすことを要請していると考えられる。

2　新学習指導要領の方針

（1）数学科で生徒に身に付けさせたい資質・能力

　2017（平成29）年3月31日に告示された「中学校学習指導要領」において，生徒に身に付けさせたい資質・能力は，数学科の目標として次のように記載されている。

　数学的な見方・考え方を働かせ，数学的活動を通して，数学的に考える資質・能力を次のとおり育成することを目指す。

(1) 数量や図形などについての基礎的な概念や原理・法則などを理解するとともに，事象を数学化したり，数学的に解釈したり，数学的に表現・処理したりする技能を身に付けるようにする。

(2) 数学を活用して事象を論理的に考察する力，数量や図形などの性質を見いだし統合的・発展的に考察する力，数学的な表現を用いて事象を簡潔・明瞭・的確に表現する力を養う。

(3) 数学的活動の楽しさや数学のよさを実感して粘り強く考え，数学を生活や学習に生かそうとする態度，問題解決の過程を振り返って評価・改善しようとする態度を養う。

　目標から，数学科で育成するのは「数学的に考える資質・能力」であり，(1)，(2)，(3)で「数学的に考える資質・能力」が三つの柱に沿って示されていることがわかる。

　数学科で身に付けさせる「知識・技能」は，概念的な理解や問題解決のための方法の理解，数学的に表現・処理するための技能である。中学校数学科にお

いては，具体的に(1)に示されている「数量や図形などについての基礎的な概念や原理・法則などの理解」，「事象を数学化したり，数学的に解釈したり，数学的に表現・処理したりする技能」が挙げられている。

　数学で身に付けさせる「思考力，判断力，表現力等」は，問題を見いだしたり，知識・技能を活用して問題を解決したりすることなどである。中学校数学科においては，具体的に(2)に示されている「数学を活用して事象を論理的に考察する力」，「数量や図形などの性質を見いだし統合的・発展的に考察する力」，「数学的な表現を用いて事象を簡潔・明瞭・的確に表現する力」が挙げられている。

　数学で身に付けさせる「学びに向かう力・人間性等」は，数学のよさを見いだしたり，粘り強くかつ柔軟に考えたりすることなどである。中学校数学科においては，具体的に(3)に示されている「数学的活動の楽しさや数学のよさを実感して粘り強く考え，数学を生活や学習に生かそうとする態度」，「問題解決の過程を振り返って評価・改善しようとする態度」が挙げられている。

　資質・能力を育むうえで重要とされているのが，教科の特質に沿った見方・考え方である。2016（平成28）年8月に報告された「算数・数学ワーキンググループにおける審議の取りまとめ」では，「数学的な見方・考え方」について「事象を，数量や図形及びそれらの関係などに着目して捉え，論理的，統合的・発展的に考えること」として再整理することが適当であると述べられている。授業において「数学的に考える資質・能力」を育成するには，「数学的な見方・考え方」とは何かを捉えることに加えて，どうすれば生徒が数学的な見方・考え方を働かせることができるかについての具体的な方法をもつ必要がある。「数学的な見方・考え方」は，三つの柱の中の「思考力，判断力，表現力等」と深く関わっており，数学的な見方・考え方を働かせるためには，数学を活用できるかが大きな鍵となる。

（2）数学的な見方・考え方を働かせること

　数学は，定義・公理を基にして築かれる数量・図形についての性質や関係についての体系を扱う学問である。中学生の場合，発達段階や学んでいる学習内

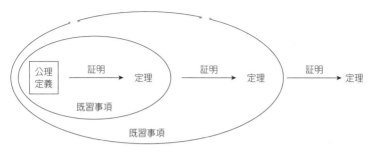

図5-1　数学学習における公理に基づく手法

容との関係から，必ずしも公理から出発する方法が取られていないことはあるが，基本的には新しい知識や問題解決の方法は既習事項を根拠にしてその正しさを説明しなければいけない。図5-1は，数学学習における公理に基づく手法を表す。

　公理に基づく手法で構築される数学の特質は，知識の関連づけにあると考えることができる。この数学の特質から，事象を数量や図形及びそれらの関係などに着目して捉えるという「数学的な見方」は，事象の中に既習事項である数量，図形，関係等を見いだすことであると解釈できる。また，論理的，統合的・発展的に考えるという「数学的考え方」は，課題の探究・問題の解決等の活動において，既習事項を用いて筋道立てたり，相互の関係を捉えたり，新たな知識を創造したりするための発想の枠組みであると解釈できる。

　数学的な見方・考え方を働かせるためには，三つの柱のうちの「知識・技能」が相互に関連づけられ，学んだ数学を活用するための基盤となっていることが重要である。

　現在，数学教育には，生徒が数学の時間に学習したことを活用できないという課題がある。多くの生徒は，記憶した公式や定式的な解法を使って正しい答えを出すことが数学だと捉えている。このように捉えている生徒は，図5-1を使って説明すると　→　が無い状態である。　→　が無い学習を数学学習だと思っているので，個々の学習内容は覚えていても関連づけはできず，既習の数学を活用し難い。つまり，数学的な見方・考え方を働かせることは難しい状

態であると考えられる。数学では，学習内容をどれだけ記憶しても，その学習内容を自分自身で既習事項を使って矛盾なく説明できなければ，本当に理解したとはいえない。

　数学的な見方・考え方を働かせることは，数学科における「深い学び」ができるか否かに直接関わる。2016（平成28）年12月21日に中央教育審議会が答申した「幼稚園，小学校，中学校，高等学校及び特別支援学校の学習指導要領等の改善及び必要な方策等について（答申）」において，「深い学び」は，習得・活用・探究という学びの過程のなかで，各教科等の特質に応じた「見方・考え方」を働かせながら，知識を相互に関連づけてより深く理解したり，情報を精査して考えを形成したり，問題を見いだして解決策を考えたり，思いや考えを基に創造したりすることに向かう学びと定義されている。

　知識の関連づけに学びの特質がある数学科においては，三つの柱の中の「知識・技能」を身に付けさせる段階で，教員が学びの特質をしっかり意識して，既習事項と現在の学習内容を生徒自身で関連づける学習を仕組まなければ，生徒が既習の数学を活用して「数学的な見方・考え方」を働かせる状態にはならないので，「思考力，判断力，表現力等」，「学びに向かう力・人間性等」の育成が難しくなると考えられる。

3　数学科の教育課程（カリキュラム）編成の実際

（1）数学科の改訂の趣旨及び要点について

① 前学習指導要領の成果と課題

　PISA2015及びTIMSS2015において，数学的リテラシーの平均得点は国際的に見ると高く，上位グループに位置している。中学生は数学を学ぶ楽しさや，実社会との関連に対して肯定的な回答をする割合も改善が見られる一方で，いまだ諸外国と比べると低い状況にあるなど学習意欲面で課題がある。また，小学校と中学校の間で算数・数学の勉強に対する意識の差があり，数学の学習に対し肯定的な回答をする生徒の割合が低下する傾向にある。

　全国学力・学習状況調査において，小学校では，「基準量，比較量，割合の

関係を正しく捉えること」や「事柄が成り立つことを図形の性質に関連付けること」に，中学校では，「数学的な表現を用いた理由の説明」に課題があった。

②　数学科の内容の改善

(1) 数学科の領域構成と数学的活動について

「資料の活用」から「データの活用」へ改めた。また，各学年の内容に数学的活動を従前通り位置づけた。

(2) 内容の示し方について

今回の改訂では，主として日常生活や社会の事象に関わる過程と，数学の事象に関わる過程の二つの問題解決の過程を重視したため，「思考力，判断力・表現力等」を身に付けるに当たり，多くの場合でこの二つの過程が活動を通して実現されるよう示し方を工夫した。

また，「思考力・判断力・表現力等」は，数量や図形などに関する問題場面について思考する過程や，その結果得られた事実や方法，判断の根拠などを数学的な表現を用いて伝え合う等の言語活動を通じて身に付けることとし，それらによって養われる力は，「〜を考察し表現すること」や「〜を具体的な場面で活用すること」などの表現を用いて示した。

(3) 内容の充実について

言葉や数，式，図，表，グラフなどの数学的表現を用いて，論理的に考察し表現したり，その過程を振り返って考えを深めたりする学習活動を重視した。また，急速に発展しつつある情報社会においては，多くの人が様々なデータを手にすることができるようになってきており，データを用いて問題解決する場面も多くみられることから，そのために必要な基本方法を理解し，これを用いてデータの傾向を捉え説明することを通して，問題解決する力を次第に養うことができるようにする必要がある。

（2）領域構成の変更点

算数科の領域構成が見直されて統計的な内容が領域として独立することになった。これにより，小中のつながりが捉えやすくなっている。

また，中学校数学科の領域名が「Ｄ　資料の活用」→「Ｄ　データの活用」
と変更された。

算数科の領域		数学科の領域
Ａ　数と計算	→	Ａ　数と式
Ｂ　図形	→	Ｂ　図形
Ｃ　測定（小１〜小３） 　　変化と関係（小４〜小６）	→	Ｃ　関数
Ｄ　データの活用	→	Ｄ　データの活用

（3）内容の移行

　中学校数学科の学習内容は，以下のように移行した。「統計教育の充実」が
テーマになっていることもあり，「Ｄ　データの活用」の変更が多くなってい
る。

　各学年の単位数に増減はない。

学年	領　域	移行内容（＋：追加されたもの，−：削除されたもの）
中学１年	Ａ数と式	＋（小５から）〔用語・記号〕素数 ＋（中３から）自然数を素数の積として表す（素因数分解）
	Ｄデータの活用	＋（新規）〔用語・記号〕累積度数 ＋（中２から）多数の観察や多数回の試行によって得られる確率 　（統計的確率） −（小６へ）代表値，〔用語・記号〕平均値，中央値，最頻値，階級 −（中３へ）誤差や近似値，$a \times 10^n$ の形の表現
中学２年	Ｂ図　形	＋（新規）〔用語・記号〕反例
	Ｄデータの活用	＋（数Ⅰから）四分位範囲，箱ひげ図 −（中１へ）多数の観察や多数回の試行によって得られる確率 　（統計的確率）
中学３年	Ａ数と式	−（中１へ）自然数を素数の積として表す（素因数分解）
	Ｄデータの活用	＋（中１から）誤差や近似値，$a \times 10^n$ の形の表現

【中学１年　解説】

「Ａ　数と式」

・算数の現行学習指導要領の５年「内容の取扱い」に「約数を調べる過程で素

数について触れるものとする。」とあるが，この記述が新学習指導要領で削除され，「素数」という用語は新たに中学1年に指定された。前指導要領の中学3年でも「素数」を扱う機会があったが，後述の「素因数分解」とともに中学1年に降りた。

・「素因数分解」が中学3年から中学1年に移行する。ただし，「因数」という用語は中学3年のままになっている。

「D　データの活用」

・「代表値」の内容が小学6年に移行する。関連して，「平均値」,「中央値」,「最頻値」,「階級」という4つの用語が小学6年に移行する。新学習指導要領では，中学1年の用語から「相対度数」がなくなっているが，これは「2内容」に記述が移ったためである。「相対度数」は引き続き中学1年で扱うことになる。

・「累積度数」という用語が新しく追加された。
　中学2年から「統計的確率」が降りた。一方，「誤差や近似値，$a \times 10^n$ の形の表現」が中学3年に移行した。

【中学2年　解説】

「B　図形」

　主に高等学校数学Ⅰで学んでいた「反例」という用語を新たに取り扱う。
　すでに現行の授業で扱っている場合には，特別何かが変わるということはない。

「D　データの活用」

　高等学校数学Ⅰから，「四分位範囲」,「箱ひげ図」が移行してくる。これにより，中学3年間を通して統計の内容を指導することになる。

・「統計的確率」は中学1年に移行した。ただし，中学2年の確率に「多数回の試行によって得られる確率と関連付けて」という記述があるので，引き続き指導が必要である。

【中学3年　解説】

「A　数と式」

・「素因数分解」が中学1年に移行する。

「D　データの活用」

・「誤差や近似値，$a \times 10^n$ の形の表現」が中学 1 年から移行してくる。

【その他】

・「批判的に考察」という文言が登場した。「批判的」は「他者を非難する」ではなく「多面的に吟味する」という意味で使われている。

◆移行措置について

　上の学年から下の学年に内容が移行する場合，新学習指導要領が実施になる前から，その内容を補充して指導する必要がある。

　例）　素因数分解　〔中学 3 年から中学 1 年に移行〕

　実施 2 年前から 2 年間，中学 1 年の生徒に補充して指導する。

（新中学 3 年用教科書で内容が削除され，指導機会がなくなるため）

　基本的には 1 年降りる内容は 1 年前，2 年降りる内容は 2 年前から補充が必要だが，小学校と中学校，中学校と高等学校は実施時期が 1 年ずれるので，学校種をまたぐ移行については対応時期が変わっている。

　例）　四分位範囲，箱ひげ図　〔数 I から中学 2 年に移行〕

　学年が 2 年降りるが，高等学校からの移行なので実施 1 年前の中学 2 年の生徒にのみ補充している。

---

⁴　教育課程（カリキュラム）編成の改革

（1）数学的に考える資質・能力を効果的・効率的に育成する授業の在り方

　数学的に考える資質・能力の根底には，公理に基づく手法で構築される数学の特質として，知識と関連づけられる。したがって，数学的に考える資質・能力の育成においては，アクティブ・ラーニングによって，「主体的な学び」や「対話的な学び」を実現して，生徒自身に既習事項と現在の学習内容を関連づける学習をさせることで，「深い学び」につなげることが効果的・効率的であると考えられる。数学の授業では，定義や公理を学ぶ場面，既習事項を使って新しい性質を見いだしたり問題の解き方を見いだしたりする場面，知識を定着

する場面等があるが，どの場面でもアクティブ・ラーニングの題材として，教科書の教材がそのまま利用できる。

　定義や公理を学ぶ場面では，どうやって定義をすればよいかを考えさせること等が題材になる。例えば，中学校第2学年の確率の単元では，「あることがらの起こりやすさをどうやって数で表せばよいか」を課題にすることが考えられる。定義を創らせる活動は，公理に基づく手法の出発点なので発想の自由度は高いのだが，最後は既存の定義に収束させる必要があるので，教員がかなり活動の方向付けをすることが必要になる。

　既習事項を使って新しい性質を見いだしたり問題の解き方を見いだしたりする場面では，現在の学習内容と既習事項の関係を考えさせること等が題材になり，例えば，中学校第2学年の連立方程式の単元で「なぜ2つの文字のうち一方を消去するのか」を課題にすることが考えられる。定義・公理以外のほとんどの学習内容は既習事項との関連があるので，日々の授業で取り入れることができる。

　知識・技能を定着させる場面では，公式や定式的な解法はなぜ使えるのかを考えさせること等が題材になる。例えば，中学校第3学年の相似の単元で相似な図形の面積の比を求める問題を反復練習させているときに「なぜ面積の比は相似比の2乗であるのか」を課題にすることが考えられる。公式や定式的な解法に当てはめて答えは出せても，なぜその方法を使ってよいのかを理解していない生徒は少なくない。計算の答えが出せるだけでは，数学を理解できているといえないということを生徒に認識させ，数学観を変えることが大切である。

　数学科のアクティブ・ラーニングにおいて重要なことは，知識どうしを有機的に関連づけた学習ができるかである。題材として何か特別なものを探さなくても，教科書の題材を組み合わせたり，少し工夫を加えたりすることで，習得・活用・探究という学びの過程を構成することが可能である。

（2）評価方法がどう変わるか

　評価は目標に照らして行われるものであり，目標と評価を切り離して考えることはできない。新しい学習指導要領が施行され，観点別学習状況の評価の観

点は，育成を目指す資質・能力と整合したものに改善されている。単元の授業の中で，生徒が三つの柱の「知識・技能」において「何を知り，何ができるようになったか」，「思考力・判断力・表現力等」において「知っていること・できることをどのように使えるようになったか」，「学びに向かう力・人間性等」において「どのように社会・生活と関わるようになったか」を確認できる場面・評価基準を設定し，数学的に考える資質・能力を育成できたかを客観的に評価できるようにすることが必要である。

特に，新たに加わった「学びに向かう力・人間性等」を具体的にどう評価するかが課題となり，どの学校においても研修を行い，学校としての統一性を示している。

（3）「学びに向かう力・人間性等」における具体的な評価方法（例）

① 評価項目について

・小テスト（パフォーマンス課題）・小テストへの取り組み方

・授業観察（発表内容，説明の方法など）

・振り返りシート（毎時間の学習記録，単元末ごとの振り返り）

・定期試験分析レポート（答案を分析し，自らの課題に取り組む）

・ワークシート・問題集の取り組み方，ノートの内容

② 振り返りやレポートなどの評価（点数化するとき）の工夫

・ルーブリックで基準をはっきりさせて評価

・1つの課題を2つの視点で採点

※定期試験分析レポートの採点用ルーブリック
S…自分の課題を解決する問題や発展的な問題に挑戦している。
A…自分の間違いを的確に分析して，解決の方策をレポートしている。
B…自分の間違った問題をやり直している。
C…自分の間違った問題の答えを（解答を見て）書いている。

※振り返りシート採点用ルーブリック（単元ごとに採点）

粘り強さ

S…より良いとき方を追求しながら，繰り返し解き直したり，さらに類題に取り組んだりして，確実に習得するための努力をしている。

A…進め方を考えながら，粘り強く努力している。また，様々な方法を試して力を付けようとしている。

B…あきらめず解法を見つけようとしている。自身の学習状況を的確に自己評価できている。

C…答えを写している。

主体的な取り組み

S…より良い自己解決のための模索をしている。日常生活や次の学習につながるような新しい課題（知りたいことや追求したいこと等）を自ら設定して取り組んでいる。

A…日常生活や次の学習につながるような新しい課題（知りたいことや追求したいこと等）を挙げている。

B…正しい解法への努力をし，自己解決に結びつけている。

C…問題の解決への取り組みをしていない。

注

(1)　IoT：Internet of Things の略。様々な物に通信機能をもたせ，インターネットに接続したり，相互に通信したりして，自動制御や情報収集などを行うこと。

引用・参考文献

文部科学省（2017）『中学校学習指導要領』.

中央教育審議会（2016）『幼稚園，小学校，中学校，高等学校及び特別支援学校の学習指導要領等の改善及び必要な方策等について（答申）』（平成28年12月21日）.

大分県教育委員会（2019）『中学校数学学指導要領の改訂及び新教育課程編成・実施のポイント』.

（松尾賢徳）

第6章

外国語科(英語)の教育課程(カリキュラム)の特質と課題

　本章では，外国語科（英語）の教育課程（カリキュラム）の特質と課題を明確にすることを目的とする。第1節では学習指導要領における外国語科の内容の変遷について概観する。そのうえで第2節では，2017年・2018年に改訂された小中高の学習指導要領の外国語活動・外国語科のポイントについてまとめる。第3節では，外国語科の教育課程の編成の実際について，学習指導要領の記述が中学校英語教科書にどのように取り込まれているのかについて具体的に見ていき，同時にその際の問題点について述べる。最後の第4節では，前節の問題点の解決に向けた教育課程編成の先進的な取り組み例について紹介していく。

1　学習指導要領の改訂の経緯

　第1節では学習指導要領における外国語科の内容の変遷について，国立教育政策研究所（2017），惟任（2017），酒井（2018），望月（2018），文部科学省（2017）などに依拠して，現行の学習指導要領の改訂に至るまでの経緯について，中学校・高等学校と小学校に分けて述べることとする。

（1）学習指導要領における中学校・高等学校の外国語科（英語）の変遷

　学習指導要領は各教科の目標や内容を示し，教育課程の基準になるものとして，約10年に一度の間隔で改訂されている。1958（昭和33）年と1960（昭和35）年にそれぞれ発表された中学校と高等学校の学習指導要領から，文部省からの「告示」という形式を取り法的拘束力をもつようになり，学習指導要領は教育課程の基準としての性格がより濃くなった。全体的にはこの学習指導要領では，それまでの経験主義から系統主義への転換が大きな特徴の一つとされた（惟任

2017：2）。外国語科においては，それまで示されていなかった必修語（520語とその他の連語）が示されたのもその流れを組んでいると考えられる。また別の特徴として，「聞く，話す，読む，書く」の4技能の育成が，ここですでに目標として挙げられているが，実際は文構造の習熟を目指した機械的な「学習活動」中心で，コミュニケーション活動とは言い難かった（酒井 2018：46）。

　次の1969（昭和44）年と1970（昭和45）年の改訂での外国語科の最も大きな特徴は，「学習活動」ではなく「言語活動」で外国語科の目標を達成するとされたことである。ただし，「言語活動」の定義は学習指導要領の本文では明確にされず現場は混乱した（惟任 2017：3 - 4）。

　1977（昭和52）年と1978（昭和53）年の改訂ではこの点が改良され，「言語活動」の記述がよりコミュニカティブなものに修正されている（酒井 2018：47）。しかしながら，この時の改訂の全体的な基本テーマとして「ゆとりと充実」が強調され，各教科とも授業時間数が軒並み削減となった。外国語科においても，中学校ではそれまで実質週4時間であったが週3時間が標準となった。その結果，「英語嫌い」の生徒の増加が問題視された（惟任 2017：5）。

　1989（平成元）年には，小学校から高等学校までの学習指導要領が一斉に改訂された。この改訂では，社会の変化に自ら対応できる心豊かな人間の育成という「新しい学力観」が全体として打ち出された。外国語科においては，目標の中に「外国語で積極的にコミュニケーションを図ろうとする態度を育てる」ことが組み込まれ，「コミュニケーション」という表現が登場し，コミュニケーション重視の方向性が示された。また，高等学校においては，「オーラル・コミュニケーション」という科目が新設された。

　次の1998（平成10）年と1999（平成11）年の改訂では，全体として「自ら学び考える力」などの「生きる力」の育成のもと，「総合的な学習の時間」が新設された。外国語科では，上述の「コミュニケーション能力」が「実践的コミュニケーション能力」という用語に変更になったものの，コミュニケーション主体の基本路線の変更はなかった。言語活動は学年ごとに細かく規定されるのではなく3学年分が一括して表示され，「言語の使用場面と働き」が明示された。また，長い間選択教科であった「外国語」はこの改訂から必修教科となり，中

学校では英語を履修することが原則となった。

　2008（平成20）年と2009（平成21）年の改訂では，上述の「生きる力」の育成を継承しつつ，「確かな学力」を確立するために授業時間数を増やし，「基礎的・基本的な知識・技能の習得」や「思考力・判断力・表現力等の育成」が盛り込まれた。外国語科では，「目標」において，「実践的コミュニケーション能力」から「コミュニケーション能力」に用語が戻ったが，さらにコミュニケーションを志向する内容となった。4技能のそれぞれの言語活動を有機的に関連付けて「統合的」に活用し，4技能を「総合的」に育成するように示された。また，文法はコミュニケーションを支えるものとして考えて，言語活動と有機的に関連付けて活用できるように求められた。高等学校では，「授業を実際のコミュニケーションの場面とするため，授業は英語で行うことを基本とする。」ことが示された。この背景には，特に経済活動のグローバル化に対応するために，実質的に国際共通語となっている英語のコミュニケーション能力の向上が重要な課題であるという認識があった。

　現行の学習指導要領の設計書である2016（平成28）年に発表された中央教育審議会の答申では，それまでの外国語教育の課題について言及されている。グローバル化が急速に進む中で，外国語によるコミュニケーション能力は一部の職業だけでなく生涯にわたって広く必要とされており，その能力の向上が必要であるとされている。改訂前は4技能の統合的指導による指導改善によって成果が見られているものの，学年が上がるにつれ児童生徒の学習意欲に課題が見られ，学校間の接続が十分とは言えず学習したことが発展的に生かされていないと指摘されている。また中・高等学校においては，文法・語彙の知識の修得に重点が置かれた授業が行われ，コミュニケーション能力の育成を意識した取り組み，特に「話すこと」と「書くこと」などの言語活動が十分に行われていないといった課題が指摘されている。これらの課題に対応すべく，現行の学習指導要領における外国語科はデザインされていった。

（2）小学校における英語教育の変遷

　文部科学省（2017：14-15）では，小学校への外国語教育導入の現在までに至

る経緯を4つのステージに分けて解説している。小学校での外国語教育の第1
ステージは，研究開発学校の枠組みで「国際理解教育の一環としての英語教育
の研究」として1992（平成4）年に始まったとされる。

　2002（平成14）年からの第2ステージでは，各学校において「総合的な学習
の時間」の枠内で，独自の判断により，「国際理解に関する学習の一環として
の外国語会話等」を実施することができることになった（これは「英語活動」
と呼ばれる）。文科省による「小学校英語活動実施状況調査」では，すでに翌
年の2003（平成15）年度には約88%が何らかの英語活動をしており，2006（平
成18）年度は95%を超えるまでになった。しかし結果的に，中学校との連携や
教育の機会均等という点から課題が指摘され，共通の指導内容等が強く求めら
れるようになっていった。

　第3ステージは，2008（平成20）年告示の小学校学習指導要領が2011（平成
23）年に実施された時から始まる。ここでは5・6年生で年間35単位時間の
「外国語活動」が新設され必修化された。ただし，教科のような数値による評
価にはなじまないものと考えられ，「教科」ではなく「領域」としての位置づ
けとなった。法的使用義務はなかったが，2008（平成20）年度から『英語ノー
ト』，2012（平成24）年度から『Hi, friends!』が教材として希望校に配布された。

　第3ステージ終了までの外国語教育の成果としては，子どもの英語の学習意
欲の高まりや積極的にコミュニケーションを図ろうとする態度の表出などがあ
った。また各種調査等から，学習者は外国語活動が中学校に入って役立ったと
感じていた。その一方で，「読むこと」，「書くこと」を小学校段階で体験した
かったと回答する子どもが多かった。また，学年が上がるにしたがって英語の
学習意欲の低下がみられることや，音声中心の小学校の学びから，中学校での
文字の接続が円滑に行われているとはいえない現状が見られた。

　そしてこのような状況のなか，英語教育の分野においては様々な社会的変化
に対応すべく様々な提言や計画が策定され，それらの議論を経て小学校での英
語教育が教科化される現在の第4ステージ（小学校学習指導要領が実施された
2020（令和2）年から）へと移っていったのである。ここでは，それまで行わ
れていた週1時間の外国語活動は中学年（3・4年生）に引き下げられ，高学

年（5・6年生）では，週2時間の教科としての外国語科が開始され，検定教科書が用いられるようになった。

2 新学習指導要領の方針

　第2節では，2017（平成29）年と2018（平成30）年にそれぞれ告示された小・中学校と高等学校の学習指導要領の外国語科（英語）の主な方針について，校種間で共通するものと校種別に特徴的なものに分けて述べていくこととする。

（1）校種間で共通する外国語科の主な特徴

　外国語科（英語）の大きな特徴としては，他の教科と同様であるが，「外国語を使って何ができるようになるか」という「資質・能力」の点から小中高の学びを連続させたことが挙げられる。『高等学校学習指導要領（平成30年度告示）解説 外国語編 英語編』の「付録8～10」には，小学校の外国語活動と外国語科（英語）ならびに中・高の外国語科（英語）の「目標」「5つの領域別の目標」「言語材料」「言語活動の例」がそれぞれ一覧表で示されている。これらを概観することによって，小中高の外国語活動・外国語科での学びがどのように連続して発展的に進むのかということが確認できる。例えば，「外国語科の目標」においては，「外国語によるコミュニケーションにおける見方・考え方を働かせ，外国語による聞くこと，読むこと，話すこと，書くことの言語活動」を通して外国語を学んでいくという共通の部分に続いて，育成する対象として「コミュニケーションを図る素地となる資質・能力」（小学校3・4年），「コミュニケーションを図る基礎となる資質・能力」（小学校5・6年），「コミュニケーションを図る資質・能力」（中・高）と記述されている。加えて，「外国語科の目標」は，「資質・能力」を構成する3つの柱である「知識・技能」「思考力・判断力・表現力等」「学びに向かう力，人間性等」のそれぞれについても，目標が校種間で連続するように技能・領域別に詳細に内容が規定されている。

　また，これらの「資質・能力」を育成する際は，繰り返し「言語活動を通し

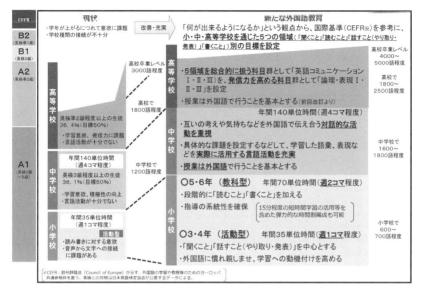

図6-1　外国語教育の抜本的強化のイメージ

出所：文部科学省 HP。
https://www.mext.go.jp/b_menu/shingi/chukyo/chukyo3/004/siryo/__icsFiles/afieldfile/
2017/11/24/1398488_6.pdf

て行う」として今回新たに目標に明確に規定された。つまり，語彙や文法の知
識がどれだけ身に付いたかが主目的になるのではなく，言語活動の中で知識と
技能を繰り返し活用して「思考・判断・表現」する中でこれらは一体的に育成
する必要があるとされている。

　また，従来は英語の言語活動は「聞く・話す・読む・書く」の4技能に分け
られて記述されていたが，今回の改訂では「聞く・読む・話す（やり取り）・
話す（発表）・書く」の4技能5領域（小学校中学年では「聞く・話す（やり
取り）・話す（発表）」の2技能3領域）に分けられた。「話すこと」が「やり
取り」と「発表」に分けられた理由は，やり取りや即興性を備えた言語活動の
指導がそれまで十分に行われていなかったことが挙げられる。

　上記の目標の設定や4技能5領域への区分変更については，2001年に欧州評
議会が発表した CEFR（Common European Framework of Reference for Language

Learning: Learning, teaching, assessment：外国語の学習・教授・評価のためヨーロッパ共通参照枠）に基づいて行われている（中央教育審議会 2016）。図6−1は文部科学省が発表した「外国語教育の抜本的強化のイメージ」であり，前回から今回の学習指導要領でどのように外国語教育が変わっていくのかを図示したものであるが，そこではCEFRの6段階にわたる「共通参照レベル」（A1，A2，B1，B2，C1，C2）が各校種で目指すべき共通尺度としての到達目標として用いられている。2018（平成30）年に閣議決定された「第3期教育振興基本計画」では，中学校卒業段階でCEFRのA1レベル相当以上の英語力，高等学校卒業段階でA2レベル相当以上の英語力を達成した中高生の割合を5割以上にすることが目標として掲げられている。

（2）各校種別の主な特徴

　小学校では上述したように，中学年の外国語活動は年間35単位時間で「聞くこと」と「話すこと（やり取りと発表）」の2技能3領域が導入され，高学年の外国語は「教科」となり年間70単位時間で4技能5領域が導入された。ただし高学年では，教材に現れる全ての語句や表現を読めたり書けたりすることは目指してはいない（大城 2017：23）。4年間で学習する語彙数は600〜700語と設定され，助動詞（canやdoなど）で始まる疑問文や不規則動詞の過去形などの中学校の一部の学習内容が小学校に移行された。

　中学校では，年間140単位時間で4技能5領域が導入された。3年間で学習する語彙数は，現行の1200語程度から1600〜1800語程度に増えた。現在完了進行形や基本的な仮定法などの高校の一部の内容が中学校に移行された。また，授業は英語を基本とすることが示された（高等学校では2009（平成21）年改訂の学習指導要領ですでに示されていた）。

　高等学校では，中学校と同じく従来の4技能から4技能5領域になったのに加え，科目構成の変更や新設が行われた。それまでの「コミュニケーション基礎英語」「コミュニケーション英語Ⅰ（必修科目）・Ⅱ・Ⅲ」「英語表現Ⅰ・Ⅱ」「英語会話」は，「英語コミュニケーションⅠ（必修科目）・Ⅱ・Ⅲ」「論理・表現Ⅰ・Ⅱ・Ⅲ」になった。「英語コミュニケーション」は，統合的な言語活動

を通して4技能5領域の力をバランスよく育成するための科目である。「論理・表現」は，特に「話すこと（やり取りと発表）」と「書くこと」の3領域において，ディベート，ディスカッション，スピーチ，プレゼンテーションなどの発信力の強化に特化した科目である。また，3年間で学習する語彙数は，現行の1800語程度から1800語〜2500語程度に増えた。これにより従来は中高で3000語程度であった語彙数が小中高で4000〜5000語程度に一気に増加した。

3　外国語科（英語）の教育課程（カリキュラム）編成の実際

　本章では学習指導要領の内容と変遷について見てきた。学習指導要領は国家レベルの教育課程の編成であり，ここから学校レベルと個々の教師レベルの教育課程編成となる。この段階では，教育目標の設定，評価基準の設定，教育環境の整備，内容および方法の計画，評価活動および結果を踏まえた改善目標の設定などの項目が策定される（緩利 2019：39-40）。それらの項目のうち，個々の教師そして学校で同じ教科（外国語）を担当する教師が主に携わる「教育内容と方法の計画」を行う際，学習指導要領の内容が教科書の中にどのように配列・構成されているのかについて正確に理解することが重要である。本節では，2021年度の中学校英語教科書で採択数が最も多いとされる NEW HORIZON English Course（東京書籍 2021：以後 NH）を題材にして概観する。

（1）シラバスと英語教科書
　「シラバス」という用語は，「カリキュラム」の一部を構成する下位概念として一般的に用いられ，「教授・学習内容の選択配列に焦点を当てた概念」として定義される（猫田 2009：20）。『応用言語学事典』（小池編 2002：93）にはシラバスの種類として9種類が掲載されているが，学習指導要領と関係するものとして「文法・構造シラバス」「場面（状況）シラバス」「概念・機能シラバス」「話題シラバス」「タスク中心シラバス」がある。学習指導要領ではこれら複数のシラバスの考え方が「統合」されたものとなっている（猫田 2009：21-29）。
　まず「文法・構造シラバス」的側面であるが，中学校学習指導要領の「第9

節 外国語」の「2 内容」には，「(1)英語の特徴やきまりに関する事項」として，「音声」「符号」「語，連語及び慣用表現」「文，文構造及び文法事項」が示されている。これらは NH ではそれぞれ，「Sound Box や発音のポイント」「NH1の Unit 0など」「New Words や Tool Box」「Key Sentence や Grammar for Communication など」で扱われている。次に，「場面（状況），概念・機能，話題シラバス」的側面については，学習指導要領ではこれらは主に「2 内容」の「(3)言語活動及び言語の働きに関する事項」の「②言語の働きに関する事項」で扱われている。そして「タスク中心シラバス」的側面については，同じく(3)の「①言語活動に関する事項」で扱われている。これらは教科書の内容的側面と関係しており，相互に深く結びついている。例えば，「話題」は各単元のタイトルで通常表されており，「場面」も各活動の前には場面描写がされていることが多い。「働き」は本文に埋め込まれていることが多いが，ある特定の「働き」に焦点を当てる単元もある。具体例を挙げると，NH1の Let's Talk 3では，「道案内」という「言語の使用場面」が扱われており，その中で「質問する」「説明する」という２つの「言語の働き」とそれに関連する「言語材料」を「話すこと（やり取り）」という「言語活動」の中で学ぶようになっている。

　また，「3 指導計画の作成と内容の取扱い」に記述されている事項も，教科書（NH）の中には細かく組み込まれている。例えば，「小学校との接続」「他教科との関連」「学校行事の話題」「発音と綴りの関連」「文字指導」「まとまりのある文法事項の整理」「ICT 教材の活用」「世界や日本の文化等の題材」「国際協調の精神」など，全て教科書の中で特設されたコーナーや教材の内容として取り入れられている。

　そして何より重要なのは第２節で述べたように，「1 目標」を達成するために４技能５領域にわたる言語活動の中で，知識と技能を繰り返し活用して「思考・判断・表現」する中で育成する必要があるということである。そのために，教科書の中で，目標と言語活動がどのように関連して配置されているかを理解する必要がある。例えば NH2では，「聞くこと」の３つある目標のうち，イ「はっきりと話されれば，日常的な話題について，話の概要を捉えることができる。」の育成に特化している。そしてこれは，第２学年の３つの学期それぞ

れの最後で行われる言語活動（NH では Stage Activity と呼んでいる）を繰り
返すことによって達成を目指している。その際，「目標」の中の「日常的な話
題」は各学期で「クラスメートの予定や将来の夢」「クラスで人気のあるもの」
「町のおすすめの場所」となっており，「目標」の中の「話の概要」は各学期とも「スピーチ」となっている。また，各学期の中の Stage Activity に至るまでの言語活動もそれぞれ複数配置されており，相互に密接に関連している。

（2）統合的なシラバスに潜む潜在的な問題

　授業時間が有限であるにもかかわらず指導内容が増えていく現象は，日本だけでなく国際的な問題となっており，「カリキュラム・オーバーロード」と呼ばれる（奈須 2021：2-3）。外国語科においても，第2節でみたように現行の学習指導要領では，学習する語数だけでも小中高で1000〜2000語程度増加した。外国語科におけるカリキュラム・オーバーロードの原因の一つとして，本節で見たように異なるタイプのシラバスが統合されていることで学習内容が増加していることが挙げられる（池田 2021：146）。「英語は大学まで学んでも使えるようにならない」という常套句的な日本の英語教育批判があるが，教育課程の観点からはどのように対応していけばよいであろうか。次の第4節では，学校ごとにカリキュラム・マネジメントを最大限に発揮して，教科書の扱い方にメリハリをつけたり，繰り返しを重視したりして成果を上げている例を紹介する。

4　教育課程（カリキュラム）編成の改革

　学習指導要領に示された内容に基づき教育課程が各学校で策定されるが，その際中心となる指標の一つが検定教科書である。したがって，各教科書会社が提示している年間指導計画に従っていけば，学習指導要領で規定されている内容を過不足なく授業で扱うことができるはずである。しかしながら，前節で述べたカリキュラム・オーバーロードの問題や「教科書を教えるのではなく，教科書で教える」という考えがあるように，教科書を学校・教師側の創意工夫で効果的に使う余地は十分に残されている。第4節では，現行の学習指導要領の

ポイントの一つであるカリキュラム・マネジメントの観点から，外国語科における学校単位の教育課程編成の先進的な取り組みについていくつか紹介する。

（1）カリキュラム・マネジメントを取り入れた教育課程の編成

① 5ラウンドシステム（中学校・高等学校）（金谷ほか 2017）

「5ラウンドシステム」とは，教科書を1年間に4～5回繰り返して使うカリキュラムで，横浜市立南高等学校附属中学校で2012年に最初に開発され，現在日本全国に広まりつつある。このカリキュラムが開発された背景には，英語を何年も学んでいるのに身に付かない原因は，外国語である英語は週4時間といった低頻度の授業では生徒の頭の中に残っていかないので，「繰り返し練習して定着を図る」ことが重要であるという認識がある。

中学校1年生の具体的な授業展開としては，ラウンド1では2か月かけて教科書全体の内容理解をピクチャーカード等を利用して音声で行い，平均10回は教科書本文を聞かせる。ラウンド2では，教科書本文の文章がランダムに並んでいるものを音を聞いて並べ替え，教科書を改めて何度も聞くようにする。続くラウンド3ではインプットを目的として音読をする。ここで音と文字の一致ができたことで，教科書の転写から始まる文単位のライティングを初めて行う。ここに至るまでに教科書本文に70～80回以上触れていることになる。次のラウンド4では，アウトプットへの橋渡しとなる穴あき音読を行う。文構造への意識を高めるために空欄を設けており，ここでの目的もやはりインプットである。最後のラウンド5では，それまでに多い生徒では100回くらい触れてきた教科書本文の内容を自分のことば（英語）で表現するというリテリングの活動を行う。

5ラウンドシステムを実践した結果，アンケートで英語学習に対する生徒の自立意識の高まりが見られ，授業内で観察された生徒の態度ならびにテストを用いた生徒の英語力についてプラスの変化が見られたことが報告されている。

② スピークアウト方式（高等学校）（金谷 2012）

スピークアウト（Speak Out）方式は，山形県立鶴岡中央高等学校で2009年度

より実践された授業方式である。これは学年をまたいで同じ教科書を2度使い，英語の定着を目指すことを目的としている。この背景には，50分の授業で「導入，定着，発表」の活動を全て行うのは難しく，授業がどうしても内容理解（導入と定着の一部）で終わってしまい発表活動まで十分行うことが困難であるという状況があった。そこで，最初はまずインプット活動に集中して教科書を一通り終え，次に次年度で再度繰り返し同じ教科書を活用して，今度はアウトプット活動をさせて学習内容をより強固に定着させるという発想に至った。アウトプット活動をさせるためにはインプットが定着していないと不可能なのである。

　そのために大幅な教育課程の変更を行った。当時の高等学校の学習指導要領（1989（平成元）年告示）では，高校1年生は通常「英語I」（4単位）と「オーラル・コミュニケーション」（2単位）を履修し，高校2年生以降で，「英語II」（4単位），「リーディング」（4単位），「ライティング」（4単位）を履修させる場合が多い。鶴岡中央高等学校では，「Speak Out I・II」（それぞれ第23学年：各2単位）を「学校設定科目」として設定した。そしてそこで，それぞれ前年度で学習した「英語I・II」をアウトプット活動を主眼として復習した。これら2つの新しい科目を導入するために，2年次では「英語II」と「数学II」をそれぞれ4単位から3単位にし，3年次では「リーディング」を4単位から3単位にし，「課題生物／生物」を3単位から2単位に変更して授業時間を捻出した。

③ TANABU Model（高等学校）（金谷・堤 2017）

　この授業モデルは2013年に青森県立田名部高等学校ではじめられたものである。教科書に基づいて授業を行い，アウトプット活動を通じて英語の基礎を定着させるために，レッスンの扱いに変化をもたせた「コミュニケーション英語I・II」（現行の「英語コミュニケーションI・II」に相当）の授業モデルである。このモデルが生まれた背景には，発表活動に取り組ませるためには教科書の扱いにメリハリをつけてアウトプットの時間を生み出す必要があったということが挙げられる。

具体的な授業のパターンとしては，パターンＡ（超こってりコース），パターンＢ（こってりコース），パターンＣ（あっさりコース），パターンＤ（超あっさりコース）の４つがある。パターンＡは一つの単元に15時間を要し，最終的にパフォーマンステスト（１年生はロールプレイ，２年生はディベート，３年生はディスカッションやプレゼンテーション）を行うカリキュラムの中核を担うものである。パターンＢは一つの単元を12時間で終え，リテリングが最終タスクとなる。パターンＣは一つの単元を４時間で終え，教科書の文字を見ずに音声のみで教科書理解を行うリスニングに特化したものである。パターンＤは一つの単元を２時間で終え，模擬試験のように読解力判断テストとして教科書の英文を活用するものである。これら４つのパターンの配置は，単元の内容で分けたり，パフォーマンステストを行いたい年度内の時期によって決めたりする。またそれらの目的のためには，必要に応じて単元を扱う順番を入れ替えることも行っている。

　この取り組みにおいても成果は上がっており，授業中の生徒の態度の変化のみならず，模試，英語検定試験のGTEC，入試などにおいて数値的な面で好成績を残している。

（２）よりよい教育課程の編成に向けて

　本節ではこれまで主にカリキュラム・マネジメントの観点からの教育課程編成の創意工夫についてみてきた。この他にも現行の学習指導要領のポイントの一つである「教科横断」の要素を取り入れた教育課程の編成の例として，CLIL（Content and Language Integrated Learning：内容言語統合型学習）の取り組みなども蓄積されてきている（例えば，柏木・伊藤（2020）や笹島（2020））。また，同じ言語教育という点からも，国語科と外国語活動・外国語科の連携についての中央教育審議会の部会からの提言もある（中央教育審議会初等中等教育分科会教育課程部会 2016）。

　本章で見てきたように，今日に至るまで「言語活動」を中心に据え，英語によるコミュニケーション能力の修得を目標にして外国語科の教育課程は編成されてきた。外国語を修得するために必要とされる学習内容の増大の問題と時間

数不足の問題を解決するために，教育課程編成は指導法や教員養成・教員研修なども含めて総合的に今後も改良していく必要があるであろう。

引用・参考文献

池田真（2021）「英語科におけるカリキュラム・オーバーロードの構造・現状・方策」奈須正裕編著『「少ない時数で豊かに学ぶ」授業のつくり方——脱「カリキュラム・オーバーロード」への処方箋』ぎょうせい，143-156.

大城賢編著（2017）『平成29年度版 小学校新学習指導要領ポイント総整理』東洋館出版社.

柏木賀津子・伊藤由紀子（2020）『小・中学校で取り組むはじめての CLIL 授業づくり』大修館書店.

金谷憲編著（2012）『高校英語教科書を2度使う！——山形スピークアウト方式』アルク.

金谷憲編著，堤孝著（2017）『レッスンごとに教科書の扱いを変える TANABU Model とは』アルク.

金谷憲監修，西村秀之・梶ヶ谷朋恵・阿部卓・山本丁友ほか著（2017）『英語運用力が伸びる5ラウンドシステムの英語授業』大修館書店.

菅正隆編著（2017）『平成29年改訂 中学校教育課程実践講座 外国語』ぎょうせい.

小池生夫ほか編（2003）『応用言語学事典』研究社.

向後秀明編著（2019）『平成30年度版 学習指導要領改訂のポイント 高等学校 外国語（英語）』明治図書.

国立教育政策研究所（2017）「教育課程の改善の方針，各教科等の目標，評価の観点等の変遷 10 外国語」https://www.nier.go.jp/kiso/sisitu/siryou1/3-10.pdf.

惟任泰裕（2017）「学習指導要領改訂にみる戦後日本の英語教育史」『教育科学論集』20：1-12.

酒井英樹（2018）「日本の外国語教育——育成すべき英語力とは」酒井英樹・廣森友人・吉田達弘編著『「学ぶ・教える・考える」ための実践的英語科教育法』大修館書店，41-67.

笹島茂（2020）『教育としての CLIL——CLIL Pedagogy in Japan』三修社.

中央教育審議会（2016）『幼稚園，小学校，中学校，高等学校及び特別支援学校の学習指導要領等の改善及び必要な方策等について（答申）』（平成28年12月21日）.

中央教育審議会初等中等教育分科会教育課程部会（2016）「言語能力の向上に関する特別チームにおける審議の取りまとめ」文部科学省.

奈須正裕編著（2021）『「少ない時数で豊かに学ぶ」授業のつくり方──脱「カリキュラム・オーバーロード」への処方箋』ぎょうせい.

猫田和明（2009）「教育・指導計画に関する基本的考え方」三浦省五・深澤清治編著『新しい学びを拓く英語科授業の理論と実践』ミネルヴァ書房，19-29.

望月昭彦（2018）「学習指導要領」望月昭彦編著『新学習指導要領にもとづく英語科教育法』（第3版）大修館書店，27-37.

文部科学省（2017）『小学校外国語活動・外国語 研修ハンドブック』旺文社.

緩利真奈美（2019）「教育課程と学習指導要領」吉田武男監修，根津朋実編著『教育課程』ミネルヴァ書房，29-42.

（山川健一）

第7章

保健体育科の教育課程(カリキュラム)の特質と課題

　本章では，保健体育科の教育課程（カリキュラム）の特質と課題を明確にするため，新学習指導要領を参考に執筆者の見解を含めて解説するとともに，執筆者の経験を生かして理論面と実践面の両面から，保健体育科の教育課程（カリキュラム）編成の在り方について述べる。

　第1節については，「前学習指導要領の成果と課題」，「改定の基本的な考え方」，「改善にあたっての留意点」，第2節については，「改定のポイントと改訂の要点」，「目標と内容，指導計画作成等の改訂」，「カリュキュラム・マネジメントの充実」，第3節については，「教育課程の編成と指導と評価の一体化」，「指導内容と評価規準及び指導と評価計画作成の事例」，第4節については，「教育課程（カリキュラム）を編成する視点」，「教育課程（カリキュラム）編成の事例」について触れる。

1　学習指導要領の改訂の経緯

　文部科学省は，『中学校学習指導要領（平成29年告示）解説 保健体育編』で，学習指導要領の改訂の経緯について示している。ここでは，「改訂の経緯と保健体育科改訂の趣旨」について一部を引用して見解を交え論説する。

（1）前学習指導要領の成果と課題

　前回の学習指導要領の改訂では，生涯にわたって健康を保持増進し，豊かなスポーツライフを実現することを重視し，体育と保健との一層の関連や発達の段階に応じた指導内容の明確化・体系化を図りつつ，指導と評価の充実を進めてきた。その中で次のような成果と課題が明らかになった。

○運動やスポーツが好きな児童生徒の割合が高まった。

○体力の低下傾向に歯止めがかかった。

○「する，みる，支える」のスポーツとの多様な関わりの必要性や公正，責任，健康・安全等，態度の内容が身に付いてきた。

○子どもたちの健康の大切さへの認識や健康・安全に関する基礎的な内容が身に付いてきた。

▲習得した知識や技能を活用して課題解決することや，学習したことを相手に分かりやすく伝えることが不十分である。

▲運動する子どもとそうでない子どもの二極化傾向が見られる。

▲子どもの体力について，低下傾向には歯止めが掛かっているが，体力水準が高かった昭和60年ごろと比較すると依然として低い状況が見られる。

▲健康課題を発見し，主体的に課題解決に取り組む学習が不十分で，社会の変化に伴う新たな健康課題に対応した教育が必要である。

（2）改訂の基本的な考え方

① 前学習指導要領の課題を踏まえ，心と体を一体として捉え，生涯にわたって健康を保持増進し，豊かなスポーツライフを実現する資質・能力を育成することを重視する観点から，運動や健康に関する課題を発見し，その解決を図る主体的・協働的な学習活動を通して，「知識・技能」「思考力・判断力・表現力等」「学びに向かう力・人間性等」（以下「三つの柱」とする）を育成することを目標として示している。

② 学習過程は，心と体を一体として捉え，運動や健康についての課題解決に向け，積極的・自主的・主体的に学習することや，仲間と対話し協力して課題を解決する学習等を重視し，「三つの柱」の資質・能力を確実に身に付けるために，その関係性を重視した学習過程を工夫する必要がある。

③ 指導内容は，「三つの柱」に沿って示し，体育分野では「生徒の発達の段階を踏まえ，学習したことを実生活や実社会に生かし，豊かなスポーツライフを継続できるようにする」。保健分野では「健康な生活と疾病の予防，心身の発育・発達と心の健康，健康と環境，傷害の防止，社会生活と健康等の基礎的な内容とする。」とし，共に，小学校，中学校，高等学校を通じて系統性の

ある指導ができるようにする。

（3）改善にあたっての留意点

① 体力の向上は，心身ともに成長の著しい時期であり，「体つくり運動」で，体を動かす楽しさや心地よさを味わい，健康や体力の状況に応じて体力を高める必要性を認識させ，「体つくり運動」以外でも体力の一層の向上を図る。また，学習成果を実生活や実社会に生かし，運動やスポーツの習慣化を促すよう体育理論や保健との関連，教科外活動や学校生活全体を見通した教育課程の工夫を図るようにする。

② 体育分野の知識は，言葉や文章などで表出するだけでなく，勘や直感，経験に基づく知恵などの暗黙知を含む概念であり，意欲，思考力，運動の技能などの源となる。また，体の動かし方や用具の操作などの具体的な知識を理解し，運動実践や生涯スポーツにつながる汎用的な知識等の定着を図ることが重要である。その際，動きの獲得を通して一層知識の大切さを実感させる。

③ 「する・みる・支える・知る」といった生涯のスポーツライフを実現する資質・能力の育成に向けて，運動やスポーツの価値や文化的意義等を学ぶ体育理論，領域が有する特性等の理解や運動実践につながる態度や知識の理解，健康・安全の指導では，保健分野と体育分野の関連を図る等，知識を基盤とした学習の充実が必要である。

④ 保健分野の技能は，ストレスへの対処や心肺蘇生法等の応急手当を取り上げ，健康・安全に関する基本的な技能を身に付ける指導が重要である。その際，実習を取り入れ，意義や手順，課題の解決など，知識や思考力，判断力，表現力等との関連を図ることに留意する。

2　新学習指導要領の方針

　文部科学省は，『中学校学習指導要領（平成29年告示）解説　保健体育編』で，学習指導要領の改訂の方針について示している。ここでは，「改訂の基本方針と改訂の要点」について一部を引用して見解を交え論説する。

（1）「改訂のポイント」と「改訂の要点」

学習指導要領の改訂のポイント，は次のとおりである。

　心と体を一体として捉え，生涯にわたる心身の健康の保持増進や豊かなスポーツライフの実現を重視する。
① 体力や技能の程度，年齢や性別及び障害の有無等にかかわらず，運動やスポーツの多様な楽しみ方が共有できるよう内容を改善する。
② 体験的な活動を重視して，「する・みる・支える・知る」のスポーツとの多様なわり方やオリンピック・パラリンピックに関する指導を通して，スポーツの意義や価値等に触れることができるよう内容を改善する。
③ 現代的な健康課題の解決に関わる内容や心肺蘇生法等の技能について内容を改善する。

学習指導要領の改訂の要点は，次の6点である。

【体育分野】
① 学校教育法に示す資質・能力の育成を明確にするため「三つの柱」の育成を重視し，目標及び内容の構造の見直しを図ること。
②「カリキュラム・マネジメント」や「主体的・対話的で深い学び」の実現に向けた授業改善を推進する観点から，発達の段階を考慮し各領域で育成を目指す具体的内容の系統性を踏まえて，指導内容の一層の充実を図るとともに，保健分野との一層の関連を図った指導の充実を図ること。
③ 運動やスポーツとの多様な関わり方を重視する観点から，体力や技能の程度，性別や障害の有無等にかかわらず，運動やスポーツの多様な楽しみ方が共有できるよう指導内容の充実を図る。その際，共生の視点を重視して改善を図る。生涯にわたって豊かなスポーツライフを実現する基礎を培うことを重視して，資質・能力の「三つの柱」ごとの指導内容の一層の明確化を図ること
【保健分野】
④ 生涯にわたって健康を保持増進する資質・能力を育成できるよう「三つの柱」に対応した目標，内容に改善すること。
⑤ 心の健康や疾病の予防に関する健康課題の解決に関わる内容，ストレスの対処や心肺蘇生法等の技能に関する内容等を充実すること。
⑥ 個人生活における健康課題を解決することを重視する観点から，健康な生活と疾

> 病の予防の内容を学年ごとに配当するとともに，体育分野との一層の関連を図った
> 内容等について改善すること。

（2）目標と内容，指導計画作成等の改訂

保健体育科の目標は，義務教育段階で育成を目指す資質・能力を踏まえ，体育と保健を関連させることを強調し次のとおり改訂した。

> 体育や保健の見方・考え方を働かせ，課題を発見し，合理的な解決に向けた学習過程を通して，心と体を一体として捉え，生涯にわたって心身の健康を保持増進し，豊かなスポーツライフを実現するための資質・能力を育成することを目指す。
> 【知識及び技能】
> 　各種の運動の特性に応じた技能等及び個人生活における健康・安全について理解するとともに，基本的な技能を身に付ける。
> 【思考力，判断力，表現力等】
> 　運動や健康についての自他の課題を発見し，合理的な解決に向けて思考し判断するとともに，他者に伝える力を養う。
> 【学びに向かう力，人間性等】
> 　生涯にわたって運動に親しむとともに，健康の保持増進と体力の向上を目指し，明るく豊かな生活を営む態度を養う。

表7-1は，前学習指導要領と比較して，目標と内容及び指導計画の作成と内容の取り扱いについての，変更点や新たに追加されたものを「キーワード20」でまとめたものである。

（3）カリュキュラム・マネジメントの充実

学校は生徒や地域の実情を踏まえて，学校教育目標を設定し実現するために，学習指導要領等に基づき教育課程を編成し，それを実施・評価し，改善していく「カリュキュラム・マネジメント」（以下「カリ・マネ」とする）の充実が一層求められている。そのポイントは次の3点である。

① 3年間の見通しをもった「年間指導計画」の作成
　体育分野と保健分野の関連を踏まえ，健康安全・体育的行事等との関連した計画を立てること。
② 生徒の現状に基づいた「計画の作成・実施・評価・改善」
　単元ごとの指導計画は資質・能力の「三つの柱」の具体的な指導内容を配当する。PDCAサイクルを一体のものとして推進させる。
③ 地域の人材・物的資源等の活用
　主体的・対話的で深い学びの実現に向け，地域の人材・物的資源等との連携を図る。学校と社会をつなぐ「カリ・マネ」が大切である。

表7-1　学習指導要領改訂の視点「キーワード20」

【目標と内容】（10）
①自他の課題を発見する。②解決に向け思考・判断する。③他者に伝える。④一人一人の違い（動き・プレイ・挑戦・役割）を認めようとする。⑤交流や話合いに参加，仲間を援助する。⑥運動・スポーツを自己に適した多様な楽しみ方として工夫する。⑦文化としてのスポーツ。⑧学校や地域の実態に応じた種目等を履修する。⑨生活習慣病の予防と疾病の予防・回復や癌を指導する。⑩危険の予測と回避を指導する。

【指導計画の作成と内容の取扱い】（10）
①単元や時間のまとまりを見通し，主体的・対話的で深い学びの実現を図る。②見方・考え方を働かせ，運動や健康での自他の課題を発見し，合理的な解決を図る。③運動の楽しさや喜びを味わい，健康を実感するよう留意する。④障害のある生徒への指導を工夫する。⑤体力・技能差や性別，障害等に関わらず多様な楽しみ方を共有する。⑥言語活動の重視とコミュニケーション能力の育成を図る。⑦ICT（コンピュータ・情報ネットワーク）を活用する。⑧具体的な体験活動をする。⑨習熟度・個別・TT・個に応じた指導の充実を図る。⑩体育と保健の相互の関連を図る。

3 保健体育科の教育課程（カリキュラム）編成の実際

　本節は，学校教育目標実現のために教育課程を編成し，「カリ・マネ」を機能させるためのPDCAサイクルの確立に必要な「指導と評価の一体化」について，国立教育政策研究所教育課程研究センター作成の「『指導と評価の一体化』のための学習評価に関する参考資料（中学校保健体育）」の一部を引用して見解を述べるとともに，「年間学習計画及び単元計画」編成の事例を示すこ

とにより，教育課程（カリキュラム）編成の　助とする。

（1）教育課程の編成と「指導と評価の一体化」

　新学習指導要領では，教科の目標及び内容が，育成を目指す資質・能力の「三つの柱」で整理され明確化された。教師が「子供たちにどのような力が付いたのか」という学習成果を的確に捉え，授業改善を図るためには学習評価は極めて重要である。「カリ・マネ」を充実させるためには「指導と評価の一体化」は重要なキーワードである。

　教科目標の実現に向けて，単元や題材など内容や時間のまとまりを見通して評価の場面や方法を工夫し，学習指導の改善や生徒の学習意欲の向上を図り，資質・能力の育成を図る。まさに「学習指導」と「学習評価」は学校の教育活動の根幹に当たり，授業の質の向上を図る中核的な役割を担っている。

　「カリ・マネ」を機能させるためにも，生徒の学習状況を的確に捉え，教師が指導の改善を図るとともに，生徒が自らの学びを振り返り，主体的に次の学びに向かうことができるようにする。そのためにも学習評価の在り方は極めて重要である。学習評価の改善の基本は次の2点である。

> ○生徒の学習改善や教師の指導改善につながるものにする。
> ○これまで実施してきたことを必要性や妥当性の観点から見直す。

（2）単元の指導内容と評価規準作成及び指導と評価計画作成の事例

　ここからは，単元（球技：ゴール型）についての事例を具体的に述べる。

　単元の指導内容を明確にして指導を充実させ，評価規準に基づき適切に評価することが重要である。そのため学習指導要領解説等の記載から，学習目標を実現するための具体的な単元の指導内容や評価規準を明確にする。

　本事例では，次の手順での指導計画や指導内容・評価規準等を作成する

　　① 内容の取扱いを踏まえ，年間指導計画に各単元を位置づける。…表7-2

　　② 3年間を見通して指導事項をバランスよく配置する。…表7-2

　　③ 各学年の内容のまとまりで全ての「単元評価規準」を作成する。…省略

表7-2　中学校年間指導計画〔3学期制〕(各学年105時間)

学期	月	週	行事	第1学年 1	2	3	第2学年 1	2	3	第3学年 1	2	3
1	4月	1	始業式	体つくり⑦			体つくり⑦			体つくり⑦		
		2	遠足(ハイキング)			体育理論1			体育理論2			体育理論3
		3										
	5月	4		陸上⑩ 短距離走・リレー・ハードル走		保健1章⑤2章③	陸上⑩ 短距離走・リレー・走り幅跳び		保健3章⑧	陸上⑩〔選択〕短距離走・リレー・走高跳び・走幅跳		保健5章⑧
		5										
		6	中間テスト									
		7										
	6月	8	体育祭									
		9	スポーツテスト	水泳⑧			水泳⑧			水泳⑧		
		10										
	7月	11	期末テスト									
		12	水泳大会・終業式									
2	9月	13	始業式	球技⑫ ネット型 バレーB		保健2章⑧	球技⑫ ベースボール型ソフトボール		保健4章⑧	球技⑫〔選択〕ネット型 卓球・バドミントン		保健6章⑧
		14										
		15										
		16										
	10月	17	中間テスト									
		18	クラスマッチ									
		19	心肺蘇生法実習	ダンス⑩ 外部指導者			ダンス⑩ 外部指導者			ダンス⑩ 外部指導者		
		20										
	11月	21										
		22	文化祭(ダンス)									
		23		器械運動⑫ マット			器械運動⑨ 跳箱			器械運動⑨〔選択〕マット・跳箱		
		24	期末テスト									
	12月	25										
		26										
		27	終業式	陸上⑥長距離走			陸上⑥長距離走			陸上⑥長距離走		
3	1月	28	始業式									
		29	校内マラソン	球技⑫ ゴール型サッカー			球技⑫ ゴール型バスケットB			球技⑫ ゴール型〔選択〕サッカー・バスケットB		
		30										
	2月	31										
		32	期末テスト									
		33	クラスマッチ	武道⑨外部指導者			武道⑨外部指導者			武道⑨外部指導者		
	3月	34	卒業式									
		35	立志式									

【計画作成のポイント】○3学年でバランスよく時間を配当。○季節と単元の関連性を考慮。○学年で単元を揃える(器具の準備片付の効率化)。○体育的行事と単元を連動。○外部指導者の活用。

表7-3　単元の【指導内容】と「評価規準」

【指導内容】		【指導内容】	【指導内容】
「知識」	「技能」	思考力，判断力，表現力等	「学びに向かう力，人間性等」
【ゴール型球技は，ドリブルやパスなどのボール操作で相手コートに侵入し，シュートを放ち，一定時間内に相手チームより多くの得点を競い合うことが楽しい運動であること】「球技には，集団対集団，個人対個人で攻防を展開し，勝敗を競う楽しさや喜びを味わえる特性があることについて，言ったり書き出したりしている」	【ゴール方向に守備者のいない位置に移動した時にシュートを打つこと】「ゴール方向に守備者がいない位置でシュートをすることができる」	【成功例，つまずき例などの事例や，シュート，パス，キープのポイントを提示し仲間の動きと比較し，伝えること】「提示された動きのポイントやつまずきの事例を参考に，仲間の課題や出来映えを伝えている」	【仲間の学習を援助することは，自己の能力を高めたり仲間との連帯感を高めて気持ちよく活動したりすることにつながるという目的に適した仲間との関わり方があること】「練習の補助をしたり仲間に助言したりして，仲間の学習を援助しようとしている」
【ボール操作には，シュートやパス，ボールをキープする技術の名称があること。それらを身に付けるポイントがあること】「技の各型の各種目において用いられる技術には名称があり，それらを身に付けるためのポイントがあることについて，学習した具体例を挙げている」	【フリーの仲間を見付け，相手の動きに合わせてパスを送り出すこと】「得点しやすい空間にいる味方にパスを出すことができる」 【ボール保持者とゴールが見える位置に移動し，ボールを受ける準備姿勢をとること】「ボールとゴールが同時に見える場所に立つことができる」	【活動時間の確保やグループの人間関係がよくなるといった目的を伝え，用具の準備や後片付け，記録や審判などの分担した役割における自身の活動の仕方を見付けること】「仲間と協力する場面で，分担した役割に応じた活動の仕方を見付けている」 【仲間の意見をしっかり聞く，自身の意見を述べるなどの話合いへのマナーを提示し，参加の仕方を見付けること】「仲間と話し合う場面で，提示された参加の仕方に当てはめ，チームへの関わり方を見付けている」	【体調の変化などに気を配ること，ボールなどの用具の扱い方や，ゴールの設置状態，練習場所などの自己や仲間の安全に留意すること，技能の難易度や自己の体力や技能の程度に合った運動をすることが大切であること】「健康・安全に留意している」

④ 当該単元の指導内容と評価規準を作成する。…表7-3

⑤ 当該単元の「指導と評価の計画」（10時間）を作成する。…表7-4

　表7-4のとおり，単元の目標，内容，評価規準が具体化され，指導や評価機会が関連付けられた計画を作成する。その際，努力を要する（C）の生徒への指導の充実を図ることができるように留意する。

表7-4 「指導と評価の一体化」指導と評価の計画（10時間）（例）

「球技」（ゴール型：サッカー）第1学年における指導と評価の計画

単元目標	知識及び技能	①勝敗を競う楽しさや喜びを味わえる球技の特性や，技術の名称，行い方を理解している。 ②技能や仲間と連携してゲームを展開することができる。（ボール操作や空間への素早い移動等の攻防をすることができる。）
	思考力・判断力・表現力等	①攻防の中で自己やチームの課題を発見し，合理的に解決に向けて運動の取り組み方を工夫できる。 ②考えたことや出来栄えを分かり易く仲間に伝えることができる。
	学びに向かう力，人間性等	①練習やゲームに積極的に取り組み，仲間への助言等，仲間の学習を援助したり話合いができる。 ②フェアプレイや健康・安全に留意することができる。

学習の流れ

時	1	2	3	4	5	6	7	8	9	10	指導のポイント
0	オリエンテーション	本時のねらい・準備運動・補強運動								ゲーム・単元のまとめ	○資質・能力をバランスよく指導する。
10		ボール操作パス等		ボール操作練習（課題練習）							○課題に応じてコートや人数等の工夫をする。
20											
30		簡易ゲーム（グリッド）			簡易ゲーム（少人数）		ゲーム（リーグ戦）				○仲間との関わりや振り返りで質の向上を図る。
40											
50	整理運動・学習の振り返り・次時の確認										

評価機会

	1	2	3	4	5	6	7	8	9	10	評価方法
知		①②		②		②			②	総括評価	観察，学習カード
思		①	②		②		①		①		観察，学習カード
態	②		①	①	①	①		②	①		観察，学習カード

単元の評価規準

知技	①技能や攻防等，種目の特性について言ったり書いたりしている。 ②個人・集団技能を活用し，効果的なパスやシュートができる
思判	①グループでの練習やゲームで課題解決の具体的な話合いができている。 ②自身や仲間の課題や出来栄えを他者に伝えている
主態	①練習やゲームでの仲間への援助等，積極的に取り組んでいる。 ②フェアプレイや健康・安全に留意している。

＊定期考査による評価（知①・思①②）を実施する。
＊評定では「知識技能」，「思考判断表現」，「主体的学習態度」の３観点の評価は均等に行う。

　以下，本時例の単元の進行と指導内容の関連について，概要を説明する。

　本事例では1時間目を診断的な評価機会とし，小学校での学びの状況を確認する。また，2時間目から9時間目では，「三つの柱」の指導事項をバランスよく配置するとともに，形成的な評価機会を設定している。

　さらに，10時間目に観点別学習状況の評価の総括的な評価を位置づけている。例えば，矢印で示す2時間目に指導したボール操作の技能については，6時間目に「知②」の評価規準に基づき評価する。その際，「努力を要する」状況（C）と判断される生徒がいた場合は個別の指導を行う。単元の進行とともに，その生徒の学習状況の変化を10時間目に最終確認する。

　また，矢印で示すように，ゲームであれば，7時間目にゲームでの作戦等について話合い（思①）の学習機会を設け，練習場面を8時間目に設定した上で8時間目に「態①」の評価を行う。さらに発見した課題について，9時間目のゲームで，仲間の課題や出来映えを伝えるなど，知識や技能を活用して「思考力，判断力，表現力等」の学習や評価につなげることができるよう，各指導内容間の関連を図る工夫をしている。

4　教育課程（カリキュラム）編成の改革

　本節は，「何を学ぶのか」「どのように学ぶのか」に視点を当て，小・中学校9か年を通しての系統的な学びや，地域の人的・物的資源の活用事例を示すことにより，教育課程（カリキュラム）編成の改革の一助とする。

（1）教育課程（カリキュラム）を編成する視点

　学校において編成する教育課程は，教育内容を生徒の心身の発達に応じ，授業時数との関連において総合的に組織した学校の教育計画であり，学校教育全体や教科の指導を通して育成を目指す資質・能力を明確にして，それらを実現するために必要な教科の教育内容を，教科等横断的な視点をもちつつ，学年相互の関連を図りながら組織する必要がある。

　教科カリキュラムは学習指導要領に基づいて「生徒や学校・地域の実態」，

表7-5　小・中学校陸上運動系（リレー）を対象にしたカリキュラム編成事例

	学習指導要領	学習内容の設定	学習活動
小学1・2年	【折り返しリレー】 相手の手にタッチやバトンの受渡をして走る	・リレーの行い方	色々なルールでの折り返しリレー
小学3・4年	【周回リレー】 走りながらタイミングよくバトンの受渡をする	・バトンの移動の様子 ・動きながらバトンを受け渡すタイミング	止まって行うバトンパスとリードして行うパスの比較
小学5・6年	【様々な距離でのリレー】 テークオーバーゾーンでの減速しないバトンパス	・バトンが移動する速さの様子	スタートマークーを活用したパス
中学1・2年	【リレー】 次走者がスタートするタイミングに合わしたバトンパス	・利得タイムの創出の事実と原理	個人持ちタイムの合計とリレータイムとの比較
中学3年	【リレー】 次走者はスタート後加速しスピードを十分に高める	・利得タイムの実現	適切なスタートマークの発見

「育成を目指す資質・能力」，「教科等横断的な視点」等を考慮し，各学校で編成するものであり，教科カリキュラム編成の考え方の整理に基づき具体的な内容について，小中学校を通してのカリキュラムの編成をする。

（2）教育課程（カリキュラム）編成の事例
① 小・中学校（9か年）におけるカリキュラム編成の例（陸上リレー）
　陸上運動リレーの単元で系統的な学びを構築する。リレーの小中学校9年間を学年ごとのリレーの行い方に着目するのではなく，学習指導要領の内容を活用し，リレーで「何を学ばせるのか」を抽出し，子どもの発達段階を考慮し，その内容を効果的に学んでいくことを検討する。
　表7-5は，陸上運動のリレーを対象にして事例的に検討した小中9年間を

見通した系統的な学びのカリキュラム編成を示したものである。

　まずは，リレーにおいて子どもたちが学習していく内容は何になるのかという視点から運動の仕組みに着目する。学習指導要領ではどの学年の内容もバトンパスに関する記載があるのでバトンパスに着目して，その仕組みの抽出を行う。バトンパスの仕組みとして学習させること，子どもたちに理解を深めさせる価値のある内容は，「利得タイムの創出とその原理」となる。しかしながら，運動の原則や概念を考えられることができるのは，小学校高学年から中学校である。小学校低学年はリレーに出会い，行い方を理解する。小学校中学年は，リレーの走りながらバトンの受渡しに着目する。小学校高学年では，走りながらバトンの受渡しを行う速さの追究をする。中学校では，バトンパスにおける利得タイム創出の事実を知り，なぜ利得タイムが生み出されるのか，その原理を追究する。そして，利得タイム創出の原理の理解を深めることと合わせて利得タイムの実現に取り組んでいくこととなると考えられる。

② 地域の人的資源の活用によるカリキュラム編成の例（ダンス）

　学校と社会をつなぐ「カリ・マネ」の観点から地域の人的資源の活用事例としてダンス（現代的なリズムのダンス）での地域のダンス指導者の活用及びICTの効果的な活用について事例を紹介する。

　　ア　男女共修で体力等や習熟に応じた指導の充実を図り，楽しみ方を共有する。

　　イ　作品創作やダンスの発表を評価し合うことで，言語活動の充実を図る。

　　ウ　ICT機器を効果的に活用し学習効果を高める。

　　エ　グループごとに仲間と協力して作品創作や発表会を行う。

　　オ　学校行事（文化祭）での発表会を開催し，「する，見る，支える，知る」の多様な関わり方と関連付けることで，生涯にわたって運動やスポーツに親しむことができるよう配慮する。

引用・参考文献

文部科学省（2018）『中学校学習指導要領（平成29年告示）解説 保健体育編』.

文部科学省（2017）「中学校学習指導要領比較対照表（保健体育）」.

国立教育政策研究所教育課程研究センター（2020）「『指導と評価の一体化』のための学習評価に関する参考資料（中学校保健体育）」.

静岡大学教育実践総合センター（2021）「保健体育科における教科カリキュラムの編成に関する研究」.

（小野藤　訓）

第8章

音楽科の教育課程（カリキュラム）の特質と課題

　本章では，音楽科の教育課程（カリキュラム）の特質と課題を明確にするために，新学習指導要領を引用しつつも執筆者の経験を生かして理論面と実践面の両面から，音楽科の教育目標を各校種及び学びの連続性・系統性に触れながら，音楽科の教育課程（カリキュラム）編成の在り方について述べる。

　第1節については，「戦後の音楽教育における学習指導要領の変遷」，「新学習指導要領に求められるもの」，第2節については，「各校種に共通する音楽科の目標である学びの三つの柱」，「小学校音楽各学年の目標」，「中学校音楽の各学年の目標」，「高等学校の音楽の目標」，第3節については，「音楽科の教育課程（カリキュラム）編成の考え方」，「音楽科における指導計画作成上の配慮事項」，第4節については，「地域と連携・協働した防災教育の取り組み」，「未来へつなぐメッセージ～音楽のちから～」について触れる。

1　学習指導要領の改訂の経緯

　学校教育における指針となる学習指導要領は，教育内容をどのようなものにするのか，また，それを教育課程の各領域に即して大綱的に国が示し，1947（昭和22）年に試案を示されて以降，各時代の社会情勢を反映させながら，約10年ごとに改訂されてきた。このような時代背景において，戦後の音楽教育はどのように変化してきたのか，その変遷を辿り整理したうえで，現行の学習指導要領の特徴と課題を明らかにし，新学習指導要領の改訂の経緯についてまとめていく。

（1）戦後の音楽教育における学習指導要領の変遷

　音楽教育の学習指導要領の内容・領域の変遷を注目する時，学習指導要領は，学年の目標，時間数，共通教材等，改訂の趣旨，目標の改善，内容の改善の本質を理解することが求められる。各校種によっても教育目標が異なるが，小学校の音楽教育に限定して論じると，日本の伝統音楽，君が代，歌唱及び鑑賞教育，器楽教育，創作教育，創造的表現，リズム反応，指導上の留意事項，指導計画の作成及び学習指導の方針，内容の取り扱い等の項目から編成されている。本節では，最初に，1947（昭和22）年に初めて作成された試案に始まり，1998（平成10）年に示された学習指導要領の示された役割等の変遷を辿っていくことにする。

　1947年に我が国で初めて学習指導要領が試案として示されてから7度の改訂がなされている。昭和22年試案，昭和26年試案では，アメリカの主導による戦後の教育編成の流れの中で，新しい音楽教育の在り方への道筋を示された。続いて1958（昭和33）年告示，1968（昭和43）年告示では，我が国の独自性を打ち出す中で音楽科教育の充実が図られていくことになり，1977（昭和52）年告示，1988（平成元）年告示では，豊かな人間性の育成が重要視される中で，音楽を愛好する心情や音楽に対する感性を高める音楽科教育の推進に力点が置かれた。

　1998（平成10）年告示では，音楽科の改善の基本方針として，表現及び鑑賞に関わる幅広い活動を通して，音楽を愛好する心情と音楽に対する感性を育て，音楽活動の基礎的な能力を伸ばし，豊かな情操を養う指導が一層充実して行われるようになった。

（2）新学習指導要領の改訂に求められるもの

　1998年の改訂による学習指導要領は，前述にもあるように「音楽を愛好する心情と音楽に対する感性を育てる」「音楽の基礎的な能力を培う」「豊かな情操を養う」ことを教育目標としている。言い換えれば「心情」，「感性」の育成といった情意面に関わる内容の表記を全面に押し出し，「基礎的な能力」を培う技術面に関わる内容を別々の柱に示し，鑑賞の活動は従前にも増して重視した形となっている。

　しかし，2002（平成14）年度から学校教育は，学校週5日制のもとで行われてきている。それに伴って，当然のことながら年間の授業時間数が各教科等において，削減の方向を取らざるを得なくなり，音楽科においても，大幅な授業時間数削減の中で，指導内容，学年ごとの目標をまとめた形に再編成されていった。

　2017（平成29）年3月31日の新学習指導要領の公示に伴い，中央審議会答申において「『見方・考え』を支えているのは，各教科で身に付けた知識・技能を活用したり，思考力・判断力・表現力や学びに向かう力・人間性等を発揮させたりして，学習の対象となる物事を捉え思考することにより，各教科等の特質に応じた物事を捉える視点や考え方も，豊かで確かなものになっていく」とされている。音楽科では，「音楽に対する感性を働かせ，音や音楽を，音楽を形作っている要素とその働きの視点で捉え，自己のイメージや感情，生活や社会，伝統や文化などと関連付けること」と音楽的な「見方・考え方」を示している。「見方・考え方」を資質・能力と関連付け，どのように働かせていくかが重要となる。

2　新学習指導要領の方針

　小学校，中学校，高等学校の音楽の授業によって，子どもたちがどのような成長を遂げていくのか，新学習指導要領改訂の内容から考えていく。日頃の音楽の授業を行うに当たって，子どもたちがどのようなステップを踏んできているのか，また，今後どのように成長していくのか，学校教育では，子どもたちの成長を見通した授業の計画や進め方が大切であり，学びのバトンをしっかりつないでいかなければならない。そこで，改めて音楽の授業で身に付けさせたい資質・能力とは何か，学習指導要領の目標を各校種及び学びの連続性・系統性に触れながら論説していくこととする。

（1）各校種に共通する音楽科の目標である学びの三つの柱
　新学習指導要領は，小学校では2020（令和2）年度，中学校では2021（令和

３）年度にすでに実施され，高等学校では2022（令和４）年度からの実施となるが，漸次進行で進むため，2024（令和６）年度に完成を迎える予定である。高校の音楽１の授業は，学校によって教育課程のどの位置に置かれているかで開始年度が変わるが，ほぼ高校１年生で履修することが多い。

　次に，音楽科の目標である「知識及び技能」，「思考力・判断力・表現力」，「学びに向かう力，人間性等」において，小学校，中学校，高等学校の共通する学びの三つの柱である。

　　　○曲想と音楽の構造などとの関わりについて気付き（理解し），音楽表現をするための技能を身に付ける。（知識及び技能の習得）
　　　○音楽表現を思いや意図をもって工夫する。また，音楽のよさや美しさを味わって聴く。（思考力・判断力・表現力）
　　　○主体的・協働的に取り組み，音楽活動の美しさを体験して，生活を明るく豊かなものにしていく態度を養う。（学びに向かう力，人間性の涵養）

　これらの内容は，各校種の児童生徒の発達段階に応じて，学びのポイントを押さえることや学年における授業改善・工夫は必要であり，一貫して目指すべきものである。続いて，新学習指導要領における音楽科の目標について各校種ごとに説明する。

（２）小学校音楽の各学年の目標

　小学校の各学年の目標は，６学年を３つに分けてまとめられている。

　「知識及び技能の習得」に関する目標では，第１学年及び第２学年は，曲想と音楽の構造などとの関わりについて気付くとともに，「楽しさ」，「楽しく」といった言葉が多く見られ，音楽表現を楽しむために必要な歌唱，器楽，音楽づくりの技能を身に付ける指導が求められている。第３学年及び第４学年では，音楽表現を「楽しむ」から「表したい」に変わり，第５学年及び第６学年になると，曲想と音楽の構造などとの関わりについて理解する学びへと進んでいる。

　「思考力・判断力・表現力」等の育成に関する目標では，第１学年及び第２学年では，音楽表現を考え表現に対する思いをもつことや，曲や演奏の楽しさを見い出しながら音楽を味わっていくことが掲げられている。第３学年及び第

4学年になると，音楽表現に関することに意図という視点も新たに加わり，音楽を聴く場面では，楽しさから「よさ」などを見つけだそうとする児童の姿が求められている。第5学年及び第6学年では，第3・4学年の目標を引き続き行い，さらなる深みを導き出す指導を目指すことが示されている。

「学びに向かう力，人間性等」に関する目標では，第1学年及び第2学年では，楽しく音楽に関わり，協働して音楽活動をする楽しさを味わいながら，身の回りの様々な音楽に親しむとともに，音楽体験を生かしながら生活を明るく潤いのあるものにしようとする態度を養うことが掲げられている。第3学年及び第4学年になると，楽しく音楽に関わることから進んで音楽に関わることに発展し，第5学年及び第6学年では，主体的に音楽に関わるよう示されている。

（3）中学校音楽の各学年の目標

中学校の各学年の目標は，第1学年と第2学年及び第3学年の2つのくくりで示されている。授業時数は，第1学年で週に2時間，第2学年及び第3学年ではそれぞれ週1時間である。「知識及び技能の習得」に関する目標について，第1学年では，小学校での学びに加え音楽の多様性について理解することと，創意工夫を生かした音楽表現をする技能を求めている。第2学年及び第3学年では，曲想と音楽の構造に合わせて，その背景などの関わりを考えさせ，作品を演奏するにあたって表現に質的な高まりが求められている。「思考力・判断力・表現力」等の育成に関する目標では，第1学年は，音楽を形作っている要素を知覚・感受し，生徒自身がどのように解釈し評価したのかを大切にした学習を行ってほしいということである。

一方，第2学年及び第3学年では，音楽表現について曲にふさわしいという言葉に変わり，自分と作品との関わり方において音楽を形作っている要素についても考えを深める指導の工夫が必要となる。「学びに向かう力，人間性等」の涵養に関する目標では，音楽活動の楽しさを体験しながら，身の回りにある音や音楽に生徒が主体的に関わっていく態度の育成と，自己の主張と他者との協調を両立させた協働的な学習によって音楽表現を創意工夫したり，音楽のよさや美しさを味わって聴くことで，生徒が音楽を生活の中に取り入れ，明るく

豊かな生活を送ることを目指したりする態度を養うことが示されている。

（4）高等学校の音楽の目標

　高等学校は，科目として目標が示されている。目標内容の組み立て方は，小学校，中学校と変わらないが，教育課程上の選択条件から，音楽Ⅲまで履修できないこともあるので，ここでは，音楽Ⅰの目標にのみ触れることとする。「知識及び技能の習得」に関する目標は，①音楽を形作っている要素の働きについて，実感を伴いながら理解し，表現や鑑賞などに生かすことができるようにする。②音楽に関する歴史や文化的意義を表現や鑑賞の活動を通して，自己との関わりの中で理解できるようにする。この２つの点が重要となる。

　「思考力・判断力・表現力」等の育成に関する目標では，音や音楽に対する自己のイメージを膨らませたり，他者のイメージに共感したりして表したい表現意図をもつこと。また，曲想を感じながら音や音楽によって喚起された自分のイメージや感情を，音楽の構造や文化的・歴史的背景など関連させて捉え直し，その音楽の意味や価値などについて評価しながら聴くことを示している。「学びに向かう力，人間性等」の涵養に関する目標では，生涯にわたり音楽を通して音や音楽のよさや美しさを感じ取るとともに，表現意図をもって音楽を表したり，味わって聴いたりする能力を育成する必要性が示されている。また，我が国の伝統や文化，異なる文化等に対して尊重し，世界の人々と共存する姿勢も求められている。

3　音楽科の教育課程（カリキュラム）編成の実際

　教育課程の編成に当たっては，学校教育全体や各教科等における指導を通して教科横断的な視点に立った資質・能力を踏まえつつ，各学校の教育目標を明確にするとともに，教育課程（カリキュラム）の編成について基本的な方針が家庭や地域とも共有されるよう努めることが重要である。

（1）音楽科の教育課程（カリキュラム）編成の考え方

　教育課程（カリキュラム）編成は，単に音楽科だけが独立して存在するものではなく，学校教育目標を達成するうえでどのように貢献できるのかという次の視点が必要となってくる。

　① 学校教育目標の確認。② 学校教育目標の達成に際して児童生徒に育てたい資質・能力を明らかにする。③ 学校教育目標を実現するために音楽科としてできることは何かを資質・能力と関連付けて考える。④ 音楽科学習指導要領を踏まえつつ，学年ごとの題材構成や年間計画を考える。

　これらのことを踏まえ，教科等横断的な視点で組織的・計画的に実施できるように取り組むことが必須である。

（2）音楽科における指導計画作成上の配慮事項

　小学校，中学校及び高等学校における音楽科における教育課程（カリキュラム）の編成に当たっては，「小学校学習指導要領（平成29年告示）解説　音楽編」において，以下に示す事項を配慮していくことが示されている。

　なお，中学校並びに高等学校の学習指導要領にも同じ記述がみられ，発達段階を考慮しても，類似性，整合性を重んじる形で示されている。

　① 題材などの内容や時間のまとまりを通して，その中で育む資質・能力の育成に向けて，児童生徒の主体的・対話的で深い学びを図るようにすることその際，音楽的な見方・考え方を働かせ，他者と協働しながら，音楽表現を生み出したりよさを見いだしたりすること。

　② 第2の各学年の内容の「A表現」の(1)，(2)及び(3)の指導については，ア，イ及びウの各事項を，「B鑑賞」の(1)の指導については，ア，イの各事項を適切に関連させて指導すること。

　③ 第2の各学年の内容の［共通事項］は，表現及び鑑賞において共通に必要とされる資質・能力であり，「A表現」及び「B鑑賞」の指導と併せて，十分な指導が行われるよう工夫すること。

　④ 第2の各学年の内容の［共通事項］の(1)，(2)及び(3)並びに「B鑑賞」の(1)の指導については，適宜，［共通事項］を要として各領域や分野の関

連を図るようにすること。

⑤ 国歌「君が代」は，いずれの学年においても歌えるように指導すること。

⑥ 第Ⅰ章総則の第1の2の(2)に示す道徳教育の目標に基づき，道徳科などとの関連を考慮しながら，第3章特別の教科道徳の第2に示す内容について，音楽科の特質に応じて適切な指導をすること。

さらに，詳しく説明すると，①の事項では，題材などの内容や時間のまとまりの中で，例えば，主体的に学習に取り組めるよう学習の見通しを立てたり学習したことを振り返ったりして自身の学びや変容を自覚できる場面をどこに設定するのか，対話によって自分の考えなどを広げたり深めたりする場面をどこに設定するのか，学びの深まりを作り出すために，児童生徒が考える場面と教師が教える場面をどのように組み立てるかなど，授業改善を進める視点が求められる。また，児童生徒や学校の実態に応じ，多様な学習活動を組み合わせて授業を組み立てていくことが重要である。

②の事項では，音楽の内容は「A表現」では，「思考力，判断力，表現力等」に関する資質・能力をアの事項に，「知識」はイの事項に，「技能」はウの事項に示している。したがって，「A表現」の(1)歌唱，(2)器楽，及び(3)音楽づくりでは，年間や各題材，各授業における指導のまとまりを見通す中で，ア，イ及びウの各事項，「B鑑賞」では，ア及びイの各事項を全て扱い，適切に関連させた指導計画を作成して学習指導を行うことが求められる。そのことによって，それぞれの活動を通して育成する資質・能力を着実に育てることが可能となる。

③の事項は，各学年の内容に示した［共通事項］は，表現及び鑑賞の学習において共通に必要となる資質・能力を示したものである。指導の作成に当たっては，各領域や分野の事項と［共通事項］で示しているア及びイとの関連を図り，年間を通じてこれらを継続的に取り扱うように工夫することが重要である。

④の事項では，「A表現」の歌唱，器楽，音楽づくりの分野，並びに「B鑑賞」の指導について，適宜，各領域や分野の関連を図った指導計画を工夫することが求められる。

⑥の事項は，音楽科における道徳教育の指導においては，学習活動や態度へ

期	時数	題材名	教材	共通事項	領域	指導事項	題材の目標	他教科等との関連
一学期	5	新しい仲間と共に自然な声で歌おう	青空へのぼろう／My Vice／校歌	音色、旋律、強弱、構成	表現・歌唱	イ-(イ)／ウ-(ア)	・声の音色や響き及び言葉の特性と曲に応じた発声との関わりを理解する。・仲間と歌う喜びを分かち合い、意欲、態度を育てる。	道徳「親切」「思いやり」
	3	アルトリコーダーの技法を身に付け、響きを楽しもう	メリーさんの羊／オーラリー／聖者の行進	音色、速度、旋律、テクスチュア	表現・器楽	イ-(イ)／ウ-(ア)	・リコーダーの音色や響きと奏法の関わりを理解する。・知識・技能等を学び、主体的・協働的に取り組む。	道徳「友情」「信頼」／社会：教材の時代、背景、文化等
	3	弦楽器の豊かな表現を鑑賞しよう	[春] 第1楽章／[秋] 第1楽章	音色、旋律、形式、構成、強弱	鑑賞	イ-(ア)／ウ-(ア)	・曲想と音楽の構造との関わりを理解する。・イ・ウの知識を生かしながら、音楽のよさや楽しさを味わって聴く。・曲の雰囲気を感じ取り、主体的に取り組む。	社会：教材の時代、背景、文化等／美術：建築物、絵画との関連
二学期	3	曲にふさわしい表現で合唱を追求しよう	合唱コンクール用「合唱曲」	音色、構成、旋律、強弱、リズム	表現・鑑賞	イ-(ア)／ウ-(ア)	・曲想と音楽の構造との関わりを理解する。・全体の響きや各声部の声を聴きながら、他者と合わせて歌う技能を身に付ける。・知識・技能等を学び、主体的・協働的に歌唱表現を工夫する。	道徳「友情」「信頼」／国語：伝統的な言語文化
	3	曲の形式、旋律を味わいながら歌おう	夏の思い出／赤とんぼ	リズム、旋律、強弱、形式、構成	表現・歌唱	イ-(イ)／ウ-(ア)／ア	・曲想と音楽の構造との関わりを理解する。・必要な発声、言葉の発音等技能を身に付ける。・知識、技能を生かして、歌唱表現を工夫する。	道徳「感謝」／国語：伝統的な言語文化
	3	歌曲「魔王」の形式や詩と歌が一体となった面白さを味わおう	魔王	旋律、テクスチュア、強弱、形式、構成	鑑賞	イ-(イ)／ア-(イ)	・音楽の特徴とその背景となる文化や歴史、他の芸術との関連について理解させる。・生活や社会における音楽の意味や役割について考え、音楽のよさや美しさを味わって聴く。	社会：教材の時代、文化等／美術：創作絵画

図8-1　中学校第1学年音楽科年間指導計画（事例）

の配慮，教師の態度や行動による感化とともに，音楽科で扱った内容や教材の中で適切なものを道徳科に活用することや，道徳教育の全体計画との関連，指導の内容及び時期等に配慮し，両者が相互に効果を高めあうようにすることが大切である。以上の配慮事項をもとに，執筆者が「中学校第1学年年間指導計画（一部抜粋：事例）を作成したものが図8-1である。

　音楽科では，「音楽に対する感性を働かせ，音や音楽を，音楽を形作っている要素とその働きの視点で捉え，自己のイメージや感情，生活や社会，伝統や文化などと関連付けること」，「主体的・協働的に取り組み，音楽活動の美しさを体験して，生活を明るく豊かなものにしていく態度を養う」の2つの目標を最も重視し，教科等横断的な視点で組み立てることが教科の内容からも組織的・計画的に実施されることが不可欠である。

４　教育課程（カリキュラム）編成の改革

（1）地域と連携・協働した防災教育の取り組み

　執筆者が校長として務めていた中学校では，東日本大震災，福島原発被害等をしっかり受けとめ，生徒・保護者・地域との協働を柱とし，安心・安全な環境で学べる学校づくりに全教育活動を通して，他教科等と関連させながら3年間を通して系統的・横断的に取り組み，現在も受け継がれている。

　毎年11月を「防災月間」と位置づけ，道徳教育，教科学習，特別活動，総合的な学習の時間，学校行事，生徒会活動など，全ての教育活動を有機的に結び付けた「片山中学校防災アカデミー」を実施している。図8-2を参照されたい。

（2）「未来へつなぐメッセージ～音楽のちから～」

　音楽科では，歌唱領域において，防災教育の視点を「東日本大震災の復興を願い，思いをもって歌うことを通して，今を大切に生きることや家族や友人，地域への感謝の心情を養う」とし，2014年に福島の子どもたちの思い・言葉を「歌詞」にまとめ，歌いやすい「音域」と生命力を表現したい思いが込められている「旋律」で作曲された「未来へつなぐメッセージ」に取り組むこととした。

片山中学校の防災教育

月	学習内容	領　域	生徒会	1年	2年	3年	PTA	地域
6月	全校道徳	道徳の時間	○	○	○	○	○	
6月	呉市防災リーダー養成講座	生徒会活動	○					○
8月	防災マップづくり	総合的な学習		○		○		○
8月	危険箇所フィールドワーク	総合的な学習		○		○		○
8月	防災新聞づくり	総合的な学習		○		○		○
9月	防災講演会	総合的な学習		○				
10月	取組のまとめと発表	学校行事 （文化発表会）		○				
11月	防災新聞地域配布	総合的な学習		○				
11月	防災訓練事前学習 （避難所シミュレーション）	総合的な学習				○		
11月	総合防災訓練	学校行事 （避難訓練） 総合的な学習	○	○	○	○	○	○
1月	修学旅行事前学習 （災害を知る）	総合的な学習			○			
2月	人と未来防災センター	学校行事 （修学旅行） 総合的な学習			○			

図8-2　全体計画（防災教育）

① 曲のイメージ・意図を知る

　最初に，この曲のイメージや歌詞に託された思いを感じ取るために，指導者が次の朗読を聞かせた。図8-3を参照されたい。

> 　福島県は震災から3年4カ月が経過したというのに，未だ復興は道半ば…（中略）…それでも私達，福島県民は負けない。全世界の人々に福島は安全な土地であることを理解してもらうまで。この歌に思いを込めて，歌い繋いでいくプロジェクト「未来へつなぐメッセージ～音楽のちから～」で伝えたい。

② 音楽の諸要素と歌詞のイメージを関連させながら表現の工夫を考える

　グループごとに歌詞のもつ意味と曲想について意見を出し合い，強弱，音色など，楽譜に書き込み，具体的に歌唱表現に取り組んでいった。「ヒカリが闇に消えるとは，悲しみの深さを表している」「つなぐという言葉を大事に歌いたい」「届けの歌詞は，後半をクレッシェンドにしよう」など，この曲のイ

未来へつなぐメッセージ

あの日、ヒカリが闇に消えるのを見たんです
全て飲み込んでしまいそうな　夜を見上げたら
綺麗な星が　みんなも同じ空のどこかで
見てるかなって　涙があふれた

誰だって強くないよ　一人きりじゃ笑えないよ
当たり前のように　居てくれてありがとう
その優しさ　忘れないよ　その温もり忘れないよ
だから　この手とその手を繋いで

未来へのつなぐメッセージ　七色のイメージ
描いていこう　僕らの世界を
未来へつなぐメッセージ

今僕らは生きている　そう僕らは生きている

図8-3　歌詞・授業の様子

関連事項	Ⅲ　地域の防災対策を知る		公的援助について知る		
指導する学年	全学年	教科・領域	音楽・歌唱	時数	1／1
学習のねらい	作曲者の願いや楽曲の背景を理解し、思いをもって表現することができる。				
防災教育の視点	東日本大震災の復興を願い、思いをもって歌うことを通して、今を大切に生きることや家族や友人、地域への感謝の心情を養う。				
指導資料	多胡邦夫作詞・作曲　「未来へつなぐメッセージ」				
学習の展開	学習活動		指導上の留意点		
導入	1　もし、災害が起きたとしたら、音楽にはどんな力があるか考える。 2　東日本大震災の復興を願って作られた曲があることを知り、「未来へつなぐメッセージ」の範唱を聴く。 3　本時のめあての確認をする。		◇　音楽によって希望をもったり、勇気づけられたりするイメージを持たせる。 ◇　歌詞の意味に注目して鑑賞させる。		
	楽曲に込められた願いを感じ取り、思いをもって表現しよう。				
展開	4　歌詞の意味からグループで、どんな思いやイメージをもって歌うか考え、全体交流する。 5　パート練習をする。 6　特に工夫して歌う点について、パートリーダーが発表し、全体合唱をする。		◇　班で歌詞の意味から感じ取ったイメージや思いについて意見交流させる。 ◇　歌詞の意味をどのように工夫するか、音色、強弱について考えパート内で意見を出し合いながら、練習させる。 ◇　パートリーダーが発表したことを拡大楽譜に書き込み、イメージをもって歌唱させる。		
まとめ	7　本時の振返りをする。		◇　本時で学んだ内容をワークシートにまとめ、振り返らせる。		

図8-4　音楽科の学習指導過程

メージや思いを意見交換し，練習している姿が多く見られた。グループごとの発表では，他の意見も受け入れ，理解し，生徒の心の表現として歌唱することができた。図8-4を参照されたい。

　音楽教育の果たす役割は，生徒や学校，地域の実態を適切に把握し，感性を豊かに働かせ，どのような未来や社会，人生をよりよいものにしてくかという目的を自ら考えさせていくこと。そして，協働して音楽活動をする楽しさ，あるいは自己のイメージを膨らませて自分と他者との共有・共感によって，どのように音楽表現で表すかなど学びを具現化する指導が必要となる。そのためには，教科横断的な視点を踏まえた教育課程（カリキュラム）の改革を行い，よりよい社会と幸福な人生の担い手となる力を身に付けさせることである。

引用・参考文献

高木和男（2008）「学習指導要領からみた音楽教育の変遷——特に小学校における音楽教育その①」尚絅学院大学紀要第56集.

中央教育審議会（2016）『幼稚園，小学校，中学校，高等学校及び特別支援学校の学習指導要領の改善及び必要な方策等について（答申）』（平成28年12月21日）.

文部科学省（2018）『小学校学習指導要領（平成29年告示）解説　音楽編』.

文部科学省（2018）『中学校学習指導要領（平成29年告示）解説　音楽編』.

藤田文子（2019）『音楽科におけるカリキュラム・マネジメントに関する研究——幼稚園・小中学校，高等学校における理論と実践を中心に』.

（斎藤美由紀）

第9章

道徳科の教育課程（カリキュラム）の特質と課題

　本章では，道徳科の教育課程（カリキュラム）の特質と課題を明確にするため，新学習指導要領を引用しつつも執筆者の見解を含めてわかりやすく解説するとともに，執筆者の経験を生かして理論面と実践面の両面から，道徳教育及びその要としての道徳科の教育課程（カリキュラム）編成の在り方について述べる。

　第1節については，「教育基本法と道徳教育」，「時代の変化に対応する道徳教育」，「教育課程における道徳教育及びその要となる道徳科の位置づけ」，「道徳教育及びその要としての道徳科で養うべき基本的資質」，第2節については，「道徳教育は教育の中核をなすもの」，「道徳教育及びその要としての道徳科の基本的な考え方」，第3節については，「『道徳教育の理論と方法』のシラバス」，「特別の教科である道徳（道徳科）の内容項目と教育課程（カリキュラム）編成」，第4節については，「道徳教育の目標と道徳科の目標」，「問題解決的な学習や体験的な学習を取り入れるなどの指導方法の工夫」について触れる。

1　学習指導要領の改訂の経緯

　文部科学省は，『小学校学習指導要領（平成29年告示）解説 特別の教科道徳編』，『中学校学習指導要領（平成29年告示）解説 特別の教科 道徳編』の中で，学習指導要領の改訂の経緯について次のように示している（文部科学省 2018：1-3）。ただし，ここでは，文部科学省が示した「学習指導要領の改訂の経緯」について一部を引用しながら，筆者の見解を交えてわかりやすく論説する。

（1）教育基本法と道徳教育
　我が国の教育は，教育基本法第1条で「教育は，人格の完成を目指し，平和

で民主的な国家及び社会の形成者として必要な資質を備えた心身ともに健康な国民の育成を期して行われなければならない。」と規定しているように、「教育の目的」を意図して進められている。

このことと道徳教育がどう関連しているのかを捉えておきたい。

まず、「人格の完成及び国民の育成の基盤となるものが道徳性であり、その道徳性を育てることが学校教育における道徳教育の使命である」ことは、しっかり押さえておく必要がある。

道徳性を育成することを目標とする道徳教育は、「人間尊重の精神と生命に対する畏敬の念を前提に、人が互いに尊重し協働して社会を形づくっていく上で共通に求められるルールやマナーを学び、規範意識などを育む」こと、「人としてよりよく生きる上で大切なものとは何か、自分はどのように生きるべきかなどについて、時には悩み、葛藤しつつ、考えを深め、自らの生き方を育んでいく」ことが使命であり、教育基本法の精神と一致している。

（2）時代の変化に対応する道徳教育

「今後グローバル化が進展する中で、様々な文化や価値観を背景とする人々と相互に尊重し合いながら生きることや、科学技術の発展や社会・経済の変化の中で、人間の幸福と社会の発展の調和的な実現を図ることが一層重要な課題」となっている。こうした課題に対応していくためには、「社会を構成する主体である一人一人が、高い倫理観をもち、人としての生き方や社会の在り方について、時に対立がある場合を含めて、多様な価値観の存在を認識しつつ、自ら感じ、考え、他者と対話し協働しながら、よりよい方向を目指す資質・能力を備えること」が不可欠である。道徳教育は、このような資質・能力を育成することにおいて、大きな役割を果たさなければならない。

また、「道徳教育を通じて育成される道徳性、とりわけ、内省しつつ物事の本質を考える力や何事にも主体性をもって誠実に向き合う意志や態度、豊かな情操など」は、「豊かな心」だけでなく、「確かな学力」や「健やかな体」の基盤ともなり、「生きる力」を育むことにおいて、重要である。すなわち、知・徳・体のバランスの取れた人間力の育成である。「知」や「体」がいくら強化

されても，「徳」が伴っていなければ，真に人間力を発揮することはできない。

（3）教育課程における道徳教育及びその要となる道徳科の位置づけ

我が国の学校における道徳教育は，「道徳の時間（今日の道徳科）を要として学校の教育活動全体を通じて行うもの」とされてきた。これまで，「学校や生徒の実態などに基づき道徳教育の重点目標を設定し充実した指導を重ね，確固たる成果を上げている学校がある」一方で，「いまだに道徳教育そのものを忌避しがちな風潮があること，他教科等に比べて軽んじられていること，読み物の登場人物の心情理解のみに偏った形式的な指導が行われる例があること」など，多くの課題が指摘されてきた。

これらの課題の具体例として，道徳の時間（道徳科）が学校の教育活動全体を通じて行う道徳教育の要として機能していない（道徳科と他の各教科等間の接続や関連が意図されていない）こと，道徳教育の重点目標や道徳の時間（道徳科）の重点項目が教育課程全体の中で捉えられていないことが挙げられる。そうした状況の中で，2014（平成26）年2月に，文部科学大臣が，中央教育審議会に対して，道徳教育の充実を図る観点から，教育課程における道徳教育の位置づけや道徳教育の目標，内容，指導方法，評価について検討するよう諮問した。中央教育審議会は，これに対して，同年3月から道徳教育専門部会を設置し，10回に及ぶ審議を行うとともに，教育課程部会，総会での審議を経て，同年10月に「道徳に係る教育課程の改善等について」の答申を行った。

この答申では，① 道徳の時間を「特別の教科 道徳」（道徳科）として位置づけること，② 目標を明確で理解しやすいものに改善すること，③ 道徳教育の目標と「特別の教科 道徳」（道徳科）の目標の関係を明確にすること，④ 道徳の内容を発達の段階を踏まえた体系的なものに改善すること，⑤ 多様で効果的な道徳教育の指導方法へと改善すること，⑥「特別の教科 道徳」（道徳科）に検定教科書を導入すること，⑦ 一人一人のよさを伸ばし，成長を促すための評価を充実することなどを基本的な考え方として，道徳教育についての学習指導要領の改善の方向性が示された。

この答申を踏まえて，2015（平成27）年3月27日に学校教育法施行規則が改

正され，「道徳」を「特別の教科である道徳」とするとともに，小学校学習指導要領，中学校学習指導要領及び特別支援学校小学部・中学部学習指導要領の一部改正の告示が公示された。

（4）道徳教育及びその要としての道徳科で養うべき基本的資質

今回の学習指導要領の改正の主たる目的は，「いじめの問題への対応の充実」や「発達の段階をより一層踏まえた体系的なものとする観点からの内容の改善」，「問題解決的な学習を取り入れるなどの指導方法の工夫」を図ることに置かれている。このことは，これまでに行われてきたような「（教師が児童生徒に）特定の価値観を押し付けたり，主体性をもたず言われるままに行動するよう指導したりすること」を，「道徳教育が目指す方向の対極にあるものと言わなければならないこと」として，改めるよう示唆していることでもある。

これまでの道徳教育，道徳の時間の対応ではいじめ問題を解決することは困難である。それゆえに，これまでの心情重視型の指導から判断力重視型の指導へと指導方法の改善が求められる。とりわけ，判断力重視型の指導は道徳教育の要である道徳科のみならず各教科等の指導においても重視される必要がある。また，実践意欲と態度の指導は全ての教育活動を通して行う道徳教育の全体の問題である。そのためには，各教科等横断的・総合的な教育課程編成が重要になる。

さらに，答申が示す「多様な価値観の，時に対立がある場合を含めて，誠実にそれらの価値に向き合い，道徳としての問題を考え続ける姿勢こそ道徳教育で養うべき基本的資質である」との指摘は説得力がある。その上で，学習指導要領は，「発達の段階に応じ，答えが一つではない道徳的な課題を一人一人の児童生徒が自分自身の問題と捉え，向き合う「考える道徳」，「議論する道徳」へと転換を図る」ことを強調している。

2　新学習指導要領の方針

文部科学省は，『小学校学習指導要領（平成29年告示）解説　特別の教科　道徳編』，『中学校学習指導要領（平成29年告示）解説　特別の教科　道徳編』の中

で，学習指導要領の改訂の基本方針について次のように示している（文部科学省 2018：3）。ただし，ここでも，文部科学省が示した「学習指導要領の改訂の基本方針」について一部を引用しながら，執筆者の見解を交えてわかりやすく論説する。

（1）道徳教育は教育の中核をなすもの

「道徳教育は教育の中核をなすものであり，学校における道徳教育は，学校のあらゆる教育活動を通じて行われるべきもの」である。ここにいう「道徳教育は教育の中核をなすもの」のフレーズが重要である。知・徳・体に関わる教育活動にあって，「徳」が中核をなす存在であることを明確にしている。

同時に，道徳教育においては，「これまで受け継がれ，共有されてきたルールやマナー」，「社会において大切にされてきた様々な道徳的価値」などについて，「児童生徒が発達の段階に即し，一定の教育計画に基づいて学び，それらを理解し身に付けたり，様々な角度から考察し自分なりに考えを深めたりする学習の過程」が重要である。とりわけ，「道徳的価値」を理解し，身に付けることが大切にされなければならない。

このため，1958（昭和33）年に，小中学校において道徳の時間（今日の道徳科）が設けられて以来，今日まで，「各教科等における道徳教育と密接な関連を図りながら，計画的，発展的な指導によってこれを補充，深化，統合し，児童生徒に道徳的価値の自覚や生き方についての考えを深めさせ，道徳的実践力を育成する」ことが求められてきた。ここにも教育課程全体における道徳教育及びその要としての道徳科の位置づけの重要性が見て取れる。

（2）道徳教育及びその要としての道徳科の基本的な考え方

このように見てくると，「道徳の時間（道徳科）を要として学校の教育活動全体を通じて行うという道徳教育の基本的な考え方」は今昔を問わず不動のものといえる。このことからも，道徳教育及びその要となる道徳科が，教育課程全体の中で中核的な役割を果たすことができるように，改善される必要がある。

そのためには，「道徳の時間（道徳科）が道徳教育の要として有効に機能す

る」ことが求められる。そのことを基本に、「今回の道徳教育の改善に関する議論の発端も、いじめ問題への対応であり、児童生徒がこうした現実の困難な問題に主体的に対処することのできる実効性ある力を育成していく」ことが重視されなければならない。このことが道徳教育及びその要となる道徳科の大きな役割であり使命といえる。

　すなわち、児童生徒に、道徳教育を通じて、「個人が直面する様々な状況の中で、そこにある事象を深く見つめ、自分はどうすべきか、自分に何ができるかを判断し、そのことを実行する手立てを考え、実践できるようにしていく」などの自ら考え、判断し、行動する活用能力を育成することが喫緊の課題である。

3　道徳科の教育課程（カリキュラム）編成の実際

　本節の目的は、小中学校・高等学校の教員を目指す大学生の教職課程科目「道徳教育の理論と方法」のカリキュラム編成を検討することによって、小中学校の道徳科の教育課程（カリキュラム）編成の一助とすることである。

　2017（平成29）年3月に告示された小学校及び中学校の学習指導要領は、第1章「総則」第1「小学校（中学校）教育の基本と教育課程の役割」の2の（2）で、「学校における道徳教育は、特別の教科である道徳（以下「道徳科」という。）を要として学校の教育活動全体を通じて行うものであり、道徳科はもとより、各教科、外国語活動（小学校のみ）、総合的な学習の時間及び特別活動のそれぞれの特質に応じて、児童生徒の発達の段階を考慮して、適切な指導を行うこと。」、「道徳教育は、教育基本法及び学校教育法に定められた教育の根本精神に基づき、自己の生き方を考え（小学校）、人間としての生き方を考え（中学校）、主体的な判断の下に行動し、自立した人間として他者と共によりよく生きるための基盤となる道徳性を養うことを目標とすること。」を示し、道徳科が学校の教育活動全体を通じて行う道徳教育の要であること、道徳教育の目標が道徳性を養うことであることを明確にした。また、道徳教育の要として位置づけられる道徳科は、「自己の生き方」や「人間としての生き方」を考え、「主体的な判断」の下に行動できるような、そのような「道徳性」を

養うことが期待されている。

　文部科学省はこの方向性を，「読み物道徳」から「考える道徳」や「議論する道徳」へと，児童生徒が道徳的価値に関わって多面的・多角的に考えることができるようにすることを求めている。

（1）大学の教職課程科目「道徳教育の理論と方法」のシラバス
① 授業計画（講義内容）

　安田女子大学の2021年度の教職課程科目「道徳教育の理論と方法」の授業計画（講義内容）は図9－1のとおりである。

　図9－1は主として中学校・高等学校の教員を目指す学生を対象にしたものであるが，小学校の教員を目指す学生にも共通する内容である。学生たちは大学の教職課程で教員に求められる基礎的・基本的な知識・技能を習得し，習得した知識・技能を教員（学校教師）となって活用し実践することになる。その意味からも大学の教職課程の学びは重要であり，小中学校の道徳教育及びその要となる道徳科の教育課程（カリキュラム）編成に大きく影響する。

　図9－1の授業計画（授業内容）に係る授業の概要，授業の目標（一般目標），授業の目標（到達目標）は次の②～④である。

② 授業の概要

　真の人間形成と全人教育を目指す立場から，哲学・倫理学的，発達心理学的，歴史学的，臨床教育学的な学問的成果を生かして，道徳教育の理論と実践の方途を学際的な視点から学習する。

　道徳教育についての学問的理解に基づき，学校の教育活動全体における道徳教育の位置づけ・意義・役割，及び「特別の教科 道徳」（道徳科）の位置づけ・意義・役割・指導法を理解・習得し授業実践力を獲得する。

　主体的・対話的で深い学び（アクティブ・ラーニング）の手法で授業を展開する。

③ 授業の目標（一般目標）

　道徳教育は，教育基本法及び学校教育法に定められた教育の根本精神を踏ま

回	講義内容
1	オリエンテーション 道徳教育の意義と道徳教育の現状：「道徳」から「特別の教科 道徳」（道徳科）へ
2	道徳性の発達と道徳教育及び道徳科：コールバーグの道徳性発達史論，セルマンの役割取得理論
3	道徳教育及び道徳科の目標：道徳性，道徳的な判断力・心情・実践意欲と態度の育成
4	道徳科の内容項目と指導の観点
5	指導計画の作成上の配慮事項：全体計画，年間指導計画
6	道徳科の指導：道徳科の特質を生かした学習指導の展開
7	道徳科の学習指導案の作成の手順と方法　小テスト①
8	道徳科の指導とその実際：模擬授業
9	道徳科の指導の配慮事項(1)：道徳教育推進教師を中心とした指導体制，生徒が主体的に道徳性を育むための指導，多様な考え方を生かすための言語活動
10	道徳科の指導の配慮事項(2)：問題解決的な学習など多様な方法を取り入れた指導，情報モラルと現代的な課題に関する指導，家庭や地域社会との連携による指導
11	道徳科と各教科，特別活動及び総合的な学習の時間との関連：総合単元的な道徳学習の構想
12	道徳科の教材に求められる内容の観点：教材の開発と活用の創意工夫
13	道徳科の評価(1)：道徳教育及び道徳科における評価の意義　小テスト②
14	道徳科の評価(2)：道徳科における生徒の学習状況，成長の様子，授業についての評価
15	まとめ：これからの道徳教育及び道徳科の改善・充実について　アンケート
	期末試験（第15回の後半60分間）

図 9 - 1　「道徳教育の理論と方法」の授業計画（講義内容）

え，自己の生き方（小学校）や人間としての生き方（中学校）を考え，主体的な判断の下に行動し，自立した人間として他者と共によりよく生きるための基盤となる道徳性を育成する教育活動である。

　本授業では，道徳教育及び道徳科の意義や原理等を踏まえ，学校の教育活動全体を通じて行う道徳教育及びその要となる道徳科の目標や内容，指導計画等を理解するとともに，教材研究や学習指導案の作成，模擬授業等を通して，実践的な指導力を身に付ける。

④　授業の目標（到達目標）
○道徳教育及び道徳科の意義や原理等を踏まえ，学校における道徳教育及び道

徳科の目標や内容を理解する。

　　・道徳の本質（道徳とは何か）について説明できる。
　　・道徳教育の歴史や現代社会における道徳教育の課題（いじめ・情報モラ
　　　ル等）について説明できる。
　　・子どもの心の成長と道徳性の発達について説明できる。
　　・学習指導要領に示された道徳教育及び道徳科の目標・主な内容について
　　　説明できる。
○学校の教育活動全体を通じて行う道徳教育及びその要となる道徳科における
指導計画や指導方法を理解する。

　　・学校における道徳教育の指導計画や教育活動全体を通じた指導の必要性
　　　について説明できる。
　　・道徳科の特質を生かした多様な指導方法の特徴について説明できる。
　　・道徳科における教材の特徴を踏まえて，授業設計に活用することができ
　　　る。
　　・授業のねらいや指導過程を明確にして，道徳科の学習指導案を作成する
　　　ことができる。
　　・道徳科の特性を踏まえた学習評価の在り方について説明できる。
　　・模擬授業の実施とその振り返りを通して授業改善の視点を身に付けてい
　　　る。

（2）「特別の教科　道徳」(道徳科)の内容項目と教育課程(カリキュラム)編成

　小学校学習指導要領（平成29年告示）第3章「特別の教科　道徳」第2「内
容」及び中学校学習指導要領（平成29年告示）第3章「特別の教科　道徳」第
2「内容」（文部科学省 2018：165-170〈小〉，154-156〈中〉），小学校学習指導要領
（平成29年告示）解説　第1章　総説　3「改訂の要点」及び中学校学習指導要領
（平成29年告示）解説　第1章　総説　3「改訂の要点」（文部科学省 2018：5-9
〈小〉，4-7〈中〉）から，「特別の教科　道徳」（道徳科）の内容項目を次のよう
に整理した。（＊筆者が改正部分を太字で示した。）

【小学校】

A　主として自分自身に関すること

内容項目	第1学年及び第2学年 （5／19項目）	第3学年及び第4学年 （5／20項目）	第5学年及び第6学年 （6／22項目）
善悪の判断，自律， 自由と責任 ［改正前1-(3)］	よいことと悪いこととの区別をし，よいと思うことを進んで行うこと。	正しいと判断したことは，自信をもって行うこと。	自由を大切にし，自律的に判断し，責任のある行動をすること。
正直，誠実 ［改正前1-(4)］	うそをついたりごまかしたりしないで，素直に伸び伸びと生活すること。	過ちは素直に改め，正直に明るい心で生活すること。	誠実に，明るい心で生活すること。
節度，節制 ［改正前1-(1)］	健康や安全に気を付け，物や金銭を大切にし，身の回りを整え，わがままをしないで，規則正しい生活をすること。	自分でできることは自分でやり，安全に気を付け，よりよく考えて行動し，節度のある生活をすること。	安全に気を付けることや，生活習慣の大切さについて理解し，自分の生活を見直し，節度を守り節制に心掛けること。
個性の伸長 ［改正前3-4年 1-(5)，5-6年 1-(6)］	自分の特徴に気付くこと。 （新設）	自分の特徴に気付き，長所を伸ばすこと。	自分の特徴を知って，短所を改め長所を伸ばすこと。
希望と勇気，努力 と強い意志 ［改正前1-(2)］	自分のやるべき勉強や仕事をしっかりと行うこと。	自分でやろうと決めた目標に向かって，強い意志をもち，粘り強くやり抜くこと。	より高い目標を立て，希望と勇気をもち，困難があってもくじけずに努力して物事をやり抜くこと。
真理の探究 ［改正前1-(5)］			真理を大切にし，物事を探究しようとする心をもつこと。

B　主として人との関わりに関すること

内容項目	第1学年及び第2学年 （4／19項目）	第3学年及び第4学年 （5／20項目）	第5学年及び第6学年 （5／22項目）
親切，思いやり ［改正前2-(2)］	身近にいる人に温かい心で接し，親切にすること。	相手のことを思いやり，進んで親切にすること。	誰に対しても思いやりの心をもち，相手の立場に立って親切にすること。
感謝 ［改正前1-4年 2-(4)，5-6年 2-(5)］	家族など日頃世話になっている人々に感謝すること。	家族など生活を支えてくれている人々や現在の生活を築いてくれた高齢者に，尊敬と感謝の気持ちをもって接すること。	日々の生活が家族や過去からの多くの人々の支え合いや助け合いで成り立っていることに感謝し，それに応えること。
礼儀 ［改正前2-(1)］	気持ちのよい挨拶，言葉遣い，動作などに心掛けて，明るく接すること。	礼儀の大切さを知り，誰に対しても真心をもって接すること。	時と場をわきまえて，礼儀正しく真心をもって接すること。

友情，信頼 ［改正前2‐(3)］	友達と仲よくし，助け合うこと。	友達と互いに理解し，信頼し，助け合うこと。	友達と互いに信頼し，学び合って友情を深め，異性についても理解しながら，人間関係を築いていくこと。
相互理解，寛容 ［改正前2‐(4)］		自分の考えや意見を相手に伝えるとともに，相手のことを理解し，自分と異なる意見も大切にすること。（新設）	自分の考えや意見を相手に伝えるとともに，謙虚な心をもち，広い心で自分と異なる意見や立場を尊重すること。

C　主として集団や社会との関わりに関すること

内容項目	第1学年及び第2学年 （7/19項目）	第3学年及び第4学年 （7/20項目）	第5学年及び第6学年 （7/22項目）
規則の尊重 ［改正前4‐(1)］	約束やきまりを守り，みんなが使う物を大切にすること。	約束や社会のきまりの意義を理解し，それらを守ること。	法やきまりの意義を理解した上で進んでそれらを守り，自他の権利を大切にし，義務を果たすこと。
公正，公平，社会正義 ［改正前5‐6年 4‐(2)］	自分の好き嫌いにとらわれないで接すること。（新設）	誰に対しても分け隔てをせず，公正，公平な態度で接すること。（新設）	誰に対しても差別することや偏見をもつことなく，公正，公平な態度で接し，正義の実現に努めること。
勤労，公共の精神 ［改正前1‐4年 4‐(2)，5‐6年 4‐(4)］	働くことのよさを知り，みんなのために働くこと。	働くことの大切さを知り，進んでみんなのために働くこと。	働くことや社会に奉仕することの充実感を味わうとともに，その意義を理解し，公共のために役に立つことをすること。
家族愛，家庭生活の充実 ［改正前1‐4年 4‐(3)，5‐6年 4‐(5)］	父母，祖父母を敬愛し，進んで家の手伝いなどをして，家族の役に立つこと。	父母，祖父母を敬愛し，家族みんなで協力し合って楽しい家庭をつくること。	父母，祖父母を敬愛し，家族の幸せを求めて，進んで役に立つことをすること。
家族愛，家庭生活の充実 ［改正前1‐4年 4‐(3)，5‐6年 4‐(5)］	父母，祖父母を敬愛し，進んで家の手伝いなどをして，家族の役に立つこと。	父母，祖父母を敬愛し，家族みんなで協力し合って楽しい家庭をつくること。	父母，祖父母を敬愛し，家族の幸せを求めて，進んで役に立つことをすること。
よりよい学校生活，集団生活の充実 ［改正前1‐4年 4‐(4)，5‐6年 4‐(3)，4‐(6)］	先生を敬愛し，学校の人々に親しんで，学級や学校の生活を楽しくすること。	先生や学校の人々を敬愛し，みんなで協力し合って楽しい学級や学校をつくること。	先生や学校の人々を敬愛し合ってよりよい学級や学校をつくるとともに，様々な集団の中での自分の役割を自覚して集団生活の充実に努めること。

伝統と文化の尊重，国や郷土を愛する態度［改正前 1 - 4年 4 - (5)，3 - 4年 4 - (6)，5 - 6年 4 - (7)］	我が国や郷土の文化と生活に親しみ，愛着をもつこと。	我が国や郷土の伝統と文化を大切にし，国や郷土を愛する心をもつこと。	我が国や郷土の伝統と文化を大切にし先人の努力を知り，国や郷土を愛する心をもつこと。
国際理解，国際親善［改正前 3 - 4年 4 - (6)，5 - 6年 4 - (8)］	他国の人々や文化に親しむこと。（新設）	他国の人々や文化に親しみ，関心をもつこと。	他国の人々や文化について理解し，日本人としての自覚をもって国際親善に努めること。

D　主として生命や自然，崇高なものとの関わりに関すること

内容項目	第1学年及び第2学年（3 /19項目）	第3学年及び第4学年（3 /20項目）	第5学年及び第6学年（4 /22項目）
生命の尊さ［改正前 3 - (1)］	生きることのすばらしさを知り，生命を大切にすること。	生命の尊さを知り，生命あるものを大切にすること。	生命が多くの生命のつながりの中にあるかけがえのないものであることを理解し，生命を尊重すること。
自然愛護［改正前 3 - (2)］	身近な自然に親しみ，動植物にやさしい心で接すること。	自然のすばらしさや不思議さを感じ取り，自然や動植物を大切にすること。	自然の偉大さを知り，自然環境を大切にすること。
感動，畏敬の念［改正前 3 - (3)］	美しいものに触れ，すがすがしい心をもつこと。	美しいものや気高いものに感動する心をもつこと。	美しいものや気高いものに感動する心や人間の力を超えたものに対する畏敬の念をもつこと。
よりよく生きる喜び			よりよく生きようとする人間の強さや気高さを理解し，人間として生きる喜びを感じること。（新設）

【中学校】

A　主として自分自身に関すること（5 /22項目）

(1)自主，自律，自由と責任［改正前 1 - (3)］

自律の精神を重んじ，自主的に考え，判断し，誠実に実行してその結果に責任をもつこと。

(2)節度，節制［改正前 1 - (1)］

望ましい生活習慣を身に付け，心身の健康の増進を図り，節度を守り節制に心掛け，安全で調和のある生活をすること。

(3)向上心，個性の伸長［改正前 1 - (5)］

(4)希望と勇気，克己と強い意志［改正前 1 - (2)］

より高い目標を設定し，その達成を目指し，希望と勇気をもち，困難や失敗を乗り越え
て着実にやり遂げること。

(5)真理の探究，創造［改正前 1 - (4)］

真実を大切にし，真理を探究して新しいものを生み出そうと努めること。

B　主として人との関わりに関すること（4 /22項目）

(6)思いやり，感謝［改正前 2 - (2)，2 - (6)］

思いやりの心をもって人と接するとともに，家族などの支えや多くの人々の善意により
日々の生活や現在の自分があることに感謝し，進んでそれに応え，人間愛の精神を深め
ること。

(7)礼儀［改正前 2 - (1)］

(8)友情，信頼［改正前 2 - (3)，2 - (4)］

友情の尊さを理解して心から信頼できる友達をもち，互いに励まし合い，高め合うとと
もに，異性についての理解を深め，悩みや葛藤も経験しながら人間関係を深めていくこ
と。

(9)相互理解，寛容［改正前 2 - (5)］

自分の考えや意見を相手に伝えるとともに，それぞれの個性や立場を尊重し，いろいろ
なものの見方や考え方があることを理解し，寛容の心をもって謙虚に他に学び，自らを
高めていくこと。

C　主として集団や社会との関わりに関すること（9 /22項目）

(10)遵法精神，公徳心［改正前 4 - (1)，4 - (2)］

法やきまりの意義を理解し，それらを進んで守るとともに，そのよりよい在り方について
考え，自他の権利を大切にし，義務を果たして，規律ある安定した社会の実現に努めること。

(11)公正，公平，社会正義［改正前 4 - (3)］

(12)社会参画，公共の精神［改正前 4 - (2)，4 - (5)］

社会参画の意義と社会連帯の自覚を高め，公共の精神をもってよりよい社会の実現に努
めること。

(13)勤労［改正前 4 - (5)］

勤労の尊さや意義を理解し，将来の生き方について考えを深め，勤労を通じて社会に貢
献すること。

(14)家族愛，家庭生活の充実［改正前 4 - (6)］

⒂よりよい学校生活，集団生活の充実［改正前4-⑷，4-⑺］

⒃郷土の伝統と文化の尊重，郷土を愛する態度［改正前4-⑻］

⒄我が国の伝統と文化の尊重，国を愛する態度［改正前4-⑼］

⒅国際理解，国際貢献［改正前4-⑽］

D　主として生命や自然，崇高なものとの関わりに関すること（4/22項目）

⒆生命の尊さ［改正前3-⑴］

生命の尊さについて，その**連続性**や**有限性**なども含めて理解し，かけがえのない生命を尊重すること。

⒇自然愛護［改正前3-⑵］

自然の崇高さを知り，自然環境を大切にすることの意義を理解し，進んで自然の愛護に努めること。

㉑感動，畏敬の念［改正前3-⑵］

美しいものや**気高い**ものに感動する心をもち，人間の力を超えたものに対する畏敬の念を深めること。

㉒よりよく生きる喜び［改正前3-⑶］

人間には自らの弱さや醜さを克服する強さや気高く生きようとする心があることを理解し，人間として生きることに喜びを見いだすこと。

　この内容項目を年間35週35時間の道徳科において道徳授業を展開することになる。道徳科の教育課程（カリキュラム）をどのように編成するかについては，道徳が教科に格上げとなり，文部科学省の検定済の教科書を使用することになったことから，各教科書会社のしのぎを削った工夫の成果に浴することになる。各学校は各市町の教育委員会が採択した教科書を使用しなければならない。この場合，各学校は教科書会社が作成した道徳教育の全体計画及び年間35時間の道徳科年間指導計画を参考にして，道徳教育の要となる道徳科の教育課程（カリキュラム）を編成するというのが一般的である。

4　教育課程（カリキュラム）編成の改革

　道徳教育の要となる道徳科の教育課程（カリキュラム）を編成するにはどう

すればよいのか。

（1）道徳教育の目標と道徳科の目標

　小学校及び中学校の学習指導要領（平成29年告示）解説「特別の教科 道徳編」第1章 総説 3「改訂の要点」に，道徳教育及び道徳科の目標について次のように示している（文部科学省 2018：4-5〈小〉，4〈中〉）。ただし，ここでも，文部科学省が示した「学習指導要領の改訂の要点」の一部を引用しながら，筆者の見解を交えてわかりやすく論説する。

　学習指導要領は，道徳科の目標を「よりよく生きるための基盤となる道徳性を養う」こととして，「学校の教育活動全体を通じて行う道徳教育の目標と同一である」ことをわかりやすく表現している。また，「道徳的価値について自分との関わりも含めて理解し，それに基づいて内省し，多面的・多角的に考え，判断する能力，道徳的心情，道徳的行為を行うための意欲や態度を育てる」という趣旨から，「道徳的実践力（道徳的な心情，判断力，実践意欲と態度）を育成する」ことを，「道徳的な判断力，心情，実践意欲と態度を育てる」ことへと改めた。すなわち，「道徳的な判断力」の重視である。このことは，いじめ問題の解決に対応するための「道徳の教科化」でもあったことを鑑みれば，道徳科の目標のこのような改善は妥当であり，教育課程（カリキュラム）編成においても留意しなければならないポイントである。

（2）問題解決的な学習や体験的な学習を取り入れるなどの指導方法の工夫

　いじめ問題などの今日的教育課題の解決のためには，道徳科の教育課程（カリキュラム）を意図的に編成する必要がある。問題解決的な学習や体験的な学習を取り入れるなどの指導方法が工夫されなければならない。

① 問題解決的な学習を取り入れた指導方法の工夫

　筆者が作成した「いじめの傍観者を仲裁者に変える中学校道徳科学習指導案」の一部を紹介する（竹田 2021：158-160）。

〈主題名〉いじめを許さない心〔内容項目：C-(11)公正，公平，社会正義〕

〈ねらい〉いじめ行為がいかに非情であるかを理解し，差別や偏見を見抜き，人として
　　　　許されないことは容認しないとする道徳的な判断力及び態度を育てる。

〈教材名〉「卒業文集最後の二行」（出典：中学校道徳 あすを生きる力 3 日本文教出版）

＊教材「卒業文集最後の二行」の概要

　T子は，幼くして母を亡くし，二人の弟の面倒を見ていた。父は魚の行商をしていた
ものの，経済的には恵まれていない。そのことにより，T子の服は汚かった。小学6年
生の時，「私」はT子と隣の席になり，そのことがきっかけで先頭に立ってT子をいじ
めるようになる。ある日，「私」は漢字の小テストでT子の解答用紙をカンニングする。
「私」はテストで満点をとり，最高得点者として発表されるが，T子は1問間違いで2
番目であった。「私」がカンニングをしていなければ，本当はT子が最高得点者となる
はずであった。ところが，「私」の周りの友達（悪童たち）はT子が「私」の答案をカ
ンニングしたのではないかとT子を責める。はじめは荷担できなかったものの，「私」
も一緒になってT子を責めてしまう。この時，T子ははじめて泣き叫び，教室を出て行
ってしまう。「私」は謝ることができないまま卒業式を迎える。その夜，「私」はT子の
書いた卒業文集の「私（T子）が今一番ほしいものは，母でもなく，本当のお友達です。
そして，きれいなお洋服です。」という最後の二行を読み，T子の苦しみを知ることに
よって，深く後悔し，涙を流す。

〈学習指導過程〉──問題解決的な学習の展開（図9-2）

段階	学習活動	主な発問と予想される生徒の心の動き（◎中心発問）
導入	1　学校生活を振り返り課題意識を持つ	○学校生活で楽しくないときはどんなときだろう？ ・人に無視されたり悪口を言われたとき。
展開前段	2　教材を読み，考える。 (1) T子さんの気持ちを考える。 (2) 「私」の人間としての弱さについて考える。	○T子さんが書いた最後の二行には，どんな重いが込められていたのだろう？ ・もういじめるのをやめてほしい。 ・これ以上，惨めで悲しい思いをしたくない。 ・自分の気持ちを分かってくれる本当の友達がほしい。 ◎「私」がT子さんに謝罪しても謝罪し尽くすことができない一番の罪業とは何だったのだろう。 ・服装や経済的なこと，成績などからいじめを続けたこと。 ・自分勝手で人のせいにする傲慢さやずるさがあったこと。
		＊あなたが「私」の立場であったらどうしていたか。 ・判断と理由の違いによる道徳的葛藤討議を展開

展開 後段	3	自身の生活とつなげて考え る。	○「私」が心の傷を抱えながら生きてきたことを鑑みて， あなたは今後どのような生き方をしていけばよいと考え ますか。 ・いじめは被害者にも加害者にも大きな心の傷が残る。 　だからだれにも公正・公平に接していく。 ・いじめはしないし，させないようにする。
終末	4	教師の説話を聞き，本時の まとめをする。	○正しいと思った行動に躊躇したら，いつまでも後悔が残 ることを伝える。 ○道徳ノートに書かせ，数目に発表させる。

図 9-2　教材「卒業文集最後の二行」の学習指導過程

　本学習指導過程の特徴は図 9-2 の展開前段の後半にあたる□の中の＊である。教材の主人公である「私」の立場であったなら，その時，その場面〔「私」の周りの友達（悪童たち）が，T子が「私」の答案をカンニングしたのではないかとT子を責める。はじめは荷担できなかったものの，「私」も一緒になってT子を責めてしまう。〕でどう行動していたかを理由を付して判断させる。判断の理由付けの中に道徳性の発達段階の違いが表れることになる。その違いを，教師がファシリテータ役を務めて，一段階高い考え方と意図的に結び付けながら道徳的葛藤（道徳的価値を引き付ける葛藤。倫理的善の葛藤。）へと誘うことによって，倫理的善の思考を深めさせていく。この場面では，正義の倫理が対象になることから，コールバーグによる道徳性発達段階（Kohlberg 1984）が参考になる（コールバーグ　1992：56-57，図 9-3 を参照）。図 9-3 の＊印の部分は，櫻井育夫（1997：47-50）がコールバーグの道徳性発達段階をわかりやすく紹介したものである。

　なお，図 9-3 の＊＊印は執筆者が付け加えた。なぜなら，コールバーグによる道徳性発達段階は「正義の操作」によって定義づけられたものであり，道徳性発達段階にはケア（思いやりや責任）の操作も加味されなければならないからである。

　コールバーグによる道徳性発達段階に基づいて，筆者が教材「卒業文集最後の二行」の学習指導過程の中心発問に係る「判断とその理由」を示したものが，図 9-4 である。この道徳性の発達段階の違いを絡めて道徳的葛藤討議を深め

道徳性の発達段階
～コールバーグの道徳性発達理論から～

正義の操作

レベル I 前慣習的水準	第1段階：他律的道徳性 ＊罰や制裁を回避し，権威に対して盲目的に服従する志向 第2段階：個人主義的・道具主義的な道徳性 ＊個人的欲求満足，平等な交換への志向
レベル II 慣習的水準	第3段階：対人間の規範による道徳性 ＊よい子志向，よい人間関係への志向 第4段階：社会組織の道徳性 ＊法と社会秩序維持，集団の利益への志向
レベル III 脱慣習的水準	第5段階：人間としての権利と公益の道徳性 ＊社会契約的な法律，個人の権利志向 第6段階：普遍化可能であり，可逆的であり，指令的な一般的倫理的志向 ＊良心または倫理原則への志向

＊＊ギリガンのケア（思いやりと責任）の操作も考慮する必要がある。

図9-3　コールバーグによる道徳性発達段階

出所：Kohlberg（1984）．

コールバーグによる道徳性発達理論 ＊3レベル6段階の中の段階 2・3・4	判断とその理由（A） 判断：悪童たちにT子を責めることをやめさせる。	判断とその理由（B） 判断：カンニングをしたのは「私」であることを表明する。
段階2［個人主義的・道具主義的な道徳性］	理由：T子がかわいそうだから。	理由：本当のことがわかったら，私の立場がなくなるから。
段階3［対人間の規範による道徳性］	理由：私のせいでT子が責められているから。	理由：T子に罪を負わせることは酷なことだから。
段階4［社会組織の道徳性——法と社会秩序維持］	理由：T子を責めることはいかなる理由があっても社会的に許されないことだから。	理由：T子に罪を負わせることは社会的に許されないことだから。

図9-4　中心発問による道徳的葛藤討議に係る判断とその理由

ることになる。倫理的善の葛藤（善と善の葛藤）である。

図 9 - 5　ミュージカル「響き合う "やっさ" の青春」 Part Ⅲ のカーテンコール

② 体験的な学習を取り入れた指導方法の工夫

　執筆者が公立中学校の校長をしていた時，総合的な学習の時間で，ミュージカル「響き合う "やっさ" の青春」に取り組んだ。中１ギャップで知られる中学校第１学年の全体で取り組んだビッグイベントである。図 9 - 5 はミュージカル「響き合う "やっさ" の青春」 Part Ⅲ のカーテンコールの場面である。

　このイベントは，郷土の文化 "やっさ" が誕生するまでの歴史と中学生が伝統文化を継承しようとする熱き思いを描いた物語である。中学生と共にキャストとして参加した保護者・地域の皆さんや教師，プロの脚本家・演出家，一流の劇場，観客（約800名の市民）とが一体となったオリジナルミュージカルである。総合的な学習の時間と道徳の時間（今日の道徳科）や特別活動等の学習につなげて展開した「総合単元的な道徳学習」である。

　郷土愛を育むとは，仲間や大人と絆を深めるとはどういうことなのかを，体験を通して学ぶこのミュージカル教育は，社会に開かれた教育課程をイメージするものであり，教育課程（カリキュラム）編成において重視すべき各教科等横断的・総合的な学習そのものである。

引用・参考文献

文部科学省（2018）『小学校学習指導要領（平成29年告示）解説 特別の教科 道徳編』廣済堂あかつき.

文部科学省（2018）『中学校学習指導要領（平成29年告示）解説 特別の教科 道徳編』教育出版.

文部科学省（2018）『小学校学習指導要領（平成29年告示）』東洋館出版.

文部科学省（2018）『中学校学習指導要領（平成29年告示）』東山書房.

竹田敏彦監修・編（2021）『グローバル化に対応した新教職論──児童生徒にふさわしい教師・学校とは』ナカニシヤ出版.

「中学道徳 あすを生きる」指導書編集委員会（2019）『中学道徳 あすを生きる 3 教師用指導書 朱書編』日本文教出版.

コールバーグ（1992）「認知的発達理論」日本道徳性心理学研究会〔編〕『道徳性心理学──道徳教育のための心理学』北大路書房.

櫻井育夫（1997）『道徳的判断力をどう高めるか──コールバーグ理論における道徳教育の展開』北大路書房.

（竹田敏彦）

第10章

総合的な学習の時間の教育課程(カリキュラム)の特質と課題

　　本章では，総合的な学習の時間の教育課程（カリキュラム）の特質と課題を明確にするため，新学習指導要領を引用しつつも執筆者の見解を含めてわかりやすく解説するとともに，執筆者の経験を生かして理論面と実践面の両面から，各教科等との関連による横断的・総合的な探究学習の核となる総合的な学習の時間の教育課程（カリキュラム）編成の在り方について述べる。

　　第1節については，「予測困難の時代と持続可能な社会の担い手」，「我が国の学校教育が大切にしてきたこと」，第2節については，「総合的な学習の時間改訂の趣旨」，「総合的な学習の時間改訂の要点」，第3節については，「大学の教職課程科目『特別活動論及び総合的な学習の時間の指導法』のシラバス」，「総合的な学習の時間の教育課程（カリキュラム）編成」，第4節については，「コア・カリキュラムとしてのミュージカル教育」，「コア・カリキュラムとしてのミュージカル教育の成果と意義」について触れる。

1　学習指導要領の改訂の経緯

　文部科学省は，『小学校学習指導要領（平成29年告示）解説　総合的な学習の時間編』，『中学校学習指導要領（平成29年告示）解説　総合的な学習の時間編』の中で，学習指導要領の改訂の経緯について次のように示している（文部科学省 2018：1）。ただし，ここでは，文部科学省が示した「学習指導要領の改訂の経緯」について一部を引用しながら，執筆者の見解を交えてわかりやすく論説する。

（1）予測困難の時代と持続可能な社会の担い手

　文部科学省は，「今の子供たちやこれから誕生する子供たちが，成人して社会で活躍する頃には，我が国は厳しい挑戦の時代を迎えている」と予想している。その根拠に，「生産年齢人口の減少，グローバル化の進展や絶え間ない技術革新等により，社会構造や雇用環境は大きく，また急速に変化しており，予測が困難な時代となっている。」ことを挙げている。

　予測困難の時代を生き抜くためには，「急激な少子高齢化が進む中で成熟社会を迎えた我が国にあっては，一人一人が持続可能な社会の担い手として，その多様性を原動力とし，質的な豊かさを伴った個人と社会の成長につながる新たな価値を生み出していく」ことが求められる。

　文部科学省は，急速な変化の一つに，「人工知能（AI）の飛躍的な進化」を挙げている。「人工知能が自ら知識を概念的に理解し，思考し始めている」というのである。そうであるなら，「雇用の在り方や学校において獲得する知識の意味にも大きな変化をもたらす」ことは必至である。

　しかし，「人工知能がどれだけ進化し思考できるようになったとしても，その思考の目的を与えたり，目的のよさ・正しさ・美しさを判断したりできるのは人間の最も大きな強みである」ことは言うまでもない。その強みを教育の力によって，一層磨きをかけることが重要である。その対応には，教育課程（カリキュラム）編成のありようを熟慮することが不可欠である。

（2）我が国の学校教育が大切にしてきたこと

　文部科学省は，このような予測困難の時代にあって，「学校教育には，子供たちが様々な変化に積極的に向き合い，他者と協働して課題を解決していくことや，様々な情報を見極め知識の概念的な理解を実現し情報を再構成するなどして新たな価値につなげていく」ことや，「複雑な状況変化の中で目的を再構築することができるようにする」ことを求めている。

　このことは，従前から，「我が国の学校教育が大切にしてきたこと」であるが，「教師の世代交代が進むと同時に，学校内における教師の世代間のバランスが変化し，教育に関わる様々な経験や知見をどのように継承していくかが課

題」となっている。また，「子供たちを取り巻く環境の変化により学校が抱える課題も複雑化・困難化する中で，これまでどおり学校の工夫だけにその実現を委ねることは困難」でもある。そのことからも，社会に開かれた教育課程の理念が大切にされ，そのことに基づく実践の積み上げが期待されている。

２　新学習指導要領の方針

　文部科学省は，『小学校学習指導要領（平成29年告示）解説 総合的な学習の時間編』，『中学校学習指導要領（平成29年告示）解説 総合的な学習の時間編』の中で，総合的な学習の時間改訂の趣旨及び要点について次のように示している（文部科学省 2018：5-7）。ただし，ここでも，文部科学省が示した「学習指導要領の改訂の趣旨及び要点」について一部を引用しながら，筆者の見解を交えてわかりやすく論説する。

（1）総合的な学習の時間改訂の趣旨
　中央教育審議会は，答申において，新学習指導要領等改訂の基本的な方向性や，各教科等における改訂の具体的な方向性を示している。今回の総合的な学習の時間の改訂は，これらを踏まえて行われたものである。
　総合的な学習の時間は，これまでにおいても，「地域や学校，児童生徒の実態等に応じて，教科等の枠を超えた横断的・総合的な学習とすることと同時に，探究的な学習や協働的な学習とすることが重要である」とされてきた。特に，探究的な学習を実現するため，「①課題の設定→②情報の収集→③整理・分析→④まとめ・表現の探究のプロセス」が明示され，「学習活動を発展的に繰り返していくこと」が重視されてきた。このことは新学習指導要領においても不動のものである。このことがなおも強調されているのは，一層充実したものになるような工夫・改善が期待されているからである。そのためには，総合的な学習の時間に求められる理論と実践の往還のもと，確かな学びとしての成果が問われなければならない。
　すなわち，総合的な学習の時間が，各教科等横断的・総合的な学習を組織

的・計画的・体系的・継続的に展開することを通して，各教科等の学びを関連させ，探究的・協働的な深い学びへと向かうことである。

　また，文部科学省が，全国学力・学習状況調査の分析等において，「総合的な学習の時間で探究のプロセスを意識した学習活動に取り組んでいる児童生徒ほど各教科の正答率が高い傾向にあること，探究的な学習活動に取り組んでいる児童生徒の割合が増えている」ことを明らかにしていることや，「総合的な学習の時間の役割は OECD が実施する生徒の学習到達度調査（PISA）における好成績につながったことのみならず，学習の姿勢の改善に大きく貢献するものとして OECD をはじめ国際的に高く評価されている」ことを紹介していることからも，総合的な学習の時間の効果，成果が期待できることがわかる。

　文部科学省は，その上で，課題と更なる期待について，以下の点を示している。

　　○総合的な学習の時間を通してどのような資質・能力を育成するのかということや，総合的な学習の時間と各教科等との関連を明らかにするということについては学校により差がある。これまで以上に総合的な学習の時間と各教科等の相互の関わりを意識しながら，学校全体で育てたい資質・能力に対応したカリキュラム・マネジメントが行われるようにすることが求められている。

　　○探究のプロセスの中でも「整理・分析」，「まとめ・表現」に対する取組が十分ではないという課題がある。探究のプロセスを通じた一人一人の資質・能力の向上をより一層意識することが求められる。

　すなわち，「総合的な学習の時間と各教科等との関連」，そのための「カリキュラム・マネジメント」，「探究のプロセスの中の『整理・分析』，『まとめ・表現』に対する取組」の重要性である。

（2）総合的な学習の時間改訂の要点

① 総合的な学習の時間改訂の基本的な考え方

　文部科学省は，総合的な学習の時間改訂の基本的な考え方を，「総合的な学習の時間においては，探究的な学習の過程を一層重視し，各教科等で育成する

資質・能力を相互に関連付け，実社会・実生活において活用できるものとするとともに，各教科等を越えた学習の基盤となる資質・能力を育成する。」ことに置いている。探究的な学習の過程の一層の重視と，各教科等で育成する資質・能力の相互関連の重要性である。

② 総合的な学習の時間の目標の改善

　文部科学省は，総合的な学習の時間の目標とその改善点について，次のことを示している。

　　　○総合的な学習の時間の目標は，「探究的な見方・考え方」を働かせ，総合的・横断的な学習を行うことを通して，よりよく課題を解決し，自己の生き方を考えていくための資質・能力を育成すること。

　　　○教科等横断的なカリキュラム・マネジメントの軸となるよう，各学校が総合的な学習の時間の目標を設定するに当たっては，各学校における教育目標を踏まえて設定すること。

　ここでは，総合的な学習の時間の目標として，「探究的な見方・考え方」を働かせること，「総合的・横断的な学習」を行うこと，その目標の改善点として，総合的な学習の時間が「教科等横断的なカリキュラム・マネジメントの軸」となること，「各学校における教育目標を踏まえて設定」されることが強調されている。

③ 総合的な学習の時間の学習内容，学習指導の改善・充実

　文部科学省は，総合的な学習の時間の学習内容，学習指導の改善・充実について，次のことを示している。

　　　○各学校は総合的な学習の時間の目標を実現するにふさわしい探究課題を設定するとともに，探究課題の解決を通して育成を目指す具体的な資質・能力を設定する。（改善）

　　　○探究的な学習の中で，各教科等で育成する資質・能力を相互に関連付け，実社会・実生活の中で総合的に活用できるものとなるようにする。（改善）

○教科等を越えた全ての学習の基盤となる資質・能力を育成するため，課題を探究する中で，協働して課題を解決しようとする学習活動や，言語により分析し，まとめたり表現したりする学習活動（比較する，分類する，関連付けるなどの，「考えるための技法」を活用する），コンピュータ等を活用して，情報を収集・整理・発信する学習活動（情報や情報手段を主体的に選択，活用できるようにすることを含む）が行われるようにする。（改善）

○自然体験やボランティア活動などの体験活動，地域の教材や学習環境を積極的に取り入れる。（充実）

　ここでは，「総合的な学習の時間の目標を実現するにふさわしい探究課題の設定」，「課題を探究する中で，協働して課題を解決しようとする学習活動」，「言語により分析し，まとめたり表現したりする学習活動」，「情報を収集・整理・発信する学習活動」，「体験活動，地域の教材や学習環境を積極的に取り入れること」など，改善点や一層充実させる必要がある点を挙げている。

3　総合的な学習の時間の教育課程（カリキュラム）編成の実際

（1）大学の教職課程科目「特別活動論及び総合的な学習の時間の指導法」のシラバス

① 授業計画（講義内容）

　安田女子大学の2021年度の教職課程科目「特別活動論及び総合的な学習の時間の指導法」の授業計画（講義内容）は図10－1のとおりである。特別活動と総合的な学習の時間が教職科目の同一科目として編成され，実施されることに至ったのは，2021年度からである。これまで，総合的な学習の時間が教職科目の中に位置づいていなかったことを鑑みれば，画期的なことといえる。このことは，教育課程（カリキュラム）編成上においても妥当である。

　図10－1は主として中学校・高等学校の教員を目指す学生を対象にしたものであるが，小学校の教員を目指す学生にも共通する内容である。学生たちは大学の教職課程で教員に求められる基礎的・基本的な知識・技能を習得し，習得

回	講義内容
1	オリエンテーション，特別活動及び総合的な学習の時間の改訂の趣旨と要点
2	特別活動の目標と学級活動・ホームルーム活動・児童会活動・生徒会活動・クラブ活動・学校行事の各目標との関連
3	特別活動の内容相互の関連，特別活動と各教科・道徳科・総合的な学習の時間の関連～これからの特別活動に求められること～
4	学級活動・ホームルーム活動・児童会活動・生徒会活動・クラブ活動・学校行事の目標，内容，指導計画，内容の取扱い
5	特別活動の全体計画と学級活動・ホームルーム活動・児童会活動・生徒会活動・クラブ活動・学校行事の指導計画の作成
6	入学式や卒業式等における国旗及び国歌の取扱い
7	特別活動の指導を担当する教師，特別活動における評価　小テスト①
8	特別活動における家庭・地域住民や関係機関との連携の在り方
9	総合的な学習の時間の意義と教育課程において果たす役割
10	学習指導要領における総合的な学習の時間の目標と内容
11	各教科等との関連性を意図した総合的な学習の時間の全体計画と年間指導計画の作成
12	主体的・対話的で深い学びを実現するための総合的な学習の時間の単元計画の作成
13	探究的な学習の過程及びそれを実現するための具体的な手だて～総合的な学習の時間の工夫と改善～　アンケート
14	総合的な学習の時間における児童生徒の学習状況に関する評価の方法及びその留意点　小テスト②
15	児童生徒の心に響き，心を耕す特別活動及び総合的な学習の時間の創造　期末試験（60分程度）

図10-1　「特別活動論及び総合的な学習の時間の指導法」の授業計画（講義内容）

した知識・技能を教員（学校教師）となって活用し実践することになる。その意味からも大学の教職課程の学びは重要であり，小中学校の特別活動及び総合的な学習の時間の教育課程（カリキュラム）編成に大きく影響する。

　図10-1の授業計画（授業内容）の中で，総合的な学習の時間（第1回，第9回～第15回）に係る授業の概要，授業の目標（一般目標），授業の目標（到達目標）は次の②～④である。

② 授業の概要

　総合的な学習の時間の目標を理解し，横断的・総合的な学習を通してよりよ

く課題を解決する仕方，指導計画の作成及び具体的な指導の仕方並びに学習活動の評価に関する知識・技能を身に付けることができるように展開する。

③　授業の目標（一般目標）

　　〇探究的な見方・考え方を働かせ，横断的・総合的な学習を行うことを通して，よりよく課題を解決し，自己の生き方を考えていくための資質・能力の育成を目指す。

　　〇各教科等で育まれる見方・考え方を総合的に活用して，広範な事象を多様な角度から俯瞰して捉え，実社会・実生活の課題を探究する学びを実現するために，指導計画の作成及び具体的な指導の仕方，並びに学習活動の評価に関する知識・技能を身に付ける。

　　1　総合的な学習の時間の意義や，各学校において目標及び内容を定める際の考え方を理解する。

　　2　総合的な学習の時間の指導計画作成の考え方を理解し，その実現のために必要な基礎的な能力を身に付ける。

　　3　総合的な学習の時間の指導と評価の考え方及び実践上の留意点を理解する。

④　授業の目標（到達目標）

　　〇　総合的な学習の時間の意義と教育課程において果たす役割について，教科を越えて必要となる資質・能力の育成の視点について説明できる。

　　〇　学習指導要領における総合的な学習の時間の目標並びに各学校において目標及び内容を定める際の考え方や留意点について説明できる。

　　〇　各教科等間の関連性を図りながら総合的な学習の時間の年間指導計画を作成することの重要性と，その具体的な事例について説明できる。

　　〇　主体的・対話的で深い学びを意図した，総合的な学習の時間の単元計画の作成の重要性とその具体的な事例について説明できる。

　　〇　探究的な学習の過程及びそれを実現するための具体的な手立てについて説明できる。

○ 総合的な学習の時間における児童及び生徒の学習状況に関する評価の方法及びその留意点について説明できる。

（2）総合的な学習の時間の教育課程（カリキュラム）編成

　文部科学省は，『小学校学習指導要領（平成29年告示）解説 総合的な学習の時間編』，『中学校学習指導要領（平成29年告示）解説 総合的な学習の時間編』の中で，総合的な学習の時間の構造イメージ（文部科学省 2018：18）及び総合的な学習の時間と各教科等の単元を関連付けた年間指導計画（文部科学省 2018：97〈小〉，93〈中〉）について次のように例示している。

① 総合的な学習の時間の構造イメージ（小学校）

　各学校は，新学習指導要領で示された総合的な学習の時間の目標を踏まえて，各学校の総合的な学習の時間の目標や内容を適切に定め，創意工夫を生かした特色ある教育活動を展開することになる。

　とりわけ，図10−2にもあるように，学校が設定する目標及び内容の取扱いが重要になる。まず，目標を実現するにふさわしい探究課題が設定されなければならない。これには，現代的な諸課題に対応する横断的・総合的な課題（国際理解，情報，環境，福祉・健康など），地域や学校の特色に応じた課題（地域の人々の暮らし，伝統と文化など），児童の興味・関心に基づく課題などがある。探究課題の解決を通して育成を目指す具体的な資質・能力は，「知識及び技能」，「思考力，判断力，表現力等」，「学びに向かう力，人間性等」のいわゆる学校教育法第30条第2項の「確かな学力観」にあたる。それは，新学習指導要領のキャッチフレーズともいえる「主体的・対話的で深い学び」そのものである。これらが，他教科等で身に付けた資質・能力と相互に関連付けられ，学習や生活において生かされて，総合的に働くようにすることが求められているのである。ここに総合的な学習の時間の特質を見い出すことができる。

② 総合的な学習の時間と各教科等の単元を関連付けた年間指導計画（小学校）

　総合的な学習の時間は，他教科等で身に付けた資質・能力と相互に関連付け

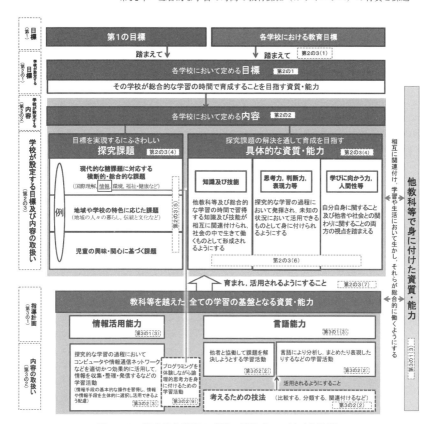

図10-2　総合的な学習の時間の構造イメージ（小学校）

られた探究的な学びである。その学びが児童の学習や生活において生かされ、総合的に働くようにすることが求められている。

　図10-3は小学校第4学年を想定した年間指導計画である。各教科等との関連を工夫した事例である。総合的な学習の時間の単元「1学期：大好きみどり川——出発！みどり川探検隊——，2学期：大好きみどり川——とことん探究！みどり川探検隊——」と、各教科等の単元が配置され、しかも相互の関連を線で結ぶことによって、1年間の流れの中で総合的な学習の時間と各教科等との関連を見通すことができる年間指導計画（単元配列表）になっている。ま

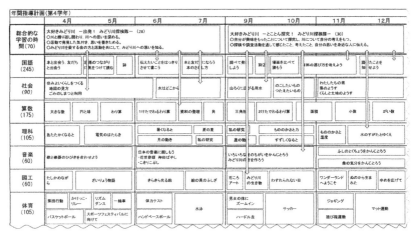

図10-3 総合的な学習の時間と各教科等の単元を関連付けた年間指導計画（小学校）

た，学年の全教育活動を視野に入れることができるように工夫されていることから，組織的・計画的・体系的な学びを可能にする教育課程（カリキュラム）編成といえる。

　課題としては，「単元名や学習活動だけでなく，育成を目指す資質・能力が記され，それらが相互に関連することが示されれば，それぞれの学習活動は一層充実し，資質・能力が確かに育成される」ことが指摘される。また，「総合的な学習の時間において，各教科等で育成された資質・能力が発揮されたり，逆に総合的な学習の時間で育成された資質・能力が各教科等の学習活動で活用されたりといったことを児童が経験することによって，身に付けた資質・能力は汎用的な資質・能力として育成される」ことになるとの指摘は，各教科等間の関連を意図した効果を意味しており，教育課程（カリキュラム）編成上において重要なポイントである。

③　総合的な学習の時間の構造イメージ（中学校）

　図10-4も図10-2と同様に，総合的な学習の時間の目標を踏まえて，各学校の総合的な学習の時間の目標や内容が適切に定められることになっており，

図10-4　総合的な学習の時間の構造イメージ（中学校）

創意工夫を生かした特色ある教育活動を展開することがイメージされている。

　また，図10-2と同様に，目標を実現するにふさわしい探究課題が設定されることが期待されており，現代的な諸課題に対応する横断的・総合的な課題（国際理解，情報，環境，福祉・健康など），地域や学校の特色に応じた課題（地域の人々の暮らし，伝統と文化など），生徒の興味・関心に基づく課題，職業や自己の将来に関する課題などがそれにあたる。さらに，探究課題の解決を通して育成を目指す具体的な資質・能力も図10-2と同様で，「知識及び技能」，「思考力，判断力，表現力等」，「学びに向かう力，人間性等」のいわゆる学校

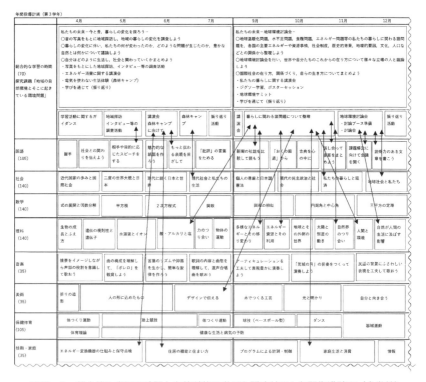

図10-5　総合的な学習の時間と各教科等の単元を関連付けた年間指導計画（中学校）

教育法第30条第2項の「確かな学力観」が該当する。図10-4においても，これらの資質・能力が他教科等で身に付けた資質・能力と相互に関連付けられ，学習や生活において生かされて，総合的に働くようにすることが求められている。

④　総合的な学習の時間と各教科等の単元を関連付けた年間指導計画（中学校）

　図10-5は中学校第3学年を想定した年間指導計画である。各教科等との関連を工夫した事例である。総合的な学習の時間の単元「1学期：私たちの未来——今と昔，暮らしの変化を探ろう——，2学期：私たちの未来——地球環境討論会——」と，各教科等の単元が配置され，しかも相互の関連を線で結ぶこ

とによって，1年間の流れの中で総合的な学習の時間と各教科等との関連を見通すことができる年間指導計画（単元配列表）になっている。

　課題としては，「単元名や学習活動だけでなく，育成を目指す資質・能力が記され，それらが相互に関連することが示されれば，それぞれの学習活動は一層充実し，資質・能力が確かに育成される」こと，「総合的な学習の時間において，各教科等で育成された資質・能力が発揮されたり，逆に総合的な学習の時間で育成された資質・能力が各教科等の学習活動で活用されたりといったことを生徒が経験することによって，身に付けた資質・能力は汎用的な資質・能力として育成される」ことになるということである。

4　教育課程（カリキュラム）編成の改革

（1）コア・カリキュラムとしてのミュージカル教育

　かつて公立中学校校長であった執筆者は，総合的な学習の時間で取り組んだミュージカル創作活動と各教科，道徳科，特別活動との関連を意図した「ミュージカル教育」を通して，校訓にいう「響き合う」とはどういうことなのかを追究した。この取り組みは総合的な学習の時間をコアとし，これに他の教科及び教科外の活動と関連させた各教科等横断的・総合的な学習をイメージしたものであり，コア・カリキュラム（核〔core〕となる課程とそれに関連する周辺課程が同心円的に編成されたカリキュラムの全体）といえる。

　次に示すものがその時の「ミュージカル教育」，「ミュージカル創作の記録」である（竹田 2016：140, 2020：114-115, 2021：100）。

　　「今日，教育を語るとき，『絆』は欠かせないキーワードとなっている。平成23年3月11日，記憶に止め今後に生かすべき東日本大震災の教訓，人や地域の絆をよりどころとする被災地発の教育モデルは全ての学校，地域において共有されなければならない。」

　この論説は，中国新聞社論説委員の石丸賢氏が，執筆者が校長として勤務していた広島県公立A中学校の創作ミュージカルを取材し，2011（平成23）年9月4日付の朝刊（p.24「解説・評論」）で論述した「無縁化するコミュニティー，

2012年(平成24年)11月 中国新聞

生徒の創作劇に拍手

主婦　大森　直子　70歳

三原市芸術文化センター「ポポロ」へ、中学生の創作ミュージカル「響きあう『三原やっさ』PartⅢ 青春のトロフィー」を見に行った。この中学校では栄光のトロフィー PartⅢ、「三原やっさ」の由来と民話を絡めた物語。4月から勉強やクラブ活動も取り組み、友情や絆を深める創作に取り組んでいるという。

総合的な学習の時間の一つとして、1年生全員と2、3年生の有志、教職員、保護者、地域の人たちが協力している。

せりふも多く、ミュージカルになじみの薄い私でもよく分かり、楽しく見させていただいた。この創作ミュージカルのように、仲間や地域の人たちとの絆の輪が広がることを、願ってやまない。

顔出しと合唱指導は専門の方だが、台本や音響、小道具、衣装などは生徒が全てやっている。（三原市）

図10-6　ミュージカルを観賞された市民の声　　**図10-7　ミュージカルを演じた生徒の声**

子どもの心をつかみあぐねる学校や家庭〔中略〕。すさむ現実に，誰もが焦る。」ことに結ばれている。

　石丸氏の論説は続く。

　　「総合芸術の一つに数えられるミュージカル。芝居に歌，ダンスで舞台を盛り上げる。照明や効果音，道具作りに加えて宣伝のチラシ作りなど，どの生徒にも『一人一役』の出番と責任を用意する。連帯感を醸すための種まきなのだろう。」「演じ手は地域からも募っている。昨年の公演に感激し，ことしは PTA 会長や民生児童委員も出演する。名前さえ知らなかった生徒と待ち時間におしゃべりが弾む住民たち。『地域で出会えばつい笑顔になる』と互いに感想が出るのは，心の糸がつながりだした証にみえる。」「脚本と配役，音楽にステージ。全てがそろったとき，ミュージカルの幕は開く。その舞台をコミュニティーに，配役を住民に置き換えて考えられないか，と思う。」「含蓄に富むミュージカル教育の手法は，地域づくりにも十分応用できそうな気がする。」

　この石丸氏の論説は，執筆者が校長として主宰したミュージカルを，「絆を生む舞台の一体感」と題し，「ミュージカル教育」として紹介されたものである。執筆者の思いを実に的確に表現している。

（2）コア・カリキュラムとしてのミュージカル教育の成果と意義

　ミュージカル教育の成果は，ミュージカルを観賞した市民の声（→図10-6）

やミュージカルを演じた生徒の声（・図10‐7）からも窺うことができる。

　児童生徒は，大人（教師，保護者，地域住民等の市民）との接点をもつことが重要であり，大人も学校に入って児童生徒理解を図ることが重要なのである。このように児童生徒と大人の相互作用を通して，児童生徒も，教師も，保護者も，市民も道徳性，社会性，連帯感，所属意識を高めることが可能になる。ここに学校文化が成立する。コア・カリキュラムとしてのミュージカル教育はまさにこのことを狙った各教科等横断的・総合的な学習であり，学校・家庭・地域が一体となったチーム学校としての教育活動なのである。

　このようなチーム学校として取り組む「地域に開かれた教育課程」の編成が今こそ望まれる。これからの教育課程（カリキュラム）編成の改革の方向性をここに見い出すことができる。

引用・参考文献

竹田敏彦編（2016）『なぜ学校での体罰はなくならないのか──教育倫理学的アプローチで体罰概念を質す』ミネルヴァ書房.

竹田敏彦監修・編（2020）『いじめはなぜなくならないのか』ナカニシヤ出版.

竹田敏彦監修・編（2021）『グローバル化に対応した新教職論──児童生徒にふさわしい教師・学校とは』ナカニシヤ出版.

文部科学省（2018）『小学校学習指導要領（平成29年告示）解説　総合的な学習の時間編』東洋館出版.

文部科学省（2018）『中学校学習指導要領（平成29年告示）解説　総合的な学習の時間編』東山書房.

（竹田敏彦）

第11章

特別活動の教育課程（カリキュラム）の特質と課題

本章では，特別活動の教育課程（カリキュラム）の特質と課題を明確にするため，新学習指導要領を引用しつつも執筆者の見解を含めてわかりやすく解説するとともに，各教科等との関連による横断的・総合的な学習を意図した特別活動の教育課程（カリキュラム）編成の在り方について述べる。

第1節については，「特別活動の改訂の趣旨」，第2節については，「特別活動の改訂の基本的な方向性」，「特別活動の改訂の要点」，第3節については，「いじめを許さない学級づくり」，「いじめ予防と教科（英語科），道徳科，学校行事，学級活動の関連」，第4節については，「教育課程（カリキュラム）編成の改革」について触れる。

1　学習指導要領の改訂の経緯

文部科学省は，『小学校学習指導要領（平成29年告示）解説　特別活動編』『中学校学習指導要領（平成29年告示）解説　特別活動編』の中で，「特別活動」の改訂の趣旨について次のように示している。

中央教育審議会答申において，学習指導要領等改訂の基本的な方向性が示されるとともに，各教科等における改訂の具体的な方向性も示されている。今回の特別活動の改訂は，これらを踏まえて行われたものである。

特別活動は，学級活動（高等学校：ホームルーム活動），生徒会活動（小学校：児童会活動），（小学校：クラブ活動），学校行事から構成され，それぞれ構成の異なる集団での活動を通して，児童生徒が学校生活を送る上での基盤となる力や社会で生きて働く力を育む活動として機能してきた。協働性や異質な

ものを認め合う土壌を育むなど，生活集団，学習集団として機能するための基盤となるとともに，集団への所属感，連帯感を育み，それが学級文化，学校文化の醸成へとつながり，各学校の特色ある教育活動の展開を可能としている。

　一方で，更なる充実が期待される今後の課題としては，以下のような点を挙げている。

（1）特別活動において育成を目指す資質・能力の視点

　特別活動は「なすことによって学ぶ」ことを方法原理とし，各学校において特色ある取り組みが進められているが，各活動・学校行事において身に付けるべき資質・能力は何なのか，どのような学習過程を経ることにより資質・能力の向上につなげるのかということが必ずしも意識されないまま指導が行われてきたという実態も見られる。特別活動が各教科等の学びの基盤となるという面から，教育課程全体における特別活動の役割や機能を明らかにする必要がある。

（2）内容の示し方の視点

　内容や指導のプロセスの構造的な整理が必ずしもなされておらず，各活動等の関係性や意義，役割の整理が十分でないまま実践が行われてきたという実態も見られる。

（3）複雑で変化の激しい社会の中で求められる能力を育成するという視点

　社会参画の意識の低さが課題となる中で，自治的能力を育むことがこれまで以上に求められていること，キャリア教育を学校教育全体で進めていく中で特別活動が果たす役割への期待が大きいこと，防災を含む安全教育や体験活動など，社会の変化や要請も視野に入れ，各教科等の学習と関連付けながら，特別活動において育成を目指す資質・能力を示す必要がある。

2 新学習指導要領の方針

（1）改訂の基本的な方向性

　特別活動は，様々な構成の集団から学校生活を捉え，課題の発見や解決を行い，よりよい集団や学校生活を目指して様々に行われる活動の総体である。その活動の範囲は学年，学校段階が上がるにつれて広がりをもっていき，そこで育まれた資質・能力は，社会に出た後の様々な集団や人間関係の中で生かされていくことになる。このような特別活動の特質を踏まえ，これまでの目標を整理し，指導する上で重要な視点として「人間関係形成」，「社会参画」，「自己実現」の三つが示された。

　特別活動において育成を目指す資質・能力については，「人間関係形成」，「社会参画」，「自己実現」の三つの視点を踏まえて特別活動の目標及び内容を整理し，学級活動（高校：ホームルーム活動），生徒活動（小学校：児童会活動），（小学校：クラブ活動），学校行事を通して育成する資質・能力を明確化することによって達成しようとしている。

　内容については，様々な集団での活動を通して，自治的能力や主権者として積極的に社会参画する力を重視するため，学校や学級の課題を見いだし，よりよく解決するため，話し合って合意形成し実践することや，主体的に組織をつくり，役割分担して協力し合うことの重要性を明確化している。また，小学校から高等学校等までの教育活動全体の中で「基礎的・汎用的能力」を育むというキャリア教育本来の役割を改めて明確にするなど，小・中・高等学校等のつながりを明確にしている。

（2）特別活動の改訂の要点

① 目標の改善

　今回の改訂では，各教科等の学びを通して育成することを目指す資質・能力を三つの柱〔「生きる力」をより具体化し，教育課程全体を通して育成を目指す資質・能力を，ア「何を理解しているか，何ができるか（生きて働く「知

識・技能」の習得）」，イ「理解していること・できることをどう使うか（未知の状況にも対応できる「思考力・判断力・表現力等」の育成）」，ウ「どのように社会・世界と関わり，よりよい人生を送るか（学びを人生や社会に生かそうとする「学びに向かう力・人間性等」の涵養）」」に整理するとともに，各教科等の目標や内容についても，この三つの柱に基づく再整理を図るよう提言がなされた。

　今回の改訂では，知・徳・体にわたる「生きる力」を子どもたちに育むために「何のために学ぶのか」という各教科等を学ぶ意義を共有しながら，授業の創意工夫や教科書等の教材の改善を引き出していくことができるようにするため，全ての教科等の目標及び内容を「知識及び技能」，「思考力，判断力，表現力等」，「学びに向かう力，人間性等」の三つの柱で再整理することを明確にしつつ，それらを育むに当たり，児童生徒がどのような学びの過程を経験するかが問われている。また，そうした学びの過程において，質の高い深い学びを実現する観点から，特別活動の特質に応じて物事を捉える視点や考え方（見方・考え方）を働かせることが求められている。

　特別活動の目標についても，「人間関係形成」，「社会参画」，「自己実現」という三つの視点を手掛かりとしながら，資質・能力の三つの柱に沿って目標を整理している。そして，そうした資質・能力を育成するための学習の過程として，様々な集団活動に自主的・実践的に取り組み，互いのよさや可能性を発揮しながら集団や自己の生活上の課題を解決することを通して，資質・能力の育成を目指すこととしている。

　また，この学習の過程は，これまでの特別活動の目標において「望ましい集団活動を通して」としてきたことを具体的に示したものである。

　さらに，特別活動の特質に応じた見方・考え方としては，「集団や社会の形成者としての見方・考え方」を働かせることとしている。集団や社会の形成者としての見方・考え方は，特別活動と各教科等とが往還的な関係にあることを踏まえて，各教科等における見方・考え方を総合的に働かせて，集団や社会における問題を捉え，よりよい人間関係の形成，よりよい集団生活の構築や社会への参画及び自己実現に関連付けることとして整理することができる。

② 内容構成の改善

　特別活動が学級活動（高校：ホームルーム活動），生徒会活動（小学校：児童会活動），（小学校：クラブ活動）の各活動及び学校行事から構成されるという大枠の構成に変化はない。今回の改訂においては，特別活動全体の目標と各活動との関係について，それぞれの活動や学校行事の意義や活動を行う上で必要となることについて理解し，主体的に考えて実践できるように指導することを通して，特別活動の目標に示す資質・能力の育成を目指していくことを示している。そのために，従来は項目名だけが示されていた各活動の内容について，それぞれの項目においてどのような過程を通して学ぶのかを端的に示している。

　なお，各活動及び学校行事で育成する資質・能力は，それぞれ別個のものではなく，各活動及び学校行事の特質に応じつつ特別活動全体の目標の実現に向けていくものである。

　〔学級活動〕の内容の構成については，小・中・高等学校を通して育成することを目指す資質・能力の観点から，次のように系統性が明確になるよう整理している。

　　　○小学校の学級活動に「（３）一人一人のキャリア形成と自己実現」を設け，キャリア教育の視点からの小・中・高等学校等のつながりが明確になるようにしている。

　　　○中学校において，与えられた課題ではなく学級生活における課題を自分たちで見いだして解決に向けて話し合う活動に，小学校の経験を生かして取り組むよう（１）の内容を重視する視点から，（２），（３）の項目を整理している。

　これらにより，学級活動の内容の構成の大枠は小・中学校の系統性が明らかになるよう整理しつつ，それぞれの具体的な内容や示し方は，総則や各教科等の学習内容との関係も踏まえながら，各学校段階に応じたものとしている。小学校の学級活動については，前回の改訂では，学年別の内容と共通事項の二つを示していたが，今回の改訂では，内容は各学年共通で示しつつ，学級活動の内容の取扱いにおいて，〔第１学年及び第２学年〕〔第３学年及び第４学年〕〔第５学年及び第６学年〕の各段階で特に配慮すべき事項を示している。

③　内容の改善・充実

　特別活動全体を通して，自治的能力や主権者として積極的に社会参画する力を育てることを重視し，学級や学校の課題を見いだし，よりよく解決するため話し合って合意形成すること，主体的に組織をつくり役割分担して協力し合うことの重要性を明確にしている。

　各活動における内容の改善・充実のポイントは次のとおりである。

〔学級活動〕

　○小学校段階から学級活動の内容に「（3）一人一人のキャリア形成と自己実現」を新たに設けている。

　○中学校において「（1）学級や学校における生活づくりへの参画」の指導の充実を図るため，（2），（3）の内容を，各項目の関連に配慮して整理している。

　○学習の過程として，「（1）学級や学校における生活づくりへの参画」については，集団としての合意形成を，「（2）日常の生活や学習への適応と自己の成長及び健康安全」及び「（3）一人一人のキャリア形成と自己実現」については，一人一人の意思決定を行うことを示している。

　○総則において，特別活動が学校教育全体を通して行うキャリア教育の要となることが示されたことを踏まえ，キャリア教育に関わる様々な活動に関して，学校，家庭及び地域における学習や生活の見通しを立て，学んだことを振り返りながら，新たな学習や生活への意欲につなげたり，将来の生き方を考えたりする活動を行うこととしている。また，その際，生徒が見通しを立てたり振り返ったりするための教材等を活用することとしている。

〔生徒会活動・児童会活動〕

　○内容の（1）を「生徒会（児童会）の組織づくりと生徒会活動（児童会活動）の計画や運営」として，生徒（児童）が主体的に組織をつくることを明示している。

　○児童会活動における異年齢集団交流，生徒会活動においてはボランティア活動等の社会参画を重視することとしている。

○小学校では，運営や計画は主として高学年の児童が行うこととしつつ，児童会活動・生徒会活動には，学校の全児童・全生徒が主体的に参加できるよう配慮することを示している。

〔クラブ活動〕（小学校のみ）

○従来に引き続き，同好の異年齢の児童が共通の興味・関心を追求する活動であるとした上で，児童が計画を立てて役割分担し，協力して楽しく活動するものであることを明示している。

〔学校行事〕

○小学校における自然の中での集団宿泊活動，中学校における職場体験等の体験活動を引き続き重視することとしている。

○健康安全・体育的行事の中で，事件や事故，災害から身を守ることについて明示している。

　なお，学級活動（給食の時間を除く。）の標準授業時数は，年間35単位時間とし，生徒会活動及び学校行事については，それらの内容に応じ，年間，学期ごと，月ごと等に適切な時間を充てることについての変更はない。

④　学習指導の改善・充実

　特別活動の目標の実現のため，学校の教育活動全体の中における特別活動の役割も踏まえて充実を図ることが求められることとして，次のような点を示している。

○特別活動の深い学びとして，生徒（児童）が集団や社会の形成者としての見方・考え方を働かせ，様々な集団活動に自主的，実践的に取り組む中で，互いのよさや個性，多様な考えを認め合い，等しく合意形成に関わり役割を担うようにすることを重視している。

○小学校・中学校ともに，学級活動における児童生徒の自発的，自治的な活動を中心として，各活動と学校行事を相互に関連付けながら，学級経営の充実を図ることを求めている。

○いじめの未然防止等を含めた生徒指導との関連を図ること，学校生活への適応や人間関係の形成などについて，主に集団の場面で必要な指導や

援助を行うガイダンスと，個々の児童生徒の多様な実態を踏まえ一人一人が抱える課題に個別に対応した指導を行うカウンセリングの双方の趣旨を踏まえて指導を行うことを示している。

○異年齢集団による交流を重視するとともに，障害のある幼児児童生徒との交流及び共同学習など多様な他者との交流や対話について充実することを示している。

3　特別活動の教育課程（カリキュラム）編成の実際

（1）いじめを許さない学級づくり

　中学校学習指導要領（平成29年告示）解説「総則編」第3章「教育課程の編成及び実施」第6節「道徳教育推進上の配慮事項」3「豊かな体験活動の充実といじめの防止」に次のことが示されている。

> 学校や学級内の人間関係や環境を整えるとともに，職場体験活動やボランティア活動，自然体験活動，地域の行事への参加などの豊かな体験を充実すること。また，道徳教育の指導内容が，生徒の日常生活に生かされるようにすること。その際，いじめの防止や安全の確保等にも資することとなるよう留意すること。

　新学習指導要領は「いじめの防止」に資することとして，学校や学級内の人間関係や環境を整えること，豊かな体験を充実すること，道徳教育の指導内容が生徒の日常生活に生かされるようにすることを挙げている。

　「いじめの防止」の具体については，中学校学習指導要領（平成29年告示）解説「総則編」第3章「教育課程の編成及び実施」第6節「道徳教育推進上の配慮事項」（3）「道徳教育の指導内容と生徒の日常生活」ア「いじめの防止」において示されている。その概要を次に示す。

　「いじめは，生徒の心身の健全な発達に重大な影響を及ぼし，ともすると不登校や自殺などを引き起こす背景ともなる深刻な問題」である。だからこそ「子供から大人まで，社会全体でいじめの防止等に取り組んでいく必要」がある。学校だけで，まして学級担任だけで対応できるものではない。チーム学校

として取り組むことが重要である。

その対応として，「いじめ防止対策推進法が公布され，2013（平成25）年９月から施行されている」ことは周知のとおりである。各学校では，「いじめ防止対策推進法に基づき，いじめ防止等のための対策に関する基本的な方針を定め，いじめの防止及び早期発見，早期対応に一丸となって取り組むこと」が求められている。そのためには，教師は，「いじめはどの子供にもどの学校にも起こり得るものであることを認識し，人間としての生き方について生徒と率直に語り合う場を通して生徒との信頼関係を深め，いじめの防止及び早期発見，早期対応に努めなければならない」のである。

いじめの防止と道徳教育との関連については，同法第15条の中に「児童等の豊かな情操と道徳心を培い，心の通う対人交流の能力の素地を養うことがいじめの防止に資することを踏まえ，全ての教育活動を通じた道徳教育及び体験活動等の充実を図らなければならない」と示されている。すなわち，道徳教育においては，「道徳科を要とし，教育活動全体を通して，生命を大切にする心や互いを認め合い，協力し，助け合うことのできる信頼感や友情を育むことをはじめとし，節度ある言動，思いやりの心，寛容な心などをしっかりと育てる」ことが大切にされなければならない。そして，こうして学んだことが，「日常生活の中で，よりよい人間関係やいじめのない学級生活を実現するために自分たちにできることを相談し協力して実行したり，いじめに対してその間違いに気付き，友達と力を合わせ，教師や家族に相談しながら正していこうとしたりするなど，いじめの防止等に生徒が主体的に関わる態度へとつながっていく」ことが期待されている。

とりわけ中学校では，「生徒自身が主体的にいじめの問題の解決に向けて行動できるような集団を育てる」ことが大切になる。すなわち，「生徒の自尊感情や対人交流の能力，人間関係を形成していく能力，立場や意見の異なる他者を理解する能力などいじめを未然に防止するための資質・能力を育むとともに，様々な体験活動や協同して探究する学習活動を通して，学校・学級の諸問題を自主的・協働的に解決していくことができる集団づくり」である。

いじめの問題を解決するための集団づくりを通して，「いじめを捉える視点

やいじめの構造などについて理解を深め，いじめの問題に取り組む基本姿勢を確認するとともに，開発的・予防的生徒指導を充実させていく」ことになる。その核になるのが，全ての教育活動を通して行う道徳教育であり，その要となるのが道徳科である。

　道徳教育（道徳科）と密接な関連をもって学級づくりを進める重要な場が学級活動（高校：ホームルーム活動）を要とする特別活動である。

（2）いじめ予防と教科（英語科），道徳科，学校行事，学級活動の関連

　ここで紹介する道徳科と特別活動の関連は執筆者（蔵石）が現在勤務している大阪桐蔭中学校高等学校の実践である。

　大阪桐蔭中学校高等学校は，野球部をはじめ，ラグビー部，サッカー部，吹奏楽部など部活動の多くが全国版であり，東京大学・京都大学・大阪大学・神戸大学等の国公立大学や，早稲田大学・慶應義塾大学・同志社大学等の有名私立大学に毎年，多くの生徒が進学する文武両道の学校である。

　大阪桐蔭中学校は，道徳教育の要としての道徳科授業とその前後において各教科，特別活動，総合的な学習の時間で行う体験活動等との接続を図るなど，各教科等横断的・総合的な学習を展開している。

　ここで紹介する，道徳科を要とする道徳教育の展開は，事前（高円宮杯英語弁論大会：英語科）→事中（道徳科授業）→事後（学校行事，学級活動）の指導である。

① 英 語 科

　大阪桐蔭中学校2年生の生徒が，高円宮杯英語弁論大会に出場し，入賞を果たした。スピーチの題名は「ぼく VS. ぼく自身」。この物語は，「いじめられっ子のぼくがいじめっ子になる。学級担任の先生の指導によって，負かしたり，仕返したり，いじめたりするのではなく，昨日の自分より今日の自分をより良く，より強くすることが，自分に打ち勝つ真に強い心であることに気付くようになる。」という内容である。実話に基づく物語であり，いじめ問題について深く考えさせられる内容になっている。

次に示したものが物語の英文であり，日本語訳である。英文は英語科の学習の成果であり，日本語訳は道徳科授業の教材（資料）となった（蔵石 2020：150-153）。

○「いじめ」を題材とした英語スピーチの原稿：英語科の学習の成果

<u>Me versus Myself</u>

One day, my friend hit me hard. I was seven. One day, I hit my friend hard. I was eight.

This story is about my most difficult two years. When I entered primary school, I made many friends and enjoyed my new school life, but after the summer, some of my friends started to ignore me. A few days later, I found my pen case hidden in the back of the schoolyard. On another day, my shoes went missing, and finally a classmate suddenly hit me hard. I fell into the hell ."Why me? Why am I alone? Why am I having such a hard time?"I cried and cried every night.

Time had passed. I turned eight. I was still bullied, but suddenly the situation changed. A classmate came up to me and he hit me in the shoulder as usual. I tried to ignore him, but I was no longer able. So I hit him back and beat him up."I won!"I thought to myself.

Since that day, I was no longer a bullied child. I became the bully, and he, the victim. I hid his pen case and his shoes. I completely forgot who I used to be. I never recalled the days when I had been bullied. Every day I looked down on him.

In winter, my homeroom teacher called for me and this boy. He expressed how contemptible bullying is. He pointed, striking his chest, proclaiming "We are all equal. Here is the most important part of us. Here… here… here!" His voice was trembling. My heart was trembling. Tears streamed from my eyes.

For so long, I thought that I had beaten this boy, that I had won, but I was so sorely mistaken. I became the thing I had hated. I came to realize how bullying degrades us all, and belittling someone else to achieve a sense of superiority is empty. Payback and revenge will lead to cycles of bullying that will never end. I was no better than he. I was broken. I lost myself. "Heart…What is it? Why is it so special?"As I watched him being bullied by other classmates, I asked myself these questions again and again I left that group of bullies, and I tried to stop them and help him, but I couldn't. To bully others, to be bullied by others, and to stop others'bullying, all of them were my hopes, but they all were also my fear. (Here… here… here!)

Finally, I reached my answer. That is, we should have a strong heart to overcome ourselves; not to beat others, not to take revenge, and of course, not to bully. To make what we are today better and stronger than we were yesterday is the first step.

Issho ni kaerahen...? I asked him to go home together in a whisper. It was my first, small, but great step. My long and difficult two years ended.

Now I am fifteen. I am enjoying my new life. I am neither a bully nor a victim. Good bye my weakest two years! Good bye my seven and eight-year-old self!"Me versus Myself."Hey me! Keep watch over me! Tomorrow I'll be better and stronger than myself today! I am ready!!!

○道徳科授業の教材（資料）：「いじめ」を題材とした英語スピーチの原稿の 日本語訳

ぼく VS. ぼく自身

大阪桐蔭中学校（生徒作文）

ある日，友達がぼくを殴った。ぼくは7歳だった。

ある日，ぼくは友達を殴った。ぼくは8歳だった。

これは，ぼくの1番苦しかった2年間の話だ。

小学校に入学した当初のぼくは友達も多く，学校生活は楽しかった。しかし，夏以降，友達の何人かがぼくを無視するようになった。

数日後，ぼくの筆箱は校庭の裏に隠され，別の日にはぼくの靴がどこかにいっていた。そして，ついには突然クラスメイトがぼくを殴るようになった。ぼくは地獄に落とされた。「なぜ，ぼくなんだ？なぜ，ぼくは独りぼっちなんだ？なんでぼくだけがこんなつらい目に…。」毎晩毎晩泣いた。

時は経ち，ぼくは8歳になった。ぼくはまだいじめられていたが，突如，状況が一変したのだ。あるクラスメイトがいつものようにぼくの肩を殴ってきたのだった。ぼくは無視しようとしたけれど，どうにも我慢できず，ついに彼に殴りかかり，思い切り彼を殴り倒したのだった。「勝った！」思わずそう心の中で叫んだぼくだった。

その日を機に，ぼくはいじめられっ子ではなくなった。ぼくがいじめっ子になり，彼はいじめられっ子になったのだった。ぼくは彼の筆箱も靴も隠した。ぼくはかつての自

分をすっかり忘れ，いじめられていた自分のことなど思い出すこともなく，彼を見下す日々を送った。

　ある冬の日，担任の先生がぼくと彼を呼び，いじめがどれほど醜いものであるかを語った。先生は心を指さし，胸を強く叩きながらこう言ったのだった。「みんな平等だ。ここが1番大切なんだぞ。ここだ…分かるか？ここなんだぞ…。」先生の声は震えていた。ぼくの心も震えていた。涙が一気にあふれ出た。

　ずっとぼくは思っていた。ぼくはあいつに勝ったのだと。しかし，それは大きな間違いだった。ぼくはぼくの憎むぼくに成り下がっていたのだ。いじめがどれ程自分を小さくしていたのだろうか。誰かを下に見て，自分を上に立たせ，優越感にひたる…それがどんなに空虚であることか。仕返しは解決にならないのだ。ぼくは彼より良くない。ぼくはダメになっていた。自分を見失ってしまっていた。

　「こころ。こころって何だ？こころってなぜそんなにも特別なんだ？」他のクラスメイトにいじめられている彼が視界に映る。その問いが幾度となくぼくの中で繰り返される。

　ぼくはいじめグループから抜けた。しかし，彼を助けることまでは出来なかった。誰かをいじめることも，誰かにいじめられることも，いじめを止めることもどれもぼくが望むことだった。でも，そのどれもが怖かった。（ここだ…ここだ…ここだ…：胸を指して）

　ようやくぼくは答えにたどり着いた。自分に打ち勝つ強い心。持つべきものはそれなんだ。負かしたり，仕返したり，いじめたりするんじゃない。昨日の自分より今日の自分をより良く，より強くすること。それが最初の一歩なんだ。

　「一緒に帰らへん？」ぼくは彼にそっと言った。それはぼくの最初の小さな，いや，大きな一歩だった。ぼくの苦悩の2年はそこで幕を閉じた。

　ぼくは今15歳だ。いじめっ子でもいじめられっ子でもない。バイバイ！1番弱かったぼく！バイバイ！7歳と8歳のぼく！「ぼく対ぼく自身」なあ，ぼく！ぼくを見ていてくれよな。明日のぼくは今日よりきっと強いから！覚悟はもちろんできてるから！！！

---

② 道　徳　科

　上述の①の道徳科授業の教材（資料）：「いじめ」を題材とした英語スピーチの原稿の日本語訳を使用して道徳科学習指導案を作成した。この指導案によって道徳科授業を展開した（蔵石 2020：153-155）。

道徳科学習指導案

大阪桐蔭中学校第2学年1組

指導者：蔵石　佳代

主 題 名：「いじめって何？　いじめる心って何？」
内容項目：C–⑾公正，公平，社会正義
教 材 名：「ぼく VS. ぼく自身」出典：高円宮杯英語弁論大会入賞作品（大阪桐蔭中学
　　　　　校2年生作文）

本時のねらい

　正義と公正さを重んじ，誰に対しても公平に接することの大切さを理解することによって，互いに支え合って生きようとする実践意欲と態度を養う。

学習指導過程

	学習活動	○発問（◎中心発問） ☆予想される生徒の反応	◇指導上の留意点 ☆評価（評価方法）
導入（五分）	1　学習課題を把握する。	○これまでいじめたことやいじめられたことはなかったか？ ☆ある ☆ない	◇何がきっかけでいじめたか，いじめられたかについて尋ねる。（語りたくない生徒には強要しない。）
展開前段（十五分）	2　教材「ぼく VS. ぼく自身」の前段を読み合わせる。 ＊教師による立ち止まり読み	○登場人物は？ ☆ぼく ☆友達（クラスメイト） ☆横内先生 ○ぼくとあるクラスメイトの間でいつ，何が起こったのか？ ☆7歳の時にいじめられっ子だったぼくが，8歳になっていじめっ子になった。 ○ぼくはどんないじめを受けたのか？ ☆友達の何人かがぼくを無視 ☆ぼくの筆箱が校庭の裏に隠された。 ☆ぼくの靴がどこかにいっていた。 ☆クラスメイトがぼくを段るようになった。	◇登場人物の確認と立ち位置を理解させる。 ◇ぼくとあるクラスメイトの間でいつ，何が起こったのかを理解させる。 ◇いじめられていた時のぼくの辛い思いに共感させる。

		○いじめっ子になったぼくはどんな行動をとったのか？ 　☆あるクラスメイトの筆箱や靴を隠した。 　☆あるクラスメイトを見下す日々を送った。	◇いじめっ子になったぼくがかつての自分をすっかり忘れ，いじめられていた自分と同様の行動をとるようになったことを捉えさせる。
展開後段（二十五分）	3　教材「ぼく VS. ぼく自身」の後段を読み合わせ，いじめっ子になったぼくの思い，行動について考える。 ＊教師による立ち止まり読み	○担任の横内先生はぼくと彼に何を語ったのか？ 　☆いじめがどれほど醜いものであるかを語った。 　☆「みんな平等である」ことを強調して語った。 ○ぼくは担任の先生の言葉を聞いて何を思ったのだろう？ 　☆ぼくはぼくの憎むぼくに成り下がっていた。 　☆仕返しは解決にならない。 　☆ぼくはダメになっていた。自分を見失ってしまっていた。 ○「ぼくはぼくの憎むぼくに成り下がっていた」とは何を意味しているのだろう？そう思うようになったぼくをあなたはどう思う？ 　☆いじめられ嫌な思いをしたことを，いじめっ子として仕返したこと。←大切なことによく気付いたと思う。 ◎「ぼくはいじめグループから抜けたが，彼を助けることまではできなかった」とあるが，あなたがぼくの立場であったら，どうしていただろうか？判断とその理由を出し合い，議論してみましょう。 　☆ぼくと同様に彼を助けることまではできなかったと思う。⇒またいじめのターゲットになることが怖いから。② 　☆彼を助ける。⇒いじめの痛	◇担任の先生の語りの意味を捉えさせる。 ◇ぼくの思いに共感させる。 ◇「ぼくはぼくの憎むぼくに成り下がっていた」ことの意味を理解させる。 ◇ぼくの立場を自分のこととして捉えさせ，判断とその理由を明確にさせる。 ⇒ワークシートに自分の思いを書く。（一人学びの時間，自己決定，道徳的判断力）⇒グループ討議⇒クラス討議 ◇教師は道徳的価値を教えたり，誘導したりするのではなく，コールバーグの道徳性発達段階を意図し，ファシリテーター役を務める。⇒主体的・対話的で

		みを知っているぼくが勇気ある行動を起こすべきだと思うから。③ ☆彼を助ける。⇒誰かが仲裁役を担わなければ，いじめを解決することができないから。④	深い学び
終末（五分）	4　ぼくは結局，彼にどんな行動をとったのかを確認する。	○ぼくは結局，彼にどんな行動をとったのだろうか？ ☆「一緒に帰らへん？」 ○今15歳のぼくは，今後どんな生き方をしていくと思うか？ ☆自分に打ち勝つ強い心をもって生きていく。	◇ぼくの彼に対する思いやり，心配りに共感させる。

③　学校行事

　大阪桐蔭中学校の学校行事は，学習合宿［１学期］，夏季研修［１学期］，体育祭［２学期］，文化祭［２学期］，ハロウィンパーティー［２学期］，音楽祭（合唱コンクール）［３学期］など，豊富である。これらの学校行事が道徳教育としての重要な体験活動の場であることは言うまでもない。学校行事（体験活動）が道徳科授業に生かされることによって，真に道徳教育の充実を図ることが可能になる。いじめのない学校，学年，学級づくりはそのような営みから生まれてくるものである。

④　学級活動

　道徳科授業の事後指導として，学級活動において，ロールプレイングを用いた授業を展開した。テーマは「心の形～いじめって何？いじめる心って何？」である。そして，演じた後の感想をもとに，「いじめっ子がいじめられっ子になる」ということと，「いじめられっ子がいじめっ子になる」ということについて考えを深めた。その思考の深まりを次に示す（蔵石 2020：155-157）。

Q.1 いじめっ子がいじめられっ子になるのはなぜだと思いますか？

○悪い評判が流れ，いじめられる側になるから。

○クラスの害になると周りが感じ，排除しようとする動きが高まるから。

○いじめている様子を周囲が見て，声には出さないけれど，「やり過ぎちゃう？」と内
　心思っているから。そういうサイレントマジョリティーが悪い方向に力を合わせると，
　いじめっ子をいじめられっ子にしてしまうから。

○いじめっ子はいじめている立場のときは周りが皆自分の味方だと勘違いしているけれ
　ど，実は，周囲はそれを快く思っていなくて，気づけば，周囲は敵になっているから。

○いじめっ子にいじめられていた子が周囲に相談して味方を増やしていくから。

○「いじめっ子」を支持していた子も，状況が悪くなれば，その「いじめっ子」一人の
　せいにして，そこから抜け出し，保身に走り，「いじめっ子」をいじめ始めるから。

○「いじめっ子」はもともといじめていた側なんだから，いじめ返されても何も言える
　立場ではないから，簡単にいじめられるようになるから。

Q.2 いじめられっ子がいじめっ子になるのはなぜだと思いますか？

○恨みや復讐心があるから。

○いじめられっ子が友達に相談して，仲間を増やすから。

○いじめられている姿をずっと見てきた周りの子が味方になって仕返す流れになるから。

○自分がもう二度といじめられないように，自分を守る術として，先にいじめる側にな
　ろうとするから。

○自分がいじめられてきたから，逆に自分がいじめても大丈夫だと思ってしまうから。

○「いじめっ子」に転じた「元いじめられっ子」は，これは「仕返し」であって「いじ
　めではない」という意識が強く，悪いことをしている意識がないから。

**Q.3「いじめっ子がいじめられっ子に，いじめられっ子がいじめっ子になることのない
　　生活」を誰もが送るために必要なことは何だと思いますか？**

○助け合いの気持ちが必要。

○相手の意見を聞くこと。

○早期解決が大切。

○相談にのってあげること，相談すること。

○いじめを止める人になること。

○いじめは一人対一人では起こらず，1対複数で起こる。そういう関係を許さない心を

持って皆が生活する必要があろ。

○いじめを見て見ぬふりをしない周囲の人の力が必要。

○いじめを注意できる人。

○子ども同士で解決しようとすると変な方向へ行くので先生に相談する。

○いじめを起こさせない雰囲気・クラスづくり。

○他人の個性を認めること，十人十色思想を受け入れること。

○いじめることのマイナス面に目を向け，リスクが高いことを知るべき。

○本当に嫌なことがあれば，本人と直接１対１で話す。それが難しいなら先生に間に入ってもらうこと。

○「自分をいじめた最低な奴」に自分が成り下がらないように強い心を持つこと。

○結局，思いやり・思慮深さが必要。

○相手の心の中を読むこと。

○定期的にいじめについて考える時間が必要。

○いじめ返すのとは別の方法で，相手に気持ちを伝えること。

○相手を傷つけないことを考えて行動すること。

○いじめてはいけないという自覚を一人一人がしっかり持つこと。

○信頼し合い尊重し合う気持ちを大切にすること。

○色んな人の意見を聞いて学ぶという姿勢が大切。そうすれば，新たな価値観・世界観が広がり，色んなタイプの人を受け入れられるようになる。

○いじめは許されないということを教えること

○同調していた人，黙って見ていた人たちも自分たちがしたことを受け止め反省しなくてはならない。

○いじめの経験を生かして，皆とよりよく生きて行くこと。仕返すのではなく寄り添う方向で。

---

❹　教育課程（カリキュラム）編成の改革

　第３節「特別活動の教育課程（カリキュラム）編成の実際」で論述した道徳科を要とする道徳教育の展開〔事前（高円宮杯英語弁論大会：英語科）→事中（道徳科授業）→事後（学校行事，学級活動）の指導〕は，各教科等横断的・総合的な学習であり，教育課程（カリキュラム）編成の改革を意図した実践で

ある。さらに，学級通信によって，教育課程（カリキュラム）編成の意味・意義が児童生徒や保護者に周知される事の重要性を付け加えておきたい。

執筆者（蔵石）は，日常的に学級通信をよく書く。子どもたちとの学習活動を通して気付いたこと（喜怒哀楽）を心に込めて書き続ける。時間がかかっても書き止め，子どもたちや保護者，他の教員と共有し合う。このエネルギーは，やがて社会へと巣立っていく子どもたちが，逞しく生き抜き，人として豊かに育っていくことにつながる。学校にあっては，学級が家庭のような役割を果たす存在である。そんな学級でいじめが存在するようなことは絶対にあってはならない。学級担任はいじめを許さない学級づくりを実践する責任がある。

次に，各教科等横断的・総合的な学習を終えた段階で発刊した「学級通信」の一部を紹介する（蔵石 2020：158-160）。

鏡の向こうのわたし～学級担任教師から生徒へ～

人はこの世の中に存在する限り，集団の中の1人として生きて行かなくてはならない。それは，「安心」を意味する一方で，「不安」と常に隣り合わせであることも意味するのかもしれない。集団の1人として幸せに生きられるかどうかは，その集団の環境やそこでの他との関わり方次第で，すぐに不安定になる可能性があるからだ。

人は自分を守ろうとする本能がある。自分が守られるように，傷つかないように，可能な限り周囲の環境を自分の理想や都合に合わせようとする。そういった欲求の1つの象徴が「他人を傷つける」なのかもしれない。

自分を大きく見せたい時，他人を下位に見立て，自分を上位に立たせてやろうとする。他人の短所を見つけて自分はまだマシだと慰めたくなる。周囲が認める程の実力があれば必要ないのに，こんなふうに人はより簡単な方法で得られる「安心」や「自信」へと気持ちを走らせてしまいやすいのだ。

「人を嫌う」もこの一部だろう。自分の基準を相手に当てはめようとして上手く当てはまらなかった結果，「あなたは私とは違うから私とは合わない」と決めてしまうのだろう。皆が皆を好きになるなんて非現実的。皆が皆と気が合うなんてありえない。きっとそのとおりだろう。

しかし，だからと言って「嫌う」必要があるのだろうか。そもそも，自分に100％合う人なんているのだろうか。互いが合わせようとしている関係だから，部分的に「合っ

ている」と思えるところを見つけ合えているのではないだろうか。これだけたくさんの人がいる世界。「違う」ことの方が「同じ」ことより多くて当然だろう。「違い」を受け止める受け手の心なしに集団の中の幸せは生み出されないと思わないだろうか。「違う」＝「合わない」？「合わない」＝「嫌い」？

「好き」の反対は「嫌い」ではなく、「無関心」だと私は考える。「嫌い」と思っているうちは、たいてい、まだ相手のことが気になっているものだ。「嫌い」ということにしておけば、その人より自分を優位に立たせてやれるから。嫌いな相手のどこかに勝ちたい気持ちが潜んでいるのかもしれない。

さあ、ここで、このクラスを見渡してみてほしい。ここにいる42人は、なぜここに今いるのだろう。同じ教室で机を並べる仲であることを不思議に思わないだろうか。私たちは、偶然この世に生きられた者同士、偶然同じ時代に生まれた者同士、偶然同じ星に生まれた者同士、偶然同じ国に生まれた者同士、偶然同じ地方で生活するもの同士、偶然同じ学校を受験した者同士、偶然同じ学校に合格した者同士、偶然同じクラスに集まれた者同士…。このような数々の奇跡的な「同じ」を共有して今私たちはここにいるのだ。それなのに、その中で些細な個々の「違い」を否定的に捉えたり、「嫌い」と言ってみたり、自分を守るためと言って相手を「攻撃」してみたり…。そんなことでしか互いを表現できていないことがどれだけちっぽけで醜いことか分かるだろうか。

この世に生を受けること自体奇跡的なのだから、皆がこの「奇跡」を幸せに全うしたいと願うのは当たり前だろう。それなのに、それを分かっていながら、自分の「幸せ」だけ守ろうとするなんて、相手のそれを邪魔するなんて――。

人は鏡だ。あなたが嫌いな人は、その人もあなたが嫌い（好きでも嫌いになってゆく）。せっかく出会えた人同士なら嫌って遠ざける発想ではなく、その人を認める発想で付き合う方が幸せではないだろうか。皆結局、認められたいのだから。

あなたが世の中の基準ではない。皆の基準を譲り合わないと、私たちは交われない。「嫌われる人には嫌われる理由がある」？「嫌いな人がいて当然」？考え方も人それぞれ。答えなんて出せはしない。しかし、そう思っているなら、あなたもきっとどこかで後ろ指さされて言われている。「嫌われる人には嫌われる理由がある」「嫌いな人がいて当然」と――。

人は鏡だ。あなたが相手を大切に思うなら、相手もまたその思いをあなたに返す。そうすれば、あなたはあなたを大切にできるようになる。さあ、自分を見つめてみよう。自分を映し出す鏡をあなたはもう見つけることができているだろうか――。

引用・参考文献

蔵石佳代「いじめを許さない学級づくり」竹田敏彦監修・編著（2020）『いじめはな
　　ぜなくならないのか』ナカニシヤ出版.

竹田敏彦［監修・編著］（2021）『グローバル化に対応した新教職論』ナカニシヤ出版.

文部科学省（2017）『小学校学習指導要領解説　総則編』.

文部科学省（2017）『中学校学習指導要領解説　総則編』.

文部科学省（2017）『小学校学習指導要領解説　特別活動編』.

文部科学省（2017）『中学校学習指導要領解説　特別活動編』.

（蔵石佳代）

第12章

生徒指導と教育課程（カリキュラム）

本章では，生徒指導の機能と特質及び教育課程（カリキュラム）における位置づけを明確にするため，生徒指導提要，新学習指導要領，及び同解説を引用しながらわかりやすく解説する。

第1節では，生徒指導の定義と意義，新学習指導要領における位置づけ，及び積極的生徒指導の重要性について述べる。第2節では，児童生徒の発達の支援における集団指導場面におけるガイダンスと，個人指導場面におけるカウンセリングの位置づけ，意義と方法原理について述べる。第3節では，生徒指導の充実のための指導方法や指導体制の工夫について，特に生徒指導の中核をなす児童生徒理解と，児童生徒との信頼関係の構築について述べる。第4節では，教育課程（カリキュラム）編成の改革に関わって，「社会に開かれた教育課程」に向けた取り組みと，インターセクショナリティ（問題・課題の多重性）の視点について述べる。

1　新学習指導要領と生徒指導

（1）生徒指導とは

文部科学省は，生徒指導を，「一人一人の児童生徒の人格を尊重し，個性の伸長を図りながら，社会的資質や行動力を高めることを目指して行われる教育活動」と位置づけ，目指すべき目標を，「すべての児童生徒のそれぞれの人格のよりよい発達」と，「すべての児童生徒にとって学校生活が有意義で興味深く，充実したものになること」と定めている（文部科学省 2010：1）。さらにこれら目標の達成に向けて，「各学校において，児童生徒一人一人の健全な成長と，児童生徒自ら現在及び将来における自己実現を図っていくための自己指導

能力の育成を目指すという生徒指導の積極的な意義を踏まえ，学校の教育活動全体を通じ，その一層の充実を図っていくこと」（文部科学省 2010：1）を求めている。すなわち，生徒指導とは，児童生徒一人一人の個性の伸長を図る個性化と，社会的な資質や能力，態度を育成する社会化の両側面を充実させ，将来的な社会的自己実現の達成を目指した自己指導能力の育成を図る学校教育活動全般にわたる指導・援助であり，学校の教育目標を達成する上で重要な機能を果たすものとされている（文部科学省 2010：1，5）。なお生徒指導の目標としてその育成が求められている「自己指導能力」とは，「自分から進んで学び，自分で自分を指導していくという力，自分から問題を発見し，自分で解決しようとする力」（文部科学省 2010：11）である。

（2）学習指導要領における生徒指導の位置づけ

『小学校（中学校）学習指導要領（平成29年告示）』においては，生徒指導は，「児童（生徒）が自己の存在感を実感しながら，よりよい人間関係を形成し，有意義で充実した学校生活を送る中で，現在および将来における自己実現を図っていくことができるよう，児童（生徒）理解を深め，学習指導と関連づけながら，生徒指導の充実を図ること」（第1章第4の1の（2））と定められている。これは小学校から高等学校まで統一した規定である。また生徒指導について特に多くの言及がある特別活動の項においても，「学級活動における児童（生徒）の自発的，自治的な活動を中心として，各活動と学校行事を相互に関連づけながら，個々の児童（生徒）についての理解を深め，教師と児童（生徒），児童（生徒）相互の信頼関係を育み，学級経営の充実を図ること。その際，特に，いじめの未然防止等を含めた生徒指導との関連を図るようにすること。」（第6（5）章第3の1の（3））との文言で小学校から高等学校まで統一されている。

いずれの項においても，教師の役割として強調されているのは，児童生徒理解の促進と，児童生徒間及び児童生徒と教師との間の信頼関係の構築である。これらと関連して，「いじめの未然防止」に言及されている点も見逃せない。「いじめの未然防止」については，特別活動の項のみならず，学校運営上の留意事項として「教育課程全体の編成及び実施」の項（第1章第5の1）や，「道

徳教育に関する配慮事項」の項（第1章第6の3）でも同様に言及されている。このことは，学習指導要領改訂の背景に，「いじめ防止対策推進法（法律第71号）」（平成25年6月公布・同年9月施行）制定以降も深刻な状況が続いているいじめ問題への対応の一層の充実が求められていることの現れであり，上述した児童生徒理解の促進や，児童生徒間及び教師と児童生徒との間の信頼関係の構築がいじめの未然防止，ひいては生徒指導を効果的に機能させるうえで不可欠であることを示すものであると理解できよう。

（3）積極的生徒指導に向けて

　「いじめの未然防止」と関連して，文部科学省は，『生徒指導提要』において，日々の教育活動のなかで，「①児童生徒に自己存在感を与えること」，「②共感的な人間関係を育成すること」，「③自己決定の場を与え自己の可能性の開発を援助すること」（文部科学省 2010：5）の3つの機能を活かした積極的な生徒指導による自己指導能力の育成を掲げている。また，『小学校（中学校）学習指導要領（平成29年告示）解説　総則編』においても，「生徒指導は学校の教育目標を達成するために重要な機能の一つであり…（中略）…単なる児童（生徒）の問題行動への対応という消極的な面だけにとどまるものではない」（第3章第4節の1の（2））と積極的生徒指導の意義が強調されている。

　生徒指導というと，児童生徒によるいじめ等の問題行動への対処・対応といった，いわゆる「対症療法的」あるいは「後追い型」指導のイメージが根強い。しかしながら，学習指導要領の改訂にあたっての基本的な考え方として，「社会に開かれた教育課程の推進」，「知識の理解の質を更に高めた，確かな学力の育成」と並んで，「先行した特別教科化された道徳教育（平成30年度（小学校）及び同31年度（中学校）完全実施）の充実及び体験活動の重視，体育・健康に関する指導の充実による豊かな心や健やかな体の育成」（第1章1の（2））があげられていることからも，その本質は，児童生徒が，日々の学校生活において，いじめ等の生徒指導上の諸問題に関与することなく，豊かで充実した毎日を送れるよう，各学校が編成した教育課程を全教職員が共通理解のもと，組織的・体系的かつ意図的・計画的に推進していくことにあるといえよう。

2 児童生徒の発達の支援

（1）児童生徒の発達支援とガイダンス及びカウンセリングの位置づけ

　『小学校（中学校）学習指導要領（平成29年告示）』では，教育課程の編成に
あたって，また各教科指導，道徳教育，体験活動や特別活動等，学校における
あらゆる教育場面での教育の実践にあたって，学校や地域の実態とともに，児
童生徒一人一人の発達の段階や特性等について十分に考慮することの重要性が
繰り返し強調されている（第1章第1，第2，第4，及び第6）。なかでも「児童
（生徒）の発達の支援」の項（第1章第4）においては，「学習や生活の基盤と
して，教師と児童生徒との信頼関係及び児童生徒相互のよりよい人間関係を育
てるため」には「日頃から学級経営の充実を図ること」が不可欠であるとし，
「集団の場面で必要な指導や援助を行うガイダンス」と，「個々の児童生徒の多
様な実態を踏まえ，一人一人が抱える課題に個別に対応した指導を行うカウン
セリング」の双方による発達の支援が必要であることが述べられている。

　集団場面で必要なガイダンスとは，「児童生徒のよりよい生活づくり（適応
や成長）や集団（人間関係）の形成，（進路等の選択）に関わる主に集団場面
で行われる案内や説明であり，その機能はそうした案内や説明等を基に，児童
（生徒）一人一人の可能性を最大限に発揮できるよう働きかけ，すなわち，そ
の目的を達成するための指導・援助を意味する」（小学校（中学校）学習指導要領
（平成29年告示）解説　特別活動編　第4章第2節の3）と解説されている。また具
体的な指導については，「教師が児童（生徒）の実態に応じて，計画的，組織
的に行う情報提供や案内，説明及びそれらに基づいて行われる学習や活動など
を通して課題等の解決・解消を図ることができるようになること」とある。

　一方，個別に対応した指導を行うカウンセリングとは，「児童（生徒）一人
一人の生活（生き方や進路）や，人間関係など（学校生活）に関する悩みや迷
いなどを受け止め，自己の可能性や適性についての自覚を深めさせたり，適切
な情報を提供したりしながら，児童（生徒）が自らの意志と責任で選択，決定
することができるようにするための助言等を，個別に行う教育活動」（小学校

（中学校）学習指導要領（平成29年告示）解説　特別活動編　第4章第2節の3）と解説されている。児童（生徒）一人一人の発達を支援するためには，このような個別の指導を適切に行うことが大切であり，小学校にあっては，「児童に関する幅広い情報の収集と多面的理解」そして「教師と児童の信頼関係の構築」に大きく寄与すると考えられ，高等学校への進学など現実的に進路選択を迫られる中学校にあっては，一人一人に対するきめ細かな指導が不可欠であることが強調されている。なお，特別活動におけるカウンセリングについては，いわゆる心理臨床の専門家等による面接・面談ではなく，教師が日常的に行う意識的な対話や言葉がけを意味することも記されている（小学校（中学校）学習指導要領（平成29年告示）解説　特別活動編　第4章第2節の3）。

（2）集団指導と個別指導の意義と方法原理

　生徒指導において「集団指導」と「個別指導」は，かねてより車の両輪に例えられ，いずれか一方に偏ることなく，両方の場面でバランスよく指導することの重要性が指摘されてきた。学習指導要領の改訂にあたって集団指導場面における「ガイダンス」と個別指導場面における「カウンセリング」の重要性が改めて強調された背景には，先述したいじめ問題に加えて，暴力行為，不登校，さらには誹謗中傷の書き込みや不適切な画像や動画の拡散，オンラインゲーム等への依存等のインターネット使用に関わる問題行動等，種々の生徒指導上の諸問題がいずれも深刻な状況にあり，喫緊の予防・対応が求められていることが挙げられよう。

　『生徒指導提要』には，学校教育が集団での活動や生活を基本とするものであることを前提に，そこでの児童生徒相互の人間関係の在り方が，児童生徒一人一人の健全な成長・発達と深く関わるとして，「集団指導を通じた個の育成と，個の成長による集団の発展」（文部科学省 2010：14）という個と集団の肯定的な相互作用を生み出す環境づくりの重要性が示されている。個の成長を促す集団とは，「自他の個性を尊重し，互いの身になって考え，相手のよさを見つけようと努める集団」であり，「互いに協力し合い，よりよい人間関係を主体的に形成していこうとする人間関係づくりとこれを基盤とした豊かな集団生活

が営まれる学級や学校の教育的環境を形成すること」が生徒指導の充実の基盤であり，かつ重要な目標の一つなのである（文部科学省 2010：2）。

『生徒指導提要』では，さらに集団指導の教育的意義として，① 社会の一員としての自覚と責任の育成，② 他者との協調性の育成，③ 集団の目標達成に貢献する態度の育成の３点が挙げられている。社会の一員としての自覚と責任では，「集団の規律やルールを守り，お互いに協力しながら各自の責任を果たすことによって，集団や社会が成り立っていることを理解し，行動できるようになること」，他者との協調性の育成では「互いに尊重し，良さを認め合えるような，望ましい人間関係を形成し，共に生きていく態度をはぐくむこと」，集団の目標達成に貢献する態度の育成では「集団における共通の目標を設定し，その目標を達成するために一人一人の児童生徒がそれぞれの役割や分担を通して自分たちの力で日々起こる様々な問題や課題を解決する態度をはぐくむこと」がそれぞれ目指される。実際の活動場面では，これらのことについて体験的に実感できるような活動の設定が期待される。

一方，個別指導の教育的意義については，「一人一人の児童生徒のよさや違いを大切にしながら，社会で自立していくために必要な力を身に付けていくことに対して支援すること」と記されている（文部科学省 2010：18）。すなわち個別指導は，学校教育のあらゆる場面での個別に配慮した指導・援助であり，その対象は，特別の配慮を要する児童生徒にとどまらず，また授業などの集団一斉活動場面における個別の児童生徒の状況に応じた配慮も含まれる。全ての児童生徒を対象に，あらゆる教育活動場面において児童生徒一人一人が各々の個性を伸ばし，社会的な自己実現に向かって自己指導能力を高めていくための指導・援助である。反面，一部の児童生徒を対象とした個別指導ももちろんある。例えば，ある時期に突然遅刻・欠席が増加したり，それまでの友人集団から離れて一人で過ごしている等のいわゆる「気になる」児童生徒に対しては，声かけしたり，面談をして事情を聴いたりなど，問題事案の早期発見・早期対応につながる取り組みが重要である。またすでに問題が一定程度深刻化している児童生徒に対しては，内外の専門家も含めたチームでの対応が不可欠となろう。

（3）適切な発達支援に向けて

　集団の場面でのガイダンスと，個別のカウンセリングは，「集団指導を通じて個を育成し，個の成長が集団を発展させるという相互作用により，児童生徒の力を最大限に伸ばすことができる」（文部科学省 2010：14）とあるように，両者が生徒指導の両輪となることが重要である。個の健全な育成は，適切な集団のもとで初めて可能となり，また個の健全な育成によって適切な集団が形成されていくという肯定的循環によって生徒指導を効果的に機能させたい。

　一方で，個々の指導場面においては，集団指導と個別指導を分けて考える視点をもつことの重要性も指摘されている。生徒指導の目標はあくまでも児童生徒一人一人の個性の伸長と社会的な自己実現を図る自己指導能力の育成にあるが，グループ活動等による児童生徒の協調・共同など集団機能を生かした指導・援助が個の育成において効果的な場面もあれば，あえて集団から離して個人的な指導・援助を行う方が効果的な場面もある。また集団指導の場面であっても，特別の配慮を要する児童生徒に対して個別指導を行うことも考えられる。それぞれの教育場面において，先述したような児童生徒一人一人の発達の段階や特性を含めた児童生徒理解に基づいて，集団指導（ガイダンス）と個別指導（カウンセリング）を適切に運用していくことが求められる。

3　生徒指導の充実──指導方法や指導体制の工夫改善

（1）適切な児童生徒理解に向けて

　生徒指導の目的である「一人一人の児童生徒の健全な成長を促し，児童生徒自ら現在及び将来における自己実現を図っていくための自己指導能力の育成」を達成する上では，一人一人の児童生徒をどのように理解し，指導にあたるのかが問われる（文科省調査 2010：40）。『生徒指導提要』では，児童生徒理解を，「教育実践が成果を上げるための大前提の一つ」であり，児童生徒との「教育的関係の成立を左右するもの」として生徒指導の中核に位置づけている。また児童生徒理解の成否に関わる重要な視点として「共感的理解」を挙げている。

　このことは，『小学校（中学校）学習指導要領（平成29年告示）解説　総則

編』においても，「生徒指導を進めていく上で，その基盤となるのは児童（生徒）一人一人についての児童（生徒）理解の深化を図ること」と述べられている。またその際には，学級担任をはじめ，学年の教師，専科（教科）担当教師，部活動等の顧問，養護教諭など，「広い視野」から，それぞれ異なる性格・心情，能力・適性，興味・関心，思考・価値観，生育環境や進路希望等をもった児童（生徒）を「多面的かつ総合的に理解していく」とともに，「児童（生徒）一人一人の不安や悩みに目を向け，児童（生徒）の内面に対する共感的理解をもって児童（生徒）理解を深め」，「個々の生徒の特性に応じた指導方法の工夫改善を図ること」が重要であることが示されている（第3章第4節の1の（2）（4））。文科省（2006）は，児童虐待防止の観点から，学校がもつアドバンテージについて，児童生徒に対して網羅的に目配りができ，その日常的な変化に敏感に反応し，対応できることであると述べている。今日，多様化・複雑化する児童生徒の抱える生徒指導上の問題は，ネットの普及と相まって，ますます教員の目に届きにくくなっている。だからこそ学級・学校内での様子はもちろん，学校外や家庭での様子，興味・関心など，児童生徒一人一人について，できるだけ多くの情報を集め，理解に努めることが重要である。

（2）児童生徒との信頼関係構築に向けて

　児童生徒理解と並んで生徒指導を進める上でのもう一つの基盤となるものが教師と生徒との信頼関係の構築である。『小学校（中学校）学習指導要領（平成29年告示）解説　総則編』では，教師と児童（生徒）の信頼関係の形成に関わる要因として，「日ごろの人間的な触れ合い」，「児童（生徒）と共に歩む教師の姿勢」，「授業等における児童（生徒）の充実感・成就感を生み出す指導」，「児童（生徒）の特性や状況に応じた的確な指導」，「不正や反社会的行動に対する毅然とした教師の態度」等を挙げている。これら教師の姿勢や態度，指導のあり方に基づいて形成された信頼関係によってのみ，児童（生徒）の教師に対する自己開示は促進され，ひいては教師の児童（生徒）理解も深まるのである（第3章第4節の1の（2））。

（3）生徒指導の充実に向けた指導体制の構築

　生徒指導の基盤となる「児童生徒理解」と「児童生徒との信頼関係の構築」は，上述したとおり，いずれも独立したものではない。児童生徒理解の深化なくして信頼関係の構築は難しく，また信頼関係の構築がないままに児童生徒を深く理解することもまた困難である。教師の児童生徒理解に基づく教師と児童生徒との相互の信頼関係が構築された学級や学校の教育的環境を形成していくことこそが，児童生徒一人一人の健全な成長と社会的自己実現の達成に向けた自己指導能力の育成を支える生徒指導の充実のための基盤となるのである。

　充実した生徒指導のための教育的環境の形成と指導体制構築の鍵となるのは，カリキュラム横断的な取り組みと，全教職員の共通認識・共通理解に基づく指導体制の構築である。『小学校（中学校）学習指導要領（平成29年告示）解説　総則編』では，特別活動における学級活動などが生徒指導のための「中核的な時間」となるとしつつも，「あくまでも学校の教育活動全体を通じて生徒指導の機能が発揮できるようにすることが重要」であり，「教育機能としての生徒指導は，教育課程の特定の領域における指導ではなく，教育課程の全領域において行わなければならないもの」であることが強調されている。また指導体制の構築にあたっては，「全教職員の共通理解を図り，学校としての協力体制・指導体制を築くとともに，家庭や地域社会及び関係諸機関等との連携・協力を密にし，生徒の健全育成を広い視野から考える開かれた生徒指導の推進を図ること」が求められている。家庭や地域社会との連携・協働を視野に入れた「開かれた教育課程」の在り方については次項に詳細を記す。

4　教育課程（カリキュラム）編成の改革と生徒指導

（1）社会に開かれた教育課程

　『小学校（中学校）学習指導要領（平成29年告示）解説　総則編』では，教育課程の編成にあたって，知・徳・体にわたる「生きる力」の育成の実現に向けて，全ての教科等の目標及び内容を「知識及び技能」，「思考力，判断力，表現力」，「学びに向かう力，人間性等」の三つの柱で再整理している（第1章の

1の（2））。また生徒指導においては，前述したように，特定の教員による，教育課程の特定の領域に限定された指導ではなく，全教員の連携・協働による教育課程の全領域における指導と援助が求められている。すなわち，「自己決定の場を与える」，「自己存在感を与える」，「共感的な人間関係を育成する」という生徒指導の3つの機能は，「生きる力」の育成を目指した教育課程の全般にわたって生かされるよう配慮と工夫が必要なのである。

さらに，「"よりよい学校教育を通じてよりよい社会を創る"という目標を学校と社会が共有し，連携・協働しながら，新しい時代に求められる資質・能力を子ども達に育む」という「社会に開かれた教育課程」が理念として掲げられている（第1章の1の（1））。これは，「子ども達が未来社会を切り拓くために求められる資質・能力とは何かを学校と社会とが共有し，それら資質・能力の育成に向けて，学校と社会とが連携・協働しながらその実現を図っていくこと」と説明されている（第1章の2の（2））。このことを実現していくためには，各学校が「育てたい子ども象」や「目指すべき教育の在り方」，さらにはそれらを実現するための「各学校の教育目標を含めた教育課程の編成についての基本的な方針」を家庭や地域と共有していかなければならない（第3章第2節の1）。『小学校（中学校）学習指導要領（平成29年告示）解説　総則編』では，保護者との間では「学校だより」，「学級・学年通信」，「PTA会報」，「保護者会」などの有効活用が提案されている。また地域住民との連携・協働体制構築に向けては，学校運営協議会や地域学校協働本部などを活用した生徒指導のあり方や体制についての理解と認識の共有化が有効であろう。いずれの場合も，効果的に達成するためには，先ずは校内での教職員間の理解や認識の共有化と一貫した指導・援助体制の構築が不可欠である。その上で，上述したような様々な機会や方法を工夫しながら保護者や地域住民との情報の共有化や連携・協働体制の構築を進めていくことが必要である。またその際には，校長を中心とした管理職がリーダーシップを発揮して，指導体制の活性化を図るよう努めることが重要であろう（第3章第4節の1の（4））。

（2）インターセクショナリティ（問題・課題の多重性）という視点

　今日の学校における生徒指導上の諸問題はますます多様化・複雑化している。例えば，2021年4月，全国の小中学校で児童生徒への一人一台端末化を謳ったGIGAスクール構想が一斉スタートしたところであるが，東京都町田市の小学校では，学校が児童に配布した端末がいわゆるネットいじめ（ネット上での誹謗中傷の書き込み等）に利用され，被害にあった児童が自死するという痛ましい事件が起こってしまった。町田市はGIGAスクール構想に先だって，2017年度からICT環境整備を推進するとともに，通信端末を小中学校に配備するなど教育のICT化に向けて先進的に取り組んでいた自治体であり，当該校もICT活用の研究指定を受けたモデル校の一つであったにもかかわらずである。本事例に限らず，今日，多くの児童生徒が急速に身近になったネット環境を活用し，様々な情報に触れ，また時に自身が情報の発信者となるなど，情報社会の恩恵を享受している反面，ネットやゲームの過剰使用等の依存の問題，それに伴う基本的生活習慣の乱れ，ソーシャル・ネットワーキング・サービス（SNS）を中心としたネット上での誹謗中傷や個人情報の暴露や拡散，それに伴う対人トラブル，ネット上での不適切な言動による「炎上」や，安易な動画や画像の投稿による児童ポルノ事件等への巻き込まれなど，対応すべき事案は多岐に渡る（内閣府 2020：警察庁 2019; 2020）。こうしたネットに関連した問題は他の生徒指導上の問題とも無関係ではない。ネット上でのいじめや誹謗中傷等のトラブルが，学校でのいじめに発展するケース（あるいは学校でのいじめがネット上で継続化・深刻化するケース）や，ネット上でのトラブルや，ネットへの過度なのめり込みが不登校の原因になるケース等，事態は深刻と言わざるを得ないが，先述したとおり，その実態は教員の目には届きにくい。

　阪根（2020）は，こうした生徒指導上の今日的諸問題について，"Intersectionality（問題や課題の多重性）"として捉えること，すなわち，それぞれを個別の問題として捉えるのではなく，輻輳した背景をもつ相互に関連性のある問題として捉え，総合的に対応することの重要性を指摘している。例えば，いじめに関与する児童生徒が，家庭では虐待の被害者であるかもしれない。また不登校の背景に，学校でのいじめや，ネット上でのトラブルが潜んでいるかも

しれない。個々の問題を個別に捉えていては見えてこない輻輳した背景の可能性に意識を向けることでより早期の事態の発見や未然防止，また起こってしまった事態へのより効果的な対応が可能となるのである。先に紹介した町田市の事例においても，背景には児童同士の人間関係に関わる問題と，情報リテラシーや情報モラル等の情報教育に関わる問題とがあることが指摘されている。また最悪の終末を迎える前に事態を把握し，適切な対応がとれなかったことを鑑みれば，学校や教員の指導体制にも見直すべき点が少なからずあるであろう。

（3）全ての児童生徒にとって安心・安全な学校になるために

　生徒指導の果たすべき機能は，全ての児童生徒が，有意義で興味深く，また充実した学校生活を送れるように学校教育課程のあらゆる場面において指導・支援することである。児童生徒を取り巻く生徒指導諸問題がどれだけ多様化・複雑化しても，予防・対応にあたる教員の基本姿勢は変わらない。種々の生徒指導課題を包括的に捉える視点を忘れずに，児童生徒一人一人に対する児童生徒理解の深化と，強固な信頼関係の構築に努め，児童生徒一人一人が，不安なく，安心・安全に学校教育活動に従事し，各々の個性を伸ばし，また社会的な自己実現を達成すべく，自己指導能力を育んでいけるよう，学校内外の関係者一同が心一つにして取り組んでいきたい。

引用・参考文献

警察庁（2019）『平成30年における SNS に起因する被害児童の現状』.

警察庁（2020）『令和元年における少年非行，児童虐待，及び子供の性被害の状況』.

阪根健二編著（2020）『生徒指導のリスクマネジメント』〈生徒指導研究のフロンティア〉学事出版.

内閣府（2020）『令和元年度青少年のインターネット利用環境実態調査』.

文部科学省（2006）『学校等における児童虐待防止に向けた取組について（報告書）』学校等における児童虐待防止に向けた取組に関する調査研究会議（平成18年5月）.

文部科学省（2010）『生徒指導提要』教育図書.

文部科学省（2018）『小学校学習指導要領（平成29年告示）』東洋館出版社.

文部科学省（2018）『中学校学習指導要領（平成29年告示)』東山書房.

文部科学省（2018）『小学校学習指導要領（平成29年告示）解説　総則編』東洋館出版社.

文部科学省（2018）『中学校学習指導要領（平成29年告示）解説　総則編』東山書房.

文部科学省（2018）『小学校学習指導要領（平成29年告示）解説　特別活動編』東洋館出版社.

文部科学省（2018）『中学校学習指導要領（平成29年告示）解説　特別活動編』東山書房.

（金綱知征）

第13章

進路指導・キャリア教育と教育課程（カリキュラム）

　　本章では，進路指導・キャリア教育を教育課程（カリキュラム）編成
上の確かな位置づけとするため，新学習指導要領を引用しつつも執筆者
の見解を含めてわかりやすく解説すると共に，執筆者の経験を生かして
理論面と実践面の両面から，進路指導・キャリア教育を効果的に展開す
るための教育課程（カリキュラム）編成の在り方について述べる。

　　第1節については，「進路指導とキャリア教育」，「キャリア教育の充
実」，第2節については，「一人一人のキャリア形成と自己実現」，「キャ
リア発達を促すキャリア教育」，第3節については，「進路指導・キャリ
ア教育の充実──指導方法や指導体制の工夫改善」，第4節については，
「今後の進路指導・キャリア教育における勤労観・職業観の位置づけ」，
「中学校学習指導要領解説に見る中学生の特徴と進路指導・キャリア教
育」について触れる。

1　新学習指導要領と進路指導・キャリア教育

　文部科学省は，『小学校学習指導要領（平成29年告示）解説 総則編』，『中学
校学習指導要領（平成29年告示）解説 総則編』の中で，「キャリア教育の充
実」について次のように示している（文部科学省　2018：〈小〉101-102，〈中〉
99-101）。ただし，ここでは，文部科学省が示した「キャリア教育の充実」に
ついて一部を引用しながら，筆者の見解を交えてわかりやすく論説する。

（1）進路指導とキャリア教育

　文部科学省は，「今の子供たちやこれから誕生する子供たちが，成人して社
会で活躍する頃には，我が国は厳しい挑戦の時代を迎えている」と予想してい

る。その根拠に，「生産年齢人口」の減少，グローバル化の進展や絶え間ない技術革新等により，社会構造や雇用環境は大きく，また急速に変化しており，予測が困難な時代となっている」ことを挙げている。

　予測困難の時代を生き抜くためには，「急激な少子高齢化が進む中で成熟社会を迎えた我が国にあっては，一人一人が持続可能な社会の担い手として，その多様性を原動力とし，質的な豊かさを伴った個人と社会の成長につながる新たな価値を生み出していく」ことが求められる。

　文部科学省は，急速な変化の一つに，「人工知能（AI）の飛躍的な進化」を挙げている。「人工知能が自ら知識を概念的に理解し，思考し始めている」というのである。そうであるなら，「雇用の在り方や学校において獲得する知識の意味にも大きな変化をもたらす」ことは必至である。

　しかし，「人工知能がどれだけ進化し思考できるようになったとしても，その思考の目的を与えたり，目的のよさ・正しさ・美しさを判断したりできるのは人間の最も大きな強みである」ことは言うまでもない。その強みを教育の力によって，一層磨きをかけることが重要なのである。その対応には，進路指導とキャリア教育を意図した教育課程（カリキュラム）編成のありようが熟慮されなければならない。

　進路指導とキャリア教育は同義ではない。定義を明確にすることは必ずしも簡単ではないが，次のように捉える。

　　○進路指導

　　　進路指導は，これまでの「出口指導」や進学指導偏重を改善し，在り方生き方指導を推進しようとする取り組みを展開することをいう。

　　○キャリア教育

　　　キャリア教育は，キャリア発達の点から就学前段階から初等中等教育・高等教育を貫き，生涯にわたり実践されるものである。「キャリア発達」とは，社会の中で自分の役割を果たしながら，自分らしい生き方を実現していく過程をいう。

〔中央教育審議会 2011〕

図13-1　進路指導とキャリア教育

このように捉えると，本来の進路指導は，キャリア教育の理念・概念や方向性と異なるものではないが，実際の進路指導では，一般に中学校，高等学校において，これまで進学指導を中心に展開されてきたといえる。図13-1（進路指導とキャリア教育）はそのことをイメージしたものである。

（2）キャリア教育の充実

新学習指導要領第1章第4の1の（3）に次にことが示されている（文部科学省 2018：〈小〉23-24，中〉25）。

〈小学校学習指導要領〉

　児童が，学ぶことと自己の将来とのつながりを見通しながら，社会的・職業的自立に向けて必要な基盤となる資質・能力を身に付けていくことができるよう，特別活動を要としつつ各教科等の特質に応じて，キャリア教育の充実を図ること。

〈中学校学習指導要領〉

　生徒が，学ぶことと自己の将来とのつながりを見通しながら，社会的・職業的自立に向けて必要な基盤となる資質・能力を身に付けていくことができるよう，特別活動を要としつつ各教科等の特質に応じて，キャリア教育の充実を図ること。その中で，生徒が自らの生き方を考え主体的に進路を選択することができるよう，学校の教育活動全体を通じ，組織的かつ計画的な進路指導を行うこと。

キャリア教育に係る小学校と中学校の学習指導要領の共通点は，「児童生徒に学校で学ぶことと社会との接続を意識させ，一人一人の社会的・職業的自立に向けて必要な基盤となる資質・能力を育み，キャリア発達を促すキャリア教育の充実を図ること」である。その際，「特別活動を要としつつ各教科等の特

質に応じて，キャリア教育の充実を図ること」が示されている。その一方で，キャリア教育に係る小学校と中学校の学習指導要領の相違点は，中学校において，「生徒が自らの生き方を考え主体的に進路を選択することができるよう，学校の教育活動全体を通じ，組織的かつ計画的な進路指導を行うこと」が強調されていることである。

　キャリア教育は学校の教育活動全体で行うものである。しかし，これまで学校教育においては，このようなキャリア教育の理念が浸透してきている一方で，その意図が十分に理解されず，指導場面が曖昧にされたり，また，狭義の意味での「進路指導」と混同され，「働くこと」の現実や必要な資質・能力の育成につなげていく指導が軽視されていたりするといったことが指摘されている。

　こうした指摘等を踏まえて，文部科学省は，「キャリア教育を効果的に展開していくためには，特別活動の学級活動を要としながら，総合的な学習の時間や学校行事，道徳科や各教科における学習，個別指導としての教育相談等の機会を生かしつつ，学校の教育活動全体を通じて必要な資質・能力の育成を図っていく取組が重要になる。」ことを挙げている。教育課程（カリキュラム）編成の重要性である。

　また，文部科学省は，「自己のキャリア形成の方向性と関連付けながら見通しをもったり，振り返ったりする機会を設けるなど主体的・対話的で深い学びの実現に向けた授業改善を進めることがキャリア教育の視点からも求められる。」ことを強調している。新学習指導要領の目玉でもある「主体的・対話的で深い学び」はキャリア教においても不可欠の要素なのである。

2　児童生徒のキャリア発達の支援

（1）一人一人のキャリア形成と自己実現

　新中学校学習指導要領において，「第5章　特別活動　第2　各活動・学校行事の目標及び内容〔学級活動〕2　内容（3）　一人一人のキャリア形成と自己実現」が設定されている。その実施に際して，文部科学省は，次の2点に留意することが重要であることを述べている。

一つ目は，総則において，特別活動が学校教育全体で行うキャリア教育の要としての役割を担うことを位置づけた趣旨を踏まえることである。特別活動がキャリア教育の要としての役割を担うこととは，「キャリア教育が学校教育全体を通して行うものであるという前提のもと，これからの学びや人間としての生き方を見通し，これまでの活動を振り返るなど，教育活動全体の取組を自己の将来や社会づくりにつなげていくための役割を果たす」ことである。この点に留意して学級活動の指導にあたることが重要なのである。

　二つ目は，学級活動の（3）の内容は，キャリア教育の視点からの小・中・高等学校のつながりが明確になるよう整理されているということである。ここで扱う内容については，「将来に向けた自己実現に関わるものであり，一人一人の主体的な意思決定を大切にする活動」である。そのためには，「小学校から高等学校へのつながりを考慮しながら，中学校段階として適切なものを内容として設定する」ことや，「キャリア教育は，教育活動全体の中で基礎的・汎用的能力を育むものであることから職場体験活動などの固定的な活動だけに終わらないようにする」ことが大切にされなければならない。

　ここにいう基礎的・汎用的能力とは，「仕事に就くこと」に焦点を当て，実際の行動として表れるという観点から，「人間関係形成・社会形成能力」「自己理解・自己管理能力」「課題対応能力」「キャリアプランニング能力」の4つの能力をいう（中教審答申 平成23年1月）。

　図13-2（キャリア教育で育てる力）を参照されたい（文部科学省『中学校キャリア教育の手引き』平成23年）。

　キャリア教育は，教育活動全体の中で「基礎的・汎用的能力」を育むものであることから，夢をもつことや職業調べなどの固定的な活動だけに終わらないようにすることが大切である。

　中央教育審議会は，「今後の学校におけるキャリア教育・職業教育の在り方について（答申）」（平成23年1月31日）において，「基礎的・汎用的能力」について次のように述べている。

　　「基礎的・汎用的能力」は包括的な能力概念であり，必要な要素をでき

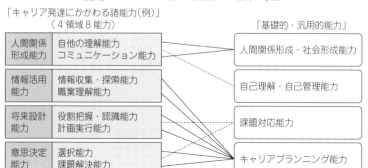

図13-2　キャリア教育で育てる力

る限り分かりやすく提示するという観点でまとめたものである。この４つの能力は，それぞれが独立したものではなく，相互に関連・依存した関係にある。このため，特に順序があるものではなく，また，これらの能力をすべての者が同じ程度あるいは均一に身に付けることを求めるものではない。

これらの能力をどのようなまとまりで，どの程度身に付けさせるのかは，学校や地域の特色，子どもの発達の段階によって異なるものと考えられる。各学校においては，この４つの能力を参考にしつつ，それぞれの課題を踏まえて具体の能力を設定し，工夫された教育を通じて達成することが望まれる。その際，初等中等教育の学校では，新学習指導要領を踏まえて育成するべきである。

　今後，各学校においては，「４領域８能力」から「基礎的・汎用的能力」への転換を徐々に図っていく必要がある。その際，中央教育審議会の「今後の学校におけるキャリア教育・職業教育の在り方について（答申）」（平成23年１月31日）の次の指摘を踏まえておくことが望まれる。

　　キャリア教育の実践が，各機関の理念や目的，教育目標を達成し，より効果的な活動となるためには，各学校における到達目標とそれを具体化し

た教育プログラムの評価の項目を定め，その項目に基づいた評価を適切に行い，具体的な教育活動の改善につなげていくことが重要である。その際，到達目標は，一律に示すのではなく，子ども・若者の発達の段階やそれぞれの学校が育成しようとする能力や態度との関係，後期中等教育以降は専門分野等を踏まえて設定することが必要である。

（2）キャリア発達を促すキャリア教育

　キャリア教育は，児童生徒に将来の生活や社会，職業などとの関連を意識させ，キャリア発達を促すものである。キャリア発達は社会の中で自分の役割を果たしながら自分らしい生き方を実現していく過程をいう。そうであるなら，その実施に当たっては，職場体験活動や社会人講話などの機会の確保が不可欠である。

　このことは，「社会に開かれた教育課程」の理念のもと，「幅広い地域住民等（キャリア教育や学校との連携をコーディネートする専門人材，高齢者，若者，PTA・青少年団体，企業・NPO等）と目標やビジョンを共有し，連携・協働して児童生徒を育てていく」ことを意味している。

　また，キャリア教育を進めるに当たっては，「家庭・保護者の役割やその影響の大きさを考慮し，家庭・保護者との共通理解を図りながら進める」ことが重要である。その際，各学校は，保護者が生徒の進路や職業に関する情報を必ずしも十分に得られていない状況等を踏まえて，「産業構造や進路を巡る環境の変化等の現実に即した情報を提供して共通理解を図った上で，将来，生徒が社会の中での自分の役割を果たしながら，自分らしい生き方を実現していくための働きかけを行う」ことが求められている。

　これらのことから，新学習指導要領で明示された「社会に開かれた教育課程」はキャリア教育においても重要であることがよくわかる。

3　進路指導・キャリア教育の充実——指導方法や指導体制の工夫改善

　校長のリーダーシップのもと，校内の組織体制を整備し，学年や学校全体の

教師が共通の認識に立って指導計画の作成に当たるなど，それぞれの役割・立場において協力して指導に当たることが重要である。すなわち，「チームとしての学校」の捉えがキャリア教育においても不可欠なのである。

　これからの学校が教育課程の改善等を実現し，複雑化・多様化した課題を解決していくためには，学校の組織としての在り方や，学校の組織文化に基づく業務の在り方などを見直し，「チームとしての学校」を作り上げていくことが大切である。そのためには，専門能力スタッフ（SCなど）の配置を進めること，管理職がリーダーシップを高め，学校のマネジメントを行うこと，教職員や専門能力スタッフ等の多職種で学校を組織していくことが望まれる。

　すなわち，「チームとしての学校」像は，「校長のリーダーシップの下，カリキュラム，日々の教育活動，学校の資源が一体的にマネジメントされ，教職員や学校内の多様な人材が，それぞれの専門性を生かして能力を発揮し，子どもたちに必要な資質・能力を確実に身に付けさせることができる学校」として捉えられる。

　「チームとしての学校」を実現するためには，以下の3つの視点に沿って検討を行い，学校のマネジメントモデルの転換を図っていくことが必要である。

　① 専門性に基づくチーム体制の構築
　② 学校のマネジメント機能の強化
　　　教職員や専門能力スタッフ等の多職種で組織される学校がチームとして機能するようにする。
　③ 教職員一人一人が力を発揮できる環境の整備
　　　教職員や専門能力スタッフ等の多職種で組織される学校において，教職員一人一人が力を発揮し，更に伸ばしていけるよう，学校の組織文化も含めて，見直しを検討し，人材育成や業務改善等の取組を進める。

　また，学校と家庭，地域社会との関係を整理し，学校が何をどこまで担うのか，整理することが必要である。

　図13-3（「チーム学校」における連携）を参照されたい。

　図13-3の(a)はチーム学校の縦軸，図13-3の(a)＋(b)は教員同士の連携の強化，図13-3の(c)は心理や福祉などの専門スタッフ（SC，SSW）などの学校教

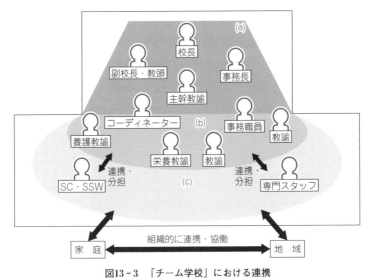

図13-3　「チーム学校」における連携

出所：一般財団法人日本心理研修センター（2016：34）。

育への本格的な参加，図13-3全体はチーム学校の横軸である。

　特に，中学校の段階の生徒は，心身両面にわたる発達が著しく，自己の生き方についての関心が高まる時期にあることから，「このような発達の段階にある生徒が，自分自身を見つめ，自分と社会の関わりを考え，将来，様々な生き方や進路の選択可能性があることを理解するとともに，自らの意思と責任で自己の生き方や進路を選択できるよう適切な指導・援助を行う進路指導が必要である。」ことはいうまでもない。ここでいう生き方や進路の選択は，中学校卒業後の就職や進学について意思決定することがゴールではなく，「中学校卒業後も，様々なことを学んだり，職業経験を積んだりしながら，自分自身の生き方や生活をよりよくするため，常に将来設計を描き直したり，目標を段階的に修正して，自己実現に向けて努力していくことができるようにする」ということである。

　すなわち，「学校の教育活動全体を通じて行うキャリア教育や進路指導を効果的に進めていくためには，校長のリーダーシップのもと，進路指導主事やキ

ャリア教育担当教師を中心とした校内の組織体制を整備し，学年や学校全体の教師が共通の認識に立って指導計画の作成に当たるなど，それぞれの役割・立場において協力して指導に当たる」ことが重要なのである。ここにおいても教育課程（カリキュラム）編成の工夫・改善が求められる。

4　教育課程(カリキュラム)編成の改革と進路指導・キャリア教育

（1）今後の進路指導・キャリア教育における勤労観・職業観の位置づけ

　中央教育審議会の「今後の学校におけるキャリア教育・職業教育の在り方について（答申）」（平成23年1月31日）は，社会的・職業的自立，学校から社会・職業への円滑な移行に必要な力の要素として，「基礎的・汎用的能力」のほかに，「基礎的・基本的な知識・技能」と，能力や知識・技能の基盤となる「意欲・態度及び価値観」，「論理的思考力，創造力」，「専門的な知識・技能」などが必要であると指摘している。

　多くの人は，人生の中で職業人として長い時間を過ごすこととなる。職業や働くことについてどのような考えをもつのかに関することや，日常の生活の中でそれぞれの役割を果たしつつ，どのような職業に就き，どのような職業生活を送るのかに関することは，人がいかに生きるのか，どのような人生を送るのかということと深く関わっている。この意味で，一人一人が自らの勤労観・職業観の形成・確立を図ることは極めて重要である。

　この点について，中央教育審議会答申「今後の学校におけるキャリア教育・職業教育の在り方について」（平成23年1月31日）は次のように述べている。

　　　意欲や態度と関連する重要な要素として，価値観がある。価値観は，人生観や社会観，倫理観等，個人の内面にあって価値判断の基準となるものであり，価値を認めて何かをしようと思い，それを行動に移す際に意欲や態度として具体化するという関係にある。

　　　また，価値観には，「なぜ仕事をするのか」「自分の人生の中で仕事や職業をどのように位置付けるか」など，これまでキャリア教育が育成するも

のとしてきた勤労観・職業観も含んでいる。子ども・若者に勤労観・職業観が十分に形成されていないことは様々に指摘されており，これらを含む価値観は，学校における道徳教育をはじめとした豊かな人間性の育成はもちろんのこと，様々な能力等の育成を通じて，個人の中で時間をかけて形成・確立していく必要がある。

　含蓄に富む論述である。学校から社会・職業への円滑な移行に必要な力の要素として，「基礎的・汎用的能力」のほかに，「基礎的・基本的な知識・技能」，「意欲・態度及び価値観」，「論理的思考力，創造力」，「専門的な知識・技能」などが必要であるというのである。とりわけ，「なぜ仕事をするのか」「自分の人生の中で仕事や職業をどのように位置付けるか」などの価値観が個々人の中で形成・確立されていくことが求められている。このような勤労観・職業観に係る価値観を形成・確立するためには，進路指導・キャリア教育が教育課程（カリキュラム）の一角として位置づけられ，教育課程（カリキュラム）編成の工夫・改善が図られなければならない。

（2）中学校学習指導要領解説に見る中学生の特徴と進路指導・キャリア教育

　ここでは，思春期（青年期）の初期に当たる中学生の特徴と進路指導・キャリア教育との関連を意図して，新中学校学習指導要領解説の道徳編，総合的な学習の時間編，特別活動編の趣旨から，教育課程（カリキュラム）編成の改革に迫る。

○道　徳　編

　道徳性の発達の出発点は自分自身にあり，自己を大切にすることから始まる。しかし中学生は，身体的にも精神的にも大きな変化を経験し，その自己像は大きく揺れ動いている。それまで，程度の差はあるものの周囲の期待にそって「良い子」として振る舞ってきた子どもたちも，中学生のころから，様々な葛藤や経験の中で，自分を見つめ，自己の生き方や人間としての生き方を模索するようになる。中学生はそうした中で，感情や衝動の赴くままに行動し，自分

の弱さに自己嫌悪を感じることもあり，逆に，理想や本来の自分の姿を追い求め，大きく前進しようとすることもある。中学生は，そのような大きく，激しい心の揺れを経験しながら，やがて自己を確立し，自己実現を果たしていく大切な時期にある。

したがって，一人一人の生徒の姿を表面的な言動だけで決め付けることなく，自己確立，自己実現へ向けて模索する姿として，広い視野で見守ることが大切である。

このような中学生の自己探究の過程において大きな役割を果たすのは，かれらの夢や理想である。教師は，生徒が中学生の時期にどのような夢を膨らませ，どのような理想を描くかということが，その後の人生に大きな意味をもつことになることを理解し，生徒一人一人が自分の夢や理想をしっかりと見つめ，勤労観や職業観と関連させることによって，その実現に近づけるように励ましていくことが大切である。

全ての教育活動を通して行う道徳教育とその要として位置づけられる道徳科では，「人間としての生き方」を考え，「道徳的な判断力，心情，実践意欲と態度」の下に行動できるような「道徳性」を養うことが期待されている。進路指導・キャリア教育も全ての教育活動を通して行うものであり，特別活動（学級活動やホームルーム活動）をその要として展開することになる。

ここに道徳教育（道徳科）と進路指導・キャリア教育の接点を求めるべく教育課程（カリキュラム）編成の改革が望まれる。

○総合的な学習の時間編

「職業や自己の将来に関する学習」については，総合的な学習の時間を通して，成長とともに大人に近づいていることを実感すること，自らの将来を展望すること，実社会に出て働くことの意味を考えること，どんな職業があるのかを知り，どんな職業に就きたいのか，そのためにはどうすればよいのかを考えることになる。このような「職業や自己の将来に関する学習」は，中学生にとって，関心の高いことであり，中学生の発達にふさわしいものである。

中学生は，未熟ながらも心身ともに大人に近い存在である。生徒は，大人社

会と関わる中で，大人もそれぞれ自分の世界をもちつつ，社会で責任を果たしていることに気付いていく。また，義務教育修了段階において，その後の進路選択を迫られる場面にも出遭う。こうした時期に，働くことや職業を自分との関わりで考えることや，自己の将来を展望しようとすることは，自己の生き方や人間としての生き方を考えることに直接つながる重要な学習である。

　総合的な学習の時間の目標は，「探究的な見方・考え方を働かせ，横断的・総合的な学習を行うことを通して，よりよく課題を解決し，自己の生き方を考えていくための資質・能力を育成すること」にある。

　ここに総合的な学習の時間と進路指導・キャリア教育の接点を求めるべく教育課程（カリキュラム）編成の改革が望まれる。

○特別活動編

　中学生の時期は，親への依存から離れ，自らの行動は自ら選択し決定するという自主・独立・自律の要求が高まるとともに，自分の将来における生き方や進路を模索し始める。また，様々な人々の生き方にも触れて，人間としていかに在るべきか，いかに生きるべきかについても考え始めるようになる。

　しかし，中学生は一般的にいって，経験や情報が不足していたり，また自分の将来を考えるための思考力の発達などもまだ十分ではなかったりするため，適切に対処することが困難であることが少なくない。

　したがって，教師はこのような問題に生徒が積極的に取り組み，適切な解決策を見いだしていけるように，特別活動の各内容，特に学級活動の時間を計画的に活用して，指導・援助を行う必要がある。その際特に，自己の判断力や価値観を養い，主体的に物事を選択・決定し，責任ある行動をとることができるよう，人間としての生き方についての自覚を深めさせ，集団や社会の中で自己を生かす能力を養わせていくことが大切である。また，生徒が社会の一員としての望ましい在り方を身に付け，健全な生活態度や人生及び社会について主体的に考えていくよう，教師は忍耐強く指導・援助することが求められる。

　ここにも特別活動と進路指導・キャリア教育の接点を求めるべく教育課程（カリキュラム）編成の改革が望まれる。

引用・参考文献

一般財団法人日本心理研修センター（2016）『公認心理師』金剛出版.

中央教育審議会（2011）「今後の学校におけるキャリア教育・職業教育の在り方について（答申）」（平成23年1月31日）.

文部科学省（2018）『小学校学習指導要領（平成29年告示）解説　総則編』東洋館出版.

文部科学省（2018）『中学校学習指導要領（平成29年告示）解説　総則編』東山書房.

文部科学省（2018）『中学校学習指導要領（平成29年告示）解説　総合的な学習の時間編』東山書房.

文部科学省（2018）『中学校学習指導要領（平成29年告示）解説　特別活動編』東山書房.

文部科学省（2018）『中学校学習指導要領（平成29年告示）解説　特別の教科道徳編』東山書房.

（竹田敏彦）

第14章

特別支援教育と教育課程（カリキュラム）

　　本章では，特別支援教育の基本的理念である幼児児童生徒一人一人の教育的ニーズを把握し個々の可能性を最大限に伸ばしていくために，教育課程をどのように組み立て，指導や支援を進めていくかについて述べる。特別支援教育は，従来の特殊教育の対象であった障害に加えて，知的な遅れがみられない発達障害等も含めて特別な教育的ニーズをもつ全ての幼児児童生徒への支援を行う。また，特別支援学校，特別支援学級だけでなく，支援を必要とする幼児児童生徒が在籍する通常の学級においても行われる。特別支援教育を実践していくための教育課程（カリキュラム）の編成，具体的な支援方法や支援体制の工夫，保護者や地域及び専門機関等との連携，障害のある幼児児童生徒に対する合理的配慮のあり方，学びを保障する基礎的環境整備等について述べる。全ての幼児児童生徒が学びあえる共生社会の形成に向けたインクルーシヴ教育システムの構築を目指す特別支援教育の実現に向け，そのあり方について考える。

1　新学習指導要領と特別支援教育

（1）新学習指導要領とインクルーシヴ教育システム

　文部科学省は2007（平成19）年に，文部科学省初等中等教育局長通知「特別支援教育の推進について（通知）」として以下のように特別支援教育の理念を示している。「特別支援教育は，障害のある幼児児童生徒の自立や社会参加に向けた主体的な取り組みを支援するという視点に立ち，幼児児童生徒一人一人の教育的ニーズを把握し，その持てる力を高め，生活や学習上の困難を改善または克服するため，適切な指導及び支援を行うものである。また，特別支援教育は，これまでの特殊教育の対象の障害だけでなく，知的に遅れのない発達障

害も含めて特別な支援を必要とする幼児児童生徒が在籍する全ての学校におい
て実施されるものである。さらに，特別支援教育は，障害のある幼児児童生徒
への教育にとどまらず，障害の有無やその他の個々の違いを認識しつつ様々な
人々が生き生きと活躍できる共生社会の形成の基礎となるものであり，わが国
の現在及び将来の社会にとって重要なものである」。以上のように，特別支援
教育の理念として，幼児児童生徒一人一人の教育的ニーズを的確に把握し，
個々の可能性を最大限伸ばしていくこと，そして個々の状態等に適した教育的
な支援が行える仕組みを考えることの重要性を示している。特別支援教育は特
別な教育的支援を必要としている幼児児童生徒が在籍する全ての学校で実施す
べきであるとし，特別支援学校，特別支援学級に加えて，通常の学級において
も通級による指導や特別な配慮のもとに支援を行わなければならないとしてい
る。

　中央教育審議会答申（平成28年12月21日）において，特別支援教育を実践して
いくうえで，教育課程を構成する際に必要なこととして次のように示している。
「インクルーシヴ教育システムの構築を目指し，幼児児童生徒の自立と社会参
加を一層推進していくためには，通常の学級，通級による指導，特別支援学級，
特別支援学校において，個々に応じた十分な学びを確保し，指導や支援を充実
させていく必要がある。その際，小学校，中学校と特別支援学校との間での柔
軟な転学や，中学校から特別支援学校高等部への進学等の可能性を含め，教育
課程の連続性を十分に考慮し，個々の障害の状態や発達段階に応じた組織的，
継続的な指導や支援を可能としていくことが必要である」。こうした指導や支
援を行うためには，特別支援教育に関する教育課程の枠組みを全ての学校の教
職員が周知できるよう教育課程編成の基本的な考え方をわかりやすく示してい
くことが必要である。通常の学級においても特別な教育的支援を必要とする児
童生徒が在籍していることを視野に入れて，全ての教科において指導や支援の
工夫，具体的な手立て等について考慮することが求められている。

（2）インクルーシヴ教育システムの構築と特別支援教育

　多くの多様な人々が共に生きる社会の実現を目標に置き，個々の人々がそれ

ぞれの多様性を尊重し，グローバル化を進めインクルーシヴ教育の構築を目指し，支援を必要とする者一人一人の実情等を尊重し適切な指導や支援を行っていくことが特別支援教育に求められている。インクルーシヴ教育システムの構築は学校における学習活動だけでなく，学校を取りまく地域社会にも積極的に展開していくことが求められる。そのために，地域社会のなかでの多様な人々との交流及び共同学習を実践し，地域社会に根差した生きた学びを推進していくことが必要である。幼児児童生徒一人一人が学校生活を終えてからも地域社会において生き生きと参加し活動できることを視野に入れた指導及び支援が求められる。そのためには学校と地域社会との連携を深め，生活に結びついた知識や技能等を学校教育に積極的に取り入れて共に体験し学ぶことが必要である。

　また，地域社会との交流及び共同学習を通して社会への参加を推進していくとともに，将来の自立した生活を目指して就労体験等を積極的に取り入れて行くことも必要である。そのためには，学校生活において早期から自立し社会参加ができることを目指し，学校と教育，医療，保健，福祉，就労等の専門機関との連携を図り，社会生活において必要な知識及び技能等を修得することが求められる。地域社会や専門機関との連携を進めていく際には本人，保護者の了承を得ることも必要である。共生社会とは，従来必ずしも十分に社会参加ができるような環境になかった障害のある人たち等が，積極的に参加し活躍していくことが可能な社会のことである。それは，誰もが相互に人格と個性を尊重し支えあい，人々の多様なあり方を相互に認めあえる全員参加の社会である。障害のある人もない人も全ての人が尊重し，認めあえる社会を構築していくための基礎となるものがインクルーシヴ教育システムであり，その基本理念を取り入れた教育が特別支援教育ともいえよう。障害のある人もない人も全ての人が共生社会の形成に向けインクルーシヴ教育システムを構築していくことが重要である。特別支援教育はその基盤となるものであり，一人一人がその可能性を最大限に伸ばせるように指導や支援を行っていくことを目指している。特別支援教育における教育課程は，全ての幼児児童生徒が生き生きと共に学べるための仕組みであり，そのために特別支援学校，特別支援学級，通級による指導，通常の学級等多様な学びの場を準備し，一人一人の教育的ニーズを把握し，適

切な指導及び支援を行うことを土服としている。

2　障害のある児童生徒への支援

（1）様々な支援の場と適切な就学について

　2007（平成19）年から，特別支援教育が実施されることになった。障害のある幼児児童生徒の自立や社会参加に向けた主体的な取り組みを支援するという視点に立ち，一人一人の教育的ニーズを把握し，その持てる力を高め，生活や学習上の困難を改善または克服するために適切な指導及び支援を行うものであるとしている。特別支援教育は小，中学校の通常の学級に在籍する発達障害も含めて全ての学校で実施されることになった。従来，我が国では特殊教育のもとで，障害の種別や程度によって教育の場が細かく分けられていたが，特別支援教育が実施され，特別な教育的支援を必要とする児童生徒が在籍する全ての学校において指導及び支援が受けられるようになった。

　障害のある児童生徒の学びの場として視覚障害者，聴覚障害者，知的障害者，肢体不自由者，病弱・身体虚弱者の5つの障害種に対応する特別支援学校がある。特別支援学級では，弱視者，難聴者，知的障害者，肢体不自由者，病弱・身体虚弱者，言語障害者，自閉症者，情緒障害者を対象として教育を行っている。自閉症者と情緒障害者を合わせて自閉症・情緒障害特別支援学級としており，特別支援学級では8つの障害種に対応している。平成5年に設置された通級による指導では，弱視者，難聴者，肢体不自由者，病弱・身体虚弱者，言語障害者，情緒障害者，自閉症者，学習障害者，注意欠陥多動障害者が対象となり，知的障害者は該当していない。また，平成30年度から高等学校での通級による指導が開始されている。小，中学校の通常の学級においても特別支援教育を実施することになっており，特別な教育的支援を必要とする児童生徒への全ての場における幼少期からの継続した特別な配慮は欠かすことができないものである。個々の障害や発達の段階等に応じた適切な指導及び支援が展開される教育の場を提供することが求められる。就学先は一旦決定されてしまうと継続的に固定されてしまうものではなく，発達や学習の状況によって変わりうるも

のである。しかし，就学先の決定に際しては慎重でなければいけない。就学先を決定する際に重視されることは，個々の可能性を最大限に発揮させ，社会参加や自立のために必要な力を伸ばすことができるということである。また，就学する学校の様子や指導内容等が本人及び保護者にわかりやすく示されることが求められる。そのために学校側は，学校公開や体験入学等を開催しており，保護者は学校を見学し，具体的な説明や相談を受けることができる。就学先の決定においては，本人及び保護者に必要かつ十分な情報を提供し，医療や福祉等の専門的な見地を取り入れ，本人及び保護者の意向を尊重して行われることとしている。

（2）個々に応じた合理的配慮の必要性について

　障害者権利条約を踏まえ，合理的配慮の必要性が求められている。学校教育における合理的配慮について，「共生社会の形成に向けたインクルーシヴ教育の構築のための特別支援教育の推進（報告）」において，次のように定義がなされている。「障害のある子どもが，他の子どもと同様に教育を受ける権利を享受・行使できることを確実にするために学校の設置者及び学校が必要かつ適当な変更・調整を行うことであり，障害のある子どもにおいては，その状況に応じて学校教育を受ける場合に必要とされるものである」。この定義において，特別支援教育を推進していく際に，個々の児童生徒の実情にあわせ変更・調整すること（合理的配慮）が必要であることを明示している。学校において，個々の児童生徒の実情に沿った合理的配慮を重点的に行うべきこととして，教育内容・方法，支援体制，施設・設備の3項目を挙げている。教育内容・方法では，学習上又は生活上の困難を改善・克服するための配慮，学習内容の変更・調整，情報・コミュニケーションの方法の工夫，学習機会や体験の確保，心理面・健康面への配慮が示されている。また，支援体制として，専門性のある指導体制の確保，全ての子ども，教職員，保護者，地域の理解と啓発を図るための配慮，災害時等の支援体制の整備が必要であるとされている。

　さらに，施設・設備としては，校内環境のバリアフリー化，子どもの発達や障害に応じた指導が可能な施設・設備の変更・調整，災害時等への対応に必要

な施設・設備の整備が示されている。以上のように，特別支援教育を推進していく際には，全ての児童生徒が教育制度から排除されないこと，自己の生活する地域において個々の教育的なニーズが十分満たされること，そのために合理的配慮を行うことが重要であることが明示されている。特別支援教育の理念として，全ての幼児児童生徒が共に学ぶことが示されている。しかし，それは全ての幼児児童生徒が同じ内容，質，量等の教育を受けることではなく，個々の教育的ニーズに即応した指導及び支援が受けられることが必要である。

　特別支援教育における学びの場として特別支援学校，特別支援学級，通級による指導，小中学校の通常の学級及び訪問による教育が用意されており，個々の教育的ニーズに最も適切に対応しうる多様で連続性のある教育の場が用意されている。例えば，同じ特別支援学校であっても学校のもつ特徴は様々である。その学校でどのような指導や支援が行われ，どのような合理的配慮がなされているかについて，学校側としては十分情報提供して分かりやすく伝えることが求められる。また，基本的には個々の児童生徒が居住する地域の学校に就学することになっているが，特別支援学校に就学する場合，居住する地域から離れた学校に通学することも少なくない。通学等に関わる費用負担の軽減や身体的心理的負担への配慮も合理的配慮に含まれる。通学等にかかる経費の補助に関しては，2013年から特別支援教育就学奨励費の制度により通学に関わる費用や学用品等を国や地方公共団体が一部負担することにより，より学びやすい教育環境づくりを進めている。従来，障害の種別や程度等によって別々な学びの場が用意され継続して同じ学びの場で学んでいた児童生徒が，転学等柔軟な就学先の決定が可能になり，特別支援教育のもとで個々の教育的ニーズに即応した学びやすい教育の場で学べることになった。その変化の背景には，障害は決して固定的なものではなく，発達，環境，指導及び支援等によって変化しうるという柔軟な視点があると考える。

3 特別支援教育の充実——指導方法や指導体制の工夫改善

(1) 特別支援教育における学習指導要領及び教育課程

　特別な教育的支援が必要な幼児児童生徒に対する指導及び支援の基準となるものが学習指導要領である。2017（平成29）年4月に特別支援学校幼稚部，小学部，中学部の学習指導要領が告示され，2019（平成31）年には高等部の学習指導要領が告示された。学習指導要領を基準として，障害ごとの教育課程の編成，各教科の目標・内容等が示された。特別支援教育における学習指導要領の特徴として，特別支援学校がセンター的機能をもち，適切な助言や援助を通して個々の児童生徒の状態等に応じた指導内容や方法を組織的かつ計画的に行うこととしている。また，支援を必要としている全ての児童生徒に対して，個に応じた適切な指導や支援を行うための個別の教育支援計画及び個別の指導計画を作成することが示されている。さらに，児童生徒の自立や社会参加を目指した主体的な学びとして，自立活動の指導を取り入れている。自立活動の指導においては個々の状態に応じて弾力的に教育課程を編成することができるとし，教科の指導においても，個々の状態を考慮し，各教科を合わせた指導を行う等柔軟で弾力的な教育課程の編成を推奨している。特別支援教育における学習指導要領の重要な視点として，支援及び指導内容や方法等への配慮及び改善とともに環境面への配慮及び改善が重要であることを示している。環境面への配慮及び改善として合理的配慮の観点を踏まえ，個々の児童生徒の教育的ニーズに即応した指導及び支援方法，内容等を決定し，指導及び支援を行っていく必要がある。合理的配慮の観点から配慮・改善すべきこととして，教育内容・方法，指導及び支援体制，施設・設備，学習内容の変更・調整，教材の工夫，学習機会や体験の確保，心理面・健康面の配慮等が提示されている。合理的配慮の内容や方法等は，個々の児童生徒の実態に即して決定することが求められている。

　合理的配慮を提供する基礎となる学校における環境整備を基礎的環境整備と定義し，多様な人々の在り方を認めあえるインクルーシヴ社会の構築を実現するためには個に応じた環境整備が不可欠であるとしている。基礎的環境整備の

具体的な内容として，連続性のある多様な学びの場が用意され専門性のある指導及び支援体制が整えられていること，教職員や保護者等との連携が形成され個に応じた指導及び支援が行えること，交流及び共同学習が円滑に実施されること等が示されている。専門性のある指導及び支援体制の整備として，個別の教育支援計画や個別の指導計画の作成等による指導及び支援が推進され，個々の実態に応じた指導及び支援内容や方法が活用される学びの場であることが求められている。そのためには，全ての教職員が特別支援教育に関する知識及び技能を校内研修等の活用等で習得することが必要であり，さらなる知識及び技能の向上を図っていくことが求められる。

（2）指導方法や指導体制の工夫改善について

　特別支援教育の実践においては，個々の発達特性や障害の実態等に即応した指導及び支援が求められる。発達課題とは，それぞれの発達段階で多くの子どもが経験し習得しなければならない課題のことで，こうした課題を乗り越えることで発達が促進されていくというものである。この発達課題についても，発達には個人差があり，全ての子どもが同じ時期に同じ課題を乗り越えなければいけないという捉え方をすべきでないこと，個々の発達の特性等に応じた課題があり，指導及び支援の方法も工夫する必要がある。個々の特別な教育的ニーズを把握するためには，一人一人にそれぞれの個性があることに留意し，成育歴，家庭や学校での生活面や学習面の状況，周囲の環境，人間関係等を把握し，つまずきや困難さについて細かく検討することが必要である。

　小学校においては，各教科において学習が進んでいくことから，読む力，書く力，聞く力等の学習面での状況を把握することも必要である。学習面での遅れが友人関係のトラブルや不登校等の問題につながることも多い。行動面では，対人関係における困難さが目立ってくることが多いことから，周囲の子どもたちとの関わりの状況を注視することも必要である。障害のある子どもに対する周囲の子どもたちの態度や姿勢には，教師の態度や姿勢が大きな影響を及ぼす。時には勝手な行動をとってしまう等問題行動とも思える行動を示すこともあるが，それらの行動の背景にある気持や理由を理解しようとする姿勢を示すこと

が必要である。保護者への理解と支援も欠かすことができない。子育ての困難さにより，ストレスや不安等を抱えている保護者も多い。教師は，そうした保護者の気持ちを理解し，問題や課題等マイナス面のみに注目するのではなく，プラス面があることを信じて保護者に寄り添っていくことが求められる。中学校では学習の量も増え，内容もより難しくなってくる。障害のある生徒にとって自信の無さや無力感，自己肯定感の低下等精神的な問題につながることも少なくない。友人関係におけるトラブルやいじめ，不登校や引きこもり等の問題が生じることを視野に入れておく必要がある。教師には，学習の達成度や行動面のみに注目するのではなく，困難さを抱えて困っているのは生徒自身であるという考えに立ち，困難さやつまずき等の背景にあるものを理解し，一緒に解決していこうとする姿勢を示し，指導や支援を継続して行っていくことが求められる。

　学級担任として，特別支援教育を取り入れ，障害のある児童生徒の特性に応じた適切な指導及び支援を行っていくためには，学級経営のあり方と授業の工夫の2つの視点をもって取り組むことが必要である。学級経営のあり方としては，学級環境の整備と人間関係を整えること，具体的には学級全体が互いの良さを認めあい大切にする，安心できる居場所としての学級を目指すことである。そのためには，教師自身が率先して見本となりお互いの良さを認めあう関係を構築していくことが必要である。授業の工夫としては，授業のねらいと内容を明確にしたうえで，学習の目当てや流れ等を板書，文字カード，絵カード等で視覚化する，授業の開始や終了時間を予め伝える，発表のルール等を分かりやすく視覚化して伝える，教室内の設営や座席の位置の工夫を行う等が必要である。また，障害のある児童生徒の良さや頑張り等プラスの面を認め，学級の児童生徒に伝えることもお互いの良さを認めあうみんなが安心できる学級づくりのために必要なことである。一方，学級担任が一人で対応するには限界があり，学校全体が校長，特別支援コーディネーターをはじめとしてチーム学校の体制を整え，全ての教職員が力を合わせて特別支援教育に取り組んでいくことが求められる。

4　教育課程（カリキュラム）編成の改革と特別支援教育

　2016（平成28）年12月21日の中央教育審議会において，「幼稚園，小学校，中学校，高等学校及び特別支援学校の学習指導要領の改善及び必要な方策等について（答申）」として公表された学習指導要領等改定の基本的な視点は，子どもたちに求められる資質・能力と教育課程の課題，学習指導要領の枠組みの改善と社会に開かれた教育課程等である。特別支援教育が目指すインクルーシヴ教育システム構築のためには，通常の学級，通級による指導，特別支援学級，特別支援学校において子どもたちの十分な学びの場を確保し，一人一人の障害の状態や発達の段階に応じた指導や支援を一層充実させていく必要があるとしている。また，小学校及び中学校と特別支援学校との間での柔軟な転学や，中学校から特別支援学校高等部への進学等の可能性も含め，教育課程の連続性を十分に考慮し，子どもの障害の状態や発達の段階に応じた組織的・継続的な指導や支援を可能としていくことが求められるとしている。小学校及び中学校の学習指導要領（平成29年3月）の中に，特別な配慮を必要とする児童生徒への指導や支援において留意すべきこととして次のようなことが示されている。

　　ア　障害のある児童生徒については，特別支援学校等の助言または援助を活用しつつ個々の児童生徒の障害の状態等に応じた指導や支援方法等を組織的かつ計画的に行うものとする。
　　イ　障害による生活上または学習上の困難を克服し自立を図るため特別支援学校小学部及び中学部の学習指導要領に示す自立活動を取り入れること，また教科の目標や内容についても，特別支援学校の各教科の目標や内容を活用する等の工夫を行い，児童生徒の実態に応じた教育課程を編成すること。
　　ウ　家庭，地域，関係機関等との連携を図り，個別の教育支援計画及び個別の指導計画を活用して，具体的な目標や内容を定め指導や支援を行うこと。

エ　海外から帰国した児童生徒について，実態に応じた指導や支援方法を組織的・継続的に工夫すること。不登校児童生徒については，保護者や関係機関等と連携を図り，個々に応じた情報の提供や指導や支援の内容及び方法を工夫すること。

　以上のように，海外から帰国した児童生徒や不登校児童生徒も含めて，特別な教育的ニーズをもつ児童生徒全てを特別支援教育の対象としている。なお，2018（平成30）年３月から，高等学校においても通級による指導が行われている。

　特別支援教育が目標としていることは，個々に応じた具体的な活動や体験を通して，社会生活に関する知識や技能等を学び，自立し生活を豊かにしていくための力を育成していくことと言えよう。先に述べた小学校中学校学習指導要領の中にも示されているように，個々の児童生徒が自立を目指し，必要な知識，技能，態度及び習慣を養っていくためには自立活動の指導を取り入れることが必要である。自立活動の内容は，健康の保持，心理的な安定，人間性の形成，環境の把握，身体の動き，そしてコミュニケーションの６つの区分の下に，27項目が具体的な活動として示されている。自立活動の指導においては，個々の児童生徒について障害の状態，発達の程度，経験，興味関心，生活環境及び学習環境等の実態を把握し，児童生徒が主体的に取り組み，成就感を得て，自己を肯定的に捉えることができる指導内容を用意することが必要である。自立活動の学習を通して，児童生徒が主体的に必要な生活習慣や技能等を学び，将来の自立や社会参加に必要な資質や能力を獲得できるよう指導や支援を行っていくことが求められる。自立活動の指導の目的は，専門的な知識や技能を有する教師及び医療や福祉等の専門家との連携を保ち，児童生徒が意欲や自信をもって豊かな人生を送ることができるよう個々に応じた関わりを行っていくことであり，特別支援教育における重要な基幹のひとつであると考える。

　特別支援学校学習指導要領の基本的な方向性は，全ての児童生徒が自立し生活を豊かにしていくための資質及び能力の明確化，社会生活と密接に結びついた社会に開かれた教育課程編成の実現，自ら取り組む姿勢を促し達成感や自己

肯定感が得られる学びの工夫，個々の児童生徒の実態に応じた指導や支援を行うためのカリキュラムマネジメントの活用等である。障害の有無にかかわらず，全ての児童生徒が学校を卒業した後も豊かで自立した人生を送れるよう生涯教育を視野に入れた支援を継続していくことを目指している。

引用・参考文献

廣瀬由美子・石塚謙二編著（2020）『特別支援教育』ミネルヴァ書房.

松波健四郎・藤田主一，三好仁司監修（2021）『特別支援教育』中山書店.

宮崎英憲監修，山中ともえ編集（2018）『平成29年版 小学校新学習指導要領の展開　特別支援教育』明治図書.

高橋智・加瀬進監修（2020）『現代の特別ニーズ教育』文理閣.

柳本雄次・河合康編著（2019）『特別支援教育　一人ひとりの教育的ニーズに応じて』福村出版.

（船津守久）

第15章

STEAM 教育と教育課程（カリキュラム）

　本章では，ここ数年内外で注目を集め，日本でも取り組みが始まった
STEAM 教育について考察する。STEAM 教育はもっぱら理系に特化し
た教育と思われがちだが，文部科学省等の見解や学習指導要領との接点
を見ると，文理の枠を超えた総合的なプランとして捉えられていること
が分かる。そこで本章では，まず STEAM 教育の生い立ちから入り，
日本における展開の状況をつかむ。そこから我が国が STEAM 教育で
育成を目指す資質・能力を明らかにし，実践の場として具体的に想定さ
れている「総合探究（学習）」や「理数」等との関係を整理する。その
上で STEAM 教育の「A」に着目し，STEAM 教育が問題解決型・課題
探究型型の学習スタイルをとることから，「デザイン思考」と「アート思
考」といった思考方法を取り上げ，探究学習との関係を深める。そして
最後に教育課程上での運営や指導上の留意点などについてまとめること
とする。

1　新学習指導要領と STEAM 教育

　STEAM 教育（スティーム教育）とは，Science, Technology, Engineering,
Arts, Mathematics の頭文字をとった言葉で，理数系分野に人文・社会系の
アートを加えた教科横断的な学習を内容とする。本章では最初に，STEAM 教
育とはどのようなものなのか，そして学習指導要領との関係はどうなのかにつ
いて見ていく。

（1）STEAM 教育の登場
　まず，STEAM 教育の前身として STEM 教育（ステム教育）がある／あっ

たことを知っておく必要がある。STEMとは先述の理数系4分野を土台とする科学技術人材育成教育で，アメリカで提唱されて注目を集めるようになった。1957年のソ連による人類初の人工衛星「スプートニク1号」の打ち上げ成功による"スプートニク・ショック"を経験して以来，アメリカにとって科学技術上の優位性を確保することは国家安全保障や世界戦略上の必須要件となった。しかしながら，OECDのPISAのような国際学力調査は，アメリカの子どもたちが他国の子どもたちに比べて理数系学力が劣勢である現実をあぶり出してしまった。

　そこで提唱されたのがSTEM教育である。ジョージ・ブッシュ大統領は2006年の一般教書演説において，アメリカの国際競争力強化策としてSTEM教育を取り上げ，これからのIT社会やグローバル環境で能力を発揮する理数系人材育成に向けた連邦政府の支援を約束した。続いてバラク・オバマ大統領はSTEM教育の振興を大統領選の公約に掲げ，2011年の一般教書演説においてSTEM教育への優先的な取り組みを謳い，2019年までにアメリカのSTEM教育を世界トップレベルへ引き上げることを目標として，同年11月に"Educate to Innovate"キャンペーンを開始した。2013年には「STEM教育戦略5か年計画」（Federal Science, Technology, Engineering, and Mathematics (STEM) Education 5-year Strategic Plan）を発表し，年間約30億ドルの予算を配分する国家戦略へと位置づけ，加えて「STEM教育法」を2015年に連邦議会で成立させた（2017年に「STEAM教育法」へ改正）。こうした展開はドナルド・トランプ政権にも引き継がれ，トランプ大統領は覚書を発出して幼稚園から高等学校まで質の高いSTEM教育の提供を開始。2018年には国家科学技術委員会（NSTC）のSTEM教育委員会が国家STEM教育戦略を発表し，また2020年度には17の連邦省庁が推計37億ドルをSTEM教育に供出するに至っている。このように，いわば大統領の息のかかった国策として理数系人材の育成強化を目指したのが，アメリカのSTEM教育であった。

　このようなSTEM教育の展開の傍ら，ジョルジェット・ヤクマン（Georgette Yakman）のようにSTEMにArtsを加えたSTEAMを提唱する動きも現れた。中等教育段階の理工系科目の教員であったヤクマンは，2006年にSTEAM教

育の概念的枠組みを作ると自ら学校現場での活用を開始。さらに同様の動きが
ビジネス界でも見られ始める。STEM教育には，理数系分野の中でも今後ま
すますの発展が予想されるITやロボット等の産業への技術者供給の役割が期
待されたが，GAFAに代表されるような先端的なビジネス展開を希求する企
業等は，ただ数学や科学を得意とする技術者よりも，技術を使って人々に新し
い価値を提案するイノベーションを行えたり，社会が抱える様々な問題を解決
するプロダクトやソリューションを作ることができたりする創造的な人材を求
め始めたからである。現在でもそうした企業や大手コンサルティング会社等は，
「Arts」のもつ可能性に着目してデザイン会社やデザイナーを多く抱える企業
等を買収し，創造力や問題解決力の強化に乗り出す動きを活発に見せている。
日本でもここ10年ほどの間に，「デザイン思考」や「アート思考」の必要性を
説くビジネス書が相次いで刊行される状況が生まれている。

（2）日本におけるSTEAM教育

　日本におけるSTEAM教育の展開を見ると，まず導入的な役割を果たした
ものとして，文部科学省の理科教育の振興施策として2002年度より開始された
「スーパーサイエンスハイスクール（SSH)」支援事業や，科学技術振興機構が
2021年度から始めた「科学の甲子園」などが挙げられる。SSH指定校では学
習指導要領から離れたカリキュラムの実施や，課題探究的な学習，体験的・問
題解決的な学習の積極的な導入がなされている。日本におけるSTEAM教育
の本格導入以前に，このような形で学習者のPBL（Project/Problem Based
Learning）によって科学技術分野での人材育成を図る，という思考と実践が既
に存在していた。

　こうしたPBLや教科横断的な学習の意義を大々的に持ち上げたのは，内閣
府の「第5期　科学技術基本計画」(2016)における「超スマート社会」(Society
5.0) の提唱であろう。この未来予測を下敷きに，生産年齢人口が減少する一
方で人工知能やIoTやロボット技術によって人間の仕事が置換されていくで
あろう将来への備えとして，新しい教育が真摯に求められるようになったので
ある。文部科学省による教育機関のICT環境の整備計画（2018〜22年の5年

間で超高速インターネットと無線 LAN の100％整備を目指すなど）や，学習指導要領を改訂して小・中・高等学校でのプログラミング教育を強化するなどは，そうした社会変化に向けられた教育施策として挙げられる。

　こうした文脈の中で STEAM 教育も脚光を浴びることとなった。まず文部科学省が2018年6月に発表した『Society 5.0に向けた人材育成～社会が変わる，学びが変わる～』において，高等学校での文系／理系分けの改善などと共に，高等学校時代に「…思考の基盤となる STEAM 教育を，すべての生徒に学ばせる必要がある。こうした中で，より多くの優れた STEAM 人材の卵を産みだし，将来，世界を牽引する研究者の輩出とともに，幅広い分野で新しい価値を提供できる数多くの人材の輩出につなげていくことが求められている」などと，STEAM 教育の意義が提唱された。

　そして同年同月には経済産業省から『「未来の教室」と EdTech 研究会　第1次提言：「50センチ革命×越境×試行錯誤」「STEAM(S)×個別最適化」「学びの生産性」』という文書が公開される。この文書では，米中の事例を引き合いに日本の教育課題は「創造的な課題発見・解決力」の育成であると指摘がなされ，かつ新しい教育に必要な要件10項目の4番目として「探究プロジェクト（STEAM）で文理融合の知を使い，社会課題・身近な課題解決に試行錯誤」が掲げられた。そして翌年6月にはこの続編となる『「未来の教室」ビジョン　経済産業省「未来の教室」と EdTech 研究会　第2次提言：EdTech の力で，一人ひとりに最適な学びを　STEAM の学びで，一人ひとりが未来を創る当事者（チェンジ・メイカー）に』が発表され，「学びの STEAM 化」が前面に出されるとともに（図15-1参照），「STEAM ライブラリー」や「STEAM 学習センター」構想などの付随する施策も打ち出されるなど，STEAM 教育論議が活発に展開された。その他には，教育再生実行会議の第11次提言（2019年5月17日），それから「統合イノベーション戦略2019」と「まち・ひと・しごと創生基本方針 2019」の2つの閣議決定（両者とも2019年6月21日），また中央教育審議会の『「令和の日本型学校教育」の構築を目指して～全ての子供たちの可能性を引き出す，個別最適な学びと，協働的な学びの実現～』（答申）（2021年1月26日）などにおいても，STEAM 教育の推進が求められている。

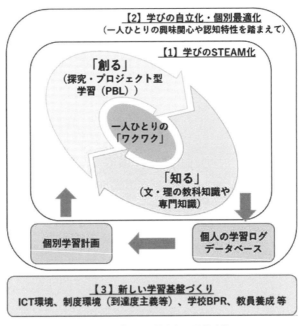

図15-1 「未来の教室」が目指す姿

出所：経済産業省「未来の教室」（第2次提言），4頁。

（3）新学習指導要領との関係

　現行学習指導要領にSTEAM教育に関する直接の言及は無い。しかし文部科学省は，かねてよりSTEAM教育について，学習指導要領の「社会に開かれた教育課程」の理念の下で，産業界等と連携しながら，各教科等での学習を実社会での問題発見・解決に生かしていく高度な内容となるもの，という認識を示していた。そして2021年7月に公表した『STEAM教育等の教科等横断的な学習の推進について』の中では，「自分のよさや可能性を認識するとともに，あらゆる他者を価値のある存在として尊重し，多様な人々と協働しながら様々な社会的変化を乗り越え，豊かな人生を切り拓き，持続可能な社会の創り手となる」という学習指導要領前文を揚げて，STEAM教育と学習指導要領との関係／位置づけを行っている。経済産業省の議論においても，『「未来の教室」と

●SIEAMのAの範囲を芸術，文化のみならず，生活，経済，法律，政治，倫理等を含めた広い範囲で定義し推進することが重要
●文理の枠を超えて教科等横断的な視点に立って進めることが重要
●小中学校での教科等横断的な学習や探究的な学習等を充実
●高等学校においては総合的な探究の時間や理数探究を中心としてSTEAM教育に取り組むとともに，教科等横断的な視点で教育課程を編成し，地域や関係機関と連携・協働しつつ，生徒や地域の実態にあった探究学習を充実

図15-2　STEAM教育等の教科等横断的な学習の推進による資質・能力の育成

出所：『「令和の日本型教育」の構築を目指して』（答申）【概要】，8頁。

EdTech研究会　第1次提言』において，新学習指導要領の実践をより豊かなものにすることを念頭にSTEAM教育その他を議論した旨が述べられている。

　また詳細は後述するが，STEAM教育が実践される場として，高等学校の総合的な探究の時間や共通教科「理数」のような教科横断的な学習活動，あるいは小中学校の総合的な学習の時間やプログラミング教育なども挙げられている。このような形でSTEAM教育は，新学習指導要領を特徴づける教育活動とも具体的な接点を有するとされている（図15-2）。

2 探究と創造に向けた児童生徒への支援

　このような背景や経緯をもって展開されつつあるSTEAM教育であるが，その教育内容や指導のあり方はどのようなものであるのかを次に見てみよう。

（1）STEAM教育で育成を目指す資質・能力

　文部科学省のホームページ等におけるSTEAM教育に関する言説によると，これからの変化の激しい予測不可能な時代を生き抜くにあたって育成すべき資質・能力とは，従来の文系・理系といった枠にとらわれず，各教科等の学びを基盤としながら，様々な情報を活用しつつ統合し，それを課題の発見・解決あるいは社会的な価値の創造に結びつけていける力量とされている。そしてそうした力量を養うために，中教審は先述の『「令和の日本型学校教育」の構築を目指して』（答申）において，STEAM教育を「現代的な諸課題に対応して求

められる資質・能力の育成について，文理の枠を超えて教科等横断的な視点に立って進める」教育と位置づけて推奨している。

こうした説明から，STEAM教育が必ずしも理数系分野の専門的な力量形成のみを目指しているものではないことがうかがえる。実際，かつて文部科学省は，STEM教育でさえ「統合型のSTEM教育」という名称で捉え，そこから① 科学・技術分野の経済的成長や革新・創造に特化した人材育成と，② すべての児童生徒に対する市民としてのリテラシーの育成と，目的を2種類に区別して提示していた。そうした伏線もあったからこそ，先述の2021年の中教審答申においても，理数系的な色彩の強い①に負けず劣らず，②も見据えた方向で幅広くSTEAM教育を定義づけたと解される。

STEAM教育にこのように市民教育的な目的も含める理由として，日本固有の教育問題のあり方が考えられる。例えば先にも述べたように，アメリカでのSTEAM教育振興はアメリカの子どもたちの理数系学力の低下と，そこから予想される将来の理数系人材の不足に大きく由来するものであった。これに比べ，PISAやTIMSS等の国際学力調査結果が示す日本の子どもたちの理数系学力は，世界的に高いレベルで推移している。しかしその一方で，日本の子どもたちの理数系科目あるいは学習一般への好感度，人生への期待感や積極性，将来の社会参画への意欲などに関しては，国際的に見て低い状況にあることが長らく問題視されてきた。子どもたちの将来を見据えた力量形成もさることながら，日本の子どもたちのそうした問題もあって，日本において学習者の学習意欲増進や動機付け，またそれに資する授業改革の必要性といった，学習力の総合的な向上への方策としてSTEAM教育が期待されていると考えられる。

（2）STEAM教育の内容と指導

このようなSTEAM教育への期待は，子どもたちの「学習にあたって基盤となる資質・能力」をいかに育成するか，その方法にも密接に関わってくる。こうした資質・能力の育成に関してSTEAM教育では，子どもたちが社会的な問題や課題等について自ら問いを発し，理数系分野での学習を活かしながらも特定の教科等の知識や技能に偏向せず，各教科等を横断的に学習しながら習

得・活用・探究という学びの過程を歩み，そこで得られる学習やカリキュラム・マネジメントの成果を今度は各教科の学習に還元する，という学習プロセスで達成しようとする。

　こうした学習のあり方からは，先にも触れた「総合的な探究（学習）の時間」や共通教科「理数」等との類似性が想起されるだろう。文科省においてもそこは認識されており，文科省ホームページ内等の説明でこれらの科目等とSTEAM教育との共通性を指摘するだけでなく，STEAM教育はこれらの科目等を中心に実践されるよう明確に述べられている。また別の資料の中では，高等学校の「総合的な探究の時間」と共通教科「理数」とSTEAM教育との対照が細かく示されている（図15－3）。この図からは，STEAM教育については，この三者の中で最も汎用度の高い学力形成を目指す「総合探究」と，同じく最も理数系の色彩が強い「理数」との間にあって，その中間に位置づけられるような内容や学習態様が想定されているようだ。ゆえにSTEAM教育の教育内容や指導のあり方を考えるにあたっては，「総合探究」や「理数」での方法論も参考にしつつSTEAM教育らしさを追究していくことが実践的であろう。実際，文科省が推進する「GIGAスクール構想」において提示される学習スタイルは，STEAM教育に通じるものと特に示される一方で，その「探究のプロセス」の中身は「総合探究（学習）」や「理数」で適用される学習スタイルと特に変わるものではない（図15－4）。実社会につながる問題や課題を対象に，文理の枠を超えた課題探究・問題解決能力の育成を指向し，情報機器等を駆使しながら調査やデータ集めを行い，互いに論理立てて意見を交わしながら議論をまとめ，それを的確なプレゼンテーションで伝えるといった一連の学習行為は，この三者の中核をなす学習活動である。

　そうなると，STEAM教育に携わる教師の指導のあり方や役割も，「総合探究（学習）」等におけるそれに準じるものと考えられる。中教審は先述した2021年の答申において，教師は探究学習の過程を重視すること，学習過程で生じた疑問や思考の過程などを子どもに記録させて自己の成長を認識できるようにすること，社会に開かれた教育課程の観点からSTEAM教育に関わる学校内外の関係者による多様な視点を生かすこと，子どもの良い点や進歩の状況な

	STEAM 教育	総合的な探究の時間 ※「理数探究」及び「理数探究基礎」について
目的	■科学・技術分野の経済的成長や革新・創造に特化した人材育成 ■ STEAM 分野が複雑に関係する現代社会に生きる市民の育成	■実社会や実生活との関わりにおいて，自己の在り方生き方を考えながら，よりよく課題を発見し解決していくための資質・能力の育成 ※数学的な見方・考え方や理科の見方・考え方を組み合わせるなどして働かせ，探究の過程を通して，課題を解決するために必要な資質・能力の育成。
対象・領域	■ STEM 分野を幹としつつも扱う社会課題によって様々な領域を含む。(例えば，科学・技術分野に特化した課題から，ART/DESIGN，ROBOTICS，eSTEM (環境)，国語や社会に関する課題など)	■特定の教科・科目等に留まらず，横断的・総合的であり，実社会や実生活における複雑な文脈の中に存在する事象が対象 (例えば，現代的な諸課題，地域や学校の特色に応じた課題，生徒の興味・関心に基づく課題，職業や自己の進路に関する課題など) ※自然や社会などの様々な事象から数学や理科などに関する課題を設定。
学習過程	■各教科・領域固有の知識や考え方を統合的に活用することを通した問題解決的な学習を重視	■複数の教科・科目等における見方・考え方を総合的・統合的に働かせるとともに，実社会や実生活における複雑な文脈の中に存在する問題を様々な角度から俯瞰して捉え，考えていく「探究のプロセス」を重視 ■解決の道筋がすぐには明らかにならない課題や，唯一の正解が存在しない課題に対して納得解や最適解を見いだすことを重視 ※数学的な手法や科学的な手法などを用いて，仮説設定，検証計画の立案，観察，実験，調査等，結果の処理を行う，一連の探究過程の遂行や，探究過程を整理し，成果などを適切に表現することを重視。
教育課程	(学校全体の仕組みとして機能が期待できる)	■教育目標との関連を図る教育課程の中核。各学校において目標や内容を設定 ■他教科等及び総合的な探究の時間で身に付けた資質・能力を相互に関連付け，教科等横断的な視点で編成・育成 ※アイデアの創発，挑戦性，総合性や融合性の視点を重視した，従前の教科・科目の枠にとらわれない科目設定。

図15-3 STEAM 教育と「総合的な探究の時間」／共通教科「理数」の関係

出所：『STEAM 教育等の教科等横断的な学習の推進について』，9 頁。

どを積極的に評価して学習したことの意義や価値を実感できるよう努めること，などを要求している。教師の役割を教科の系統主義的な“ティーチャー”から学習プロセスの“ファシリテーター”へと転換するものであり，教師は学習者の学びの過程における良き随伴者・相談者・支援者になることが求められる。

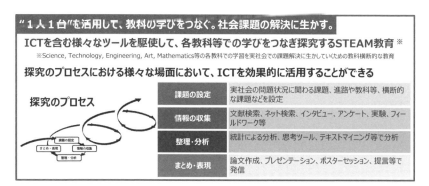

図15-4　ICTの「学び」への活用

出所：『GIGAスクール構想の実現へ』，5頁。

3　STEAMの "A" の充実──指導方法や指導体制の工夫改善

　しかし，そのように「総合探究（学習）」や「理数」とSTEAM教育との相似性を認めるなら，ではSTEAM教育に固有の教育的な特色や価値とはいったい何だろうか，という問いもクローズアップされる。そこでSTEM教育がSTEAM教育へと変貌する要因ともなった "A＝アート" に着目し，その意義や役割からSTEAM教育の特徴を捉え直してみよう。

（1）STEAM教育における "アート" の位置

　最初に "A" に関する文部科学省の見解を見ておこう。『「令和の日本型学校教育」の構築を目指して』の中教審答申においては，STEAMのAの範囲を芸術，文化だけでなく，生活，経済，法律，政治，倫理等を含む "Liberal Arts" と広義に定義すべきことが述べられている（図15-2）。その理由として，まずSTEAM教育には，S・T・E・A・Mの各分野が複雑に関係する現代社会に生きる市民として必要な資質・能力の育成を志向する面があること，また科学技術分野の人材育成を目的の一つとはするものの，その達成に向けた教科横断的な学習は実際には学力優秀校でしか遂行が難しいこと，などが示唆され

ている。あるいは文科省の『STEAM 教育等の教科等横断的な学習の推進について』では，STEAM 教育は現実社会の問題を創造的に解決するために美術，音楽，文学，歴史に関わる学習などを取り入れるものとする見方や，さらに STEAM 教育を文系／理系の枠を超えた学びとする解釈なども紹介され，こうした解釈は先述した中教審答申が示す A の幅広い定義へとつなげられている。

　上記の文科省見解の特徴を整理すると，まず STEAM の "A ＝アート" が決して芸術や美術等に限定されるものではなく，広く "文系諸分野" といった扱いがされている点が挙げられる。そして理系諸分野と文系諸分野とが同等に取り上げられている点も特徴的である。STEAM 教育が，前身の STEM 教育から元々は理系の諸分野に根差していたにもかかわらずである。日本の STEAM 教育が，理系人材の育成をにらみながらも，「STEAM の各分野が複雑に関係する現代社会に生きる市民，新たな価値を創造し社会の創り手となる人材」（『STEAM 教育等の教科等横断的な学習の推進について』）といった一般市民の育成に意義を置き，またカリキュラム・マネジメントを尽くした教科横断型の学習スタイルを推奨することなども考え合わせると，"アート" を広く捉えて文理に渡る総合的な力量形成を目指すことも納得されよう。

　では児童生徒の問題解決能力の育成に，A が具体的にどのように関わるのだろうか。上記の文科省見解からは，S+T+E+A+M=STEAM と言うよりは，S × T × E × A × M=STEAM といった効果を期待している趣が感じられるが，そこで A が果たせるダイナミックな役割や機能について掘り下げてみよう。

（2）デザイン思考とアート思考

　アメリカでの経緯を振り返ると，STEM に A が加えられた理由の一つには経済界の動向があった。そこから推察されるのは，A については経済界による特有の解釈がなされており，それが STEAM 教育の A に反映されているのではないか，という点である。実際，学校教育における経営概念の導入や PDCA サイクルの活用のように，ビジネス界の思考や手法が学校教育の世界に持ち込まれる事例は少なくない。

そのビジネス界において，Society 5.0の出現や環境破壊の深刻化等によって先行き不透明な世界を乗り切る思考として近年注目を集めるのが，「デザイン思考」とか「アート思考」と呼ばれる特徴的な思考方法である。"デザイン"とか"アート"という言葉が使われているが，これらは美術や芸術に関するものではなく，問題や課題を発見したり提起したりするための思考方法である。特に創造性や独創性を発揮して新たな問題や課題の提起や解決を指向する性格が強く，そうした思考のあり方はAIには真似できないとされたり，あるいはビジネスの新たな展開につながると期待されたりしている。以下にその内容を見てゆこう。

2000年あたりまで人口に膾炙していた論理的思考（ロジカル・シンキング）における問題発見とは，例えばターゲットとなるカスタマー層にマーケット・リサーチをかけて結果を分析する方法などに依っていた。そこで特定される問題や課題とは，カスタマーにとっては顕在的に意識されマーケッターにとっては数値で客観的に把握されるものである。そうした明示的なデータを基に論理的な仮説を立てて問題解決を図っていた。

これに対し，まずデザイン思考においては，カスタマー本人が気付いていない潜在的な問題や課題，つまりデザイン思考の実践者はもちろん，カスタマー本人も含めて誰も意識していない隠れた問題に焦点を当て，解決に挑むところにその特質がある。その理由は，デザイン思考ではある行為の意味を社会的な文脈や文化に関連づけて捉えるのではなく，行為者本人の内側で発生する問題として考えるからである。そのため，例えば主婦が潜在的に抱えている問題や課題を探り当てるために，台所に座って主婦の行動を一日中観察しながら主婦の気持ちや心の動きに迫る，といった調査手法を試みる。そこで重視されるのは，行為者を理解する基本的な姿勢としての"共感（エンパシー）"である。行為者を客体として分析的に見たり批判的に見たりするのではなく，行為者に共感し寄り添うことによって行為者が潜在的に抱えている問題や困難を探ろうと努めるのである。

もう一方のアート思考においては，ターゲットはそうしたカスタマーのニーズですらなくなり，もっぱらアーティストのウォンツへと焦点が絞られる。こ

こでのアーティスト像とは，社会や他者の気付かぬ角度から問題や課題を取り出し提起するとともに，自分自身の内から解決への新提案を生み出す存在である。この点を理解するにあたっては，ここでいうアートが絶対的な美を追求するような古典的なアートではなく，マルセル・デュシャンに端を発するような現代アートを前提としていることを押さえる必要がある。新しい価値の創造や価値観の提示を目指す現代アート作品の背後には，社会のあり方や人間の生き方などに存する既存の諸価値や価値観に対し，アートという手法を用いて時には批判的に時には闘いながら問題提起をするアーティストの姿がある。そのように「自分から」問題提起を行い，新しい価値を創造して発信するという独創的な姿勢をもってエポック・メイキングな変化を起こそうとするのが，ここでいうアート思考である。

　こうしたデザイン思考とアート思考では，共通して「問題」や「課題」への向き合い方が極めて重要となる。これらのアプローチの背後には，問題や課題の質を高めることがより深く意義のある解決に結びつくという考え方があり，また隠れた問題や課題を創造的に解決していくことが，人々の幸福につながり未来を拓く，という期待も込められているのである。

（3）指導における工夫や改善

　図15－4にある探究のプロセスは，問題解決型や課題探究型授業の極めてシンプルかつ基本的なモデルの一つといえる。そこで図に描かれているプロセスの4つの場面を足掛かりとして，STEAM教育が育成を目指す資質・能力を念頭に，そうした意義や効果を確保する上で必要な指導上の工夫や改善点などについて考えてみよう。

　まず，デザイン思考やアート思考がその持ち味を発揮する場面として第一に取り上げられるのは，最初の「課題の設定」場面になる。この場面では，まだ誰も知らない常に曖昧で不確実性の高い思考を深めていくことになる。着想が革新的であればあるほどその度合は高まるといえる。だからこそ指導者としては，児童生徒が曖昧さや不確実さに耐えながら，忍耐強く思考を続けられるよう支援をしていきたい。グループワークや班活動などの場合は，曖昧さや不確

実性を受け入れるグループ内の意識や仲間つくりを意図的に促すことも有効な支援である。こうした忍耐力の必要性は指導者にもいえることで，失敗を重ねる児童生徒たちを辛抱強く支える姿勢が求められる。

　児童生徒はそうした組織的な背景に支えられながら，「共感」的な眼差しをもって対象へと切り込んでいく。共感とそれに基づく理解によって，児童生徒は対象者も気づいていない問題や課題の提起を目指す。そこで必要な「共感力」は一朝一夕で備わるものではないため，日頃からその育成に意を注いでおく必要がある。また，対象者の立場や価値観に深く寄り添うことは，児童生徒が自己の先入観やバイアスに気づけるチャンスでもある。これは児童生徒が古い殻を破って成長する機会であるので，指導者はこの機会を大切にしたい。加えて，対象に一方的に寄り添うだけでなく，見つけ出した問題や課題を自分がチャレンジしたい問題や課題へと捉え直すことも大切である。特にアート思考においては，「自分自身」が独創性や創造性の拠り所となる。そこで様々なアイデアを出すにあたり，人と同じものではなく，むしろ人とは違うものこそを提案するよう積極的に促し支えるべきである。

　次に「情報の収集」の場面を見てみよう。ねらいとする問題や課題が曖昧で不確実であるため，情報収集は様々な方面・分野から大量に行う必要がある。ICT 機器の活用方法なども含めて，そうした収集作業を根気よく効率的に行う手立てを指導する必要がある。またそうした外のソースからの情報収集だけでなく，自己の内側を深く内省し，自己の価値観や想いを尋ねることも大切である。

　三番目の「整理・分析」場面においては，おそらくグループやチームで行うことが多いと思われる。その時，背景の違う他者との協働は困難さを伴うもので，特にそれぞれが自己の価値観や想いをもって対話に臨む場合は，互いに思い遣る冷静さや慎重さが求められる。その一方で，遠慮しあうのではデザイン思考やアート思考による成果が期待できない。さらに，対象者への共感や寄り添いの場面だけでなく，他の子どもとの意見交換の場も自分の先入観やバイアスに気付き自己をリニューアルするチャンスである。そこで指導者としては，グループやチームやクラスがみんなで多様性にチャレンジする姿勢をもって分

かち合うように，学級運営等の中で日頃から心掛けておくべきであろう。

　そうした姿勢で整理・分析に臨むが，創造的・独創的なアイデアは簡単に得られるものではない。特に不確実さや曖昧性の高い問題を扱っているのだから，議論をすることすらも簡単ではない。そうした困難さを乗り越える一つの指導として，とにかくアイデアを大量に出すよう促すことが考えられる。アウトプットを頻繁に出し，それを起点に対話・内省を続けなければ，議論への突破口を見つけることは難しい。

　またSTEAM教育内の対話や話し合い活動とは，そうした曖昧さ・不確実性を伴うAと，論理性・合理性に準拠するS・T・E・Mとの対話でもある。問題や課題の現実的な解決を目指して議論を重ねるのであれば，最終的にはAをSTEMに落とし込むことが必要となろう。しかし論理的・合理的に整理・分析して現実に「落とし込むこと」を意識し過ぎると，今度は貴重なイノベーションの芽を摘み取ってしまいかねない。特に人々の常識や価値観を揺さぶるために議論を巻き起こすことを身上とするアート思考においては，こうした整理・分析では思うように威力を発揮できないので注意が必要である。

　最後に「まとめ・表現」の場面について見てみよう。デザイン思考やアート思考が目指す成果とは，問題や課題の単なる解決策ではなく，カスタマーの想定やニーズを越えたところでカスタマーに新たな価値を提供できるかどうかである。問題や課題を解決した先に，新しい感動や喜びや驚きを与えられるようでなければならない。そこでSTEAM教育においても，児童生徒たちの探究の成果を判断する一つの基準として，対象者や参加した児童生徒たちの感動や喜びや驚きについて見てみるとよい。もしそこがまだ不十分であると判断されるなら，そこに到達するまで妥協させず，探究のループをさらに一つ重ねるよう指導したい。

　ただし，その新しい価値とは自己満足の産物であってはならない。特にアート思考は，その独創性や創造力のために周囲からなかなか理解されず，他者や社会からもすぐには受け入れられない。そこでまとめや表現においては，個人やグループの理由をクラスの理由や地域や社会一般の理由へと段階的に広げたり，あるいは現在の理由を未来の理由や将来世代の理由へと敷衍したりする工

夫が必要で，そこも指導のポイントとなる。せっかくのイノベーションが正当性を獲得できるよう，まとめや表現のプロセスにも配慮したい。

4　教育課程（カリキュラム）編成の改革と STEAM 教育

第1節で学習指導要領との関係について言及した。その内容に呼応させつつ第2節・第3節の内容も反映させながら，STEAM 教育のカリキュラム上の位置づけや留意すべき点などについてまとめてみよう。

（1）一般的な視点

前述の2021年の中教審答申では，STEAM 教育は「社会に開かれた教育課程」の理念の下で，産業界等と連携しながら各教科等での学習を実社会での問題発見・解決に生かしていく高度な内容であると位置づけられた。そこでSTEAM 教育が重点的に展開されるべき場として高等学校がまず挙げられているが，小学校や中学校においても児童生徒の学習の状況次第で STEAM 教育に取り組むことが想定されている。またそれらの学校段階における学びについては，STEAM 教育が教科等横断的な学習の中で実施されるべきことが強調され，よって教育課程の編成も文理の枠を超えた教科等横断的な視点から図ることが重要とされている。

これらの学校段階における教育課程について答申が描く STEAM 教育のビジョンを見ると，まず小中学校での幼児期からのものづくり体験や科学的な体験，各教科等や総合的な学習の時間における教科等横断的な学習や探究的な学習，またプログラミング教育などをもって，高等学校における STEAM 教育の土台づくりとみなしている。そして高等学校では，実社会につながる課題の解決，課題を分析して論理立てて主張をまとめる活動，情報手段の基本的な操作やプログラミング的思考や情報モラル等に関する教育を通じて，問題発見・解決能力，言語能力，情報活用能力などの「学習の基盤となる」資質・能力，そして心豊かな生活や社会的な価値を創り出す創造性などの「現代的な諸課題に対応する」資質・能力の育成を目指すとしている。

先にも述べたが，このように日本のSTEAM教育は理系人材の育成のみならず，未来を切り拓ける市民を育成しようとする性格づけも強い。習得を目指す資質・能力も教育課程の中の特定の教科等で習得される資質・能力に収まるものではなく，教科の垣根を超えての学習展開が避けられない。またそうした幅広いSTEAM教育の運用が，各教科等の学習に波及・還元されることも期待されている。こうした点から，STEAM教育のカリキュラム・マネジメントについては，理科や数学を中心に工夫すれば済ませられるものではなく，理科や数学も文系諸教科も含めた全教科等の関与が目指すべき姿となる。よって全教科等をいかに総合的に巻き込むかが，STEAM教育の成否に関わると考えられる。

（2）具体的な留意点

　その一方で，現実的には「総合的な探究（学習）の時間」を中心として，STEAM教育を具体的に実施していくことになる。先述した2021年の中教審答申を参照すると，高等学校で新学習指導要領によって新たに導入された「総合的な探究の時間」や「理数探究」を，STEAM教育に活用していく旨が述べられている。とりわけ，「総合的な探究の時間」や「理数探究」が：

○実生活，実社会における複雑な文脈の中に存在する事象などを対象として教科等横断的な課題を設定する点

○課題の解決に際して，各教科等で学んだことを統合的に働かせながら，探究のプロセスを展開する点

といったねらいをもっているため，そこにSTEAM教育との親和性を見出すことは容易である。そこで既存の「総合的な探究の時間」や「理数探究」をベースに，STEAM教育に取り組むことが現実的なあり方であろう。

　しかしその場合，STEAM教育が理系人材の育成のみを目的としているものではないことに留意する必要がある。STEAM教育を通じて育成を目指す資質・能力や，STEAM教育の文理横断型学習スタイルを考えると，STEAM教育はより広く捉えられるべきである。また本章で述べた「A」のデザイン思考やアート思考などを加味すれば，子どもの探究活動（とりわけ思考活動）はよ

り創造的で大胆で躍動的であることが求められるのである。

　また，学習指導要領は探究学習に関して，地域住民・人材，大学等の高等教育機関，各種行政機関，企業等との連携・協働を求めている。学校外部とのこうしたコラボレーションでは様々な調整やすり合わせが必要であるが，例えばSDGsのような共通プラットフォームを足掛かりにすれば，関係者がつながることへの見通しが立てやすくなる。近年では産官学をあげてSDGsへの取り組みが進められており，SDGsの17の開発目標のどれに取り組んでいるのかホームページ等で公開している大学の学部・学科や研究者，企業等は増えている。児童生徒らの問題関心や探究課題のあり方もSDGsをガイドに整理していけば，SDGsを接点に外部とのマッチングも構築しやすくなろう。加えて，STEAMのAに関していうと，アーティスト達の問題提起もSDGsのどれかに当てはまる場合が少なくない。そうしたアーティスト達を見つけ，そのメッセージや作品や生き様などを調べていく作業も，児童生徒達が関心を寄せる問題や課題を洗練し解決策を模索する上で大いに参考になろう。

（3）マインド・セット

　この章の最後に，STEAM教育の指導に携わる者の心構えや理念の共有化について言及しておきたい。まず教職員であるが，もし学校の教職員文化において創造性や批判的思考力などを敬遠する向きがあるなら注意すべきであろう。学校教育の諸機関はともすれば行政の上位下達的な秩序に組み入れられ，校内においても管理職以下同様の秩序が敷かれる場合がある。こうした組織文化の問題は日本の企業等にもいえることで，新入社員に期待する資質として依然として協調性などを上位に挙げていては，少なくとも欧米の企業等と比べてSTEAM人材の十分な受け皿にはなり得ない可能性がある。また家庭においても，子どもがSTEAM教育でいくら頑張ったところで「受験に出ないから」と理解を示さない言動は避けたいところである。

　STEAM教育を推進し成果を上げるためとして，教育課程上の工夫は様々考えられる。またICT機器の整備や専門の教職員の配置といった環境整備も要望としてある。しかしそれに先立って，STEAM教育のような新世代の試みを

軌道に乗せ振興していくためには，まずそれが育成を目指す資質・能力に価値を置き，それを活かそうとする理念が関係者の間で"マインド・セット"されることが重要である。STEAM 教育は関係者・関係機関も多いため，皆のマインド・セットを確保して足並みを揃えられるかどうかが，今後の展開を左右しよう。

引用・参考文献

OCHABI Institute（2021）『デザイン・アート思考』翔泳社.

経済産業省「未来の教室」と EdTech 研究会（2018）『「未来の教室」と EdTech 研究会 第 1 次提言：「50センチ革命×越境×試行錯誤」「STEAM(S)×個別最適化」「学びの生産性」』.

同上（2018）『「未来の教室」と EdTech 研究会 第 1 次提言のポイント』.

同上（2019）『「未来の教室」と EdTech 研究会 第 2 次提言：「未来の教室」ビジョン EdTech の力で，一人ひとりに最適な学びを STEAM の学びで，一人ひとりが未来を創る当事者（チェンジ・メイカー）に』.

同上（2019）『「未来の教室」ビジョン 経済産業省「未来の教室」と EdTech 研究会 第 2 次提言 概要』.

国立研究開発法人 科学技術振興機構 研究開発戦略センター（2021）『「トランプ政権 4 年間の科学技術ハイライト」概要』.

佐宗邦威（2020）『デザイン思考の授業』日経 BP 日本経済新聞出版本部.

先端教育機構出版部（2020）『月刊 先端教育』Vol. 11.

竹村詠美（2020）『新・エリート教育』日経 BP 日本経済新聞出版本部.

中央教育審議会初等中等教育分科会教育課程部会（2019）『新学習指導要領の趣旨の実現と STEAM 教育について――「総合的な探究の時間」と「理数探究」を中心に』（令和元年10月15日 高校 WG（第 4 回）資料 1）.

中央教育審議会（2021）『「令和の日本型学校教育」の構築を目指して～全ての子供たちの可能性を引き出す，個別最適な学びと，協働的な学びの実現～（答申）』（令和 3 年 1 月26日）.

同上（2021）『「令和の日本型学校教育」の構築を目指して～全ての子供たちの可能性を引き出す，個別最適な学びと，協働的な学びの実現～（答申）【概要】』，PDFファイル.

中川一史ほか（2020）『カリキュラム・マネジメントで実現する学びの未来』翔泳社.

文部科学省初等中等教育局（2020）『GIGAスクール構想の実現へ　1人1台端末は令和の学びの「スタンダード」』，PDFファイル.

文部科学省初等中等教育局教育課程課（2021）『STEAM教育等の教科等横断的な学習の推進について』，PDFファイル.

延岡健太郎（2021）『アート思考のものづくり』日本経済新聞社.

（角谷昌則）

第16章

学校におけるカリキュラム・マネジメントの充実

　本章では，カリキュラム・マネジメントの定義と意義を明確にしたうえで，カリキュラム・マネジメントを推進する上で検討すべき要素や実践事例の紹介を行い，学校におけるカリキュラム・マネジメント充実のために必要な視点について論じる。

　具体的には，第1節でカリキュラム・マネジメントの定義と意義について述べ，第2節でカリキュラム・マネジメント推進の要素について述べる。それを受け，第3節ではカリキュラム・マネジメントの実践事例として，文部科学省の研究開発学校の指定を受け，カリキュラム・マネジメントの研究を先進的に行ってきた広島大学附属三原学校園（幼稚園・小学校・中学校）の組織的な取り組みを紹介する。第4節ではカリキュラム・マネジメントの充実に向けて大切にすべき点について述べる。

1　カリキュラム・マネジメントの定義と意義

　昨今，学校現場ではカリキュラム・マネジメントという言葉が聞かれる。カリキュラム・マネジメントは，この度改訂された学習指導要領が目指す「社会に開かれた教育課程」を実現すべく示された理念である。改めてカリキュラム・マネジメントとは，どのようなものだろうか。

　中央教育審議会答申（平成28年）では，「これからのカリキュラム・マネジメント」について次の三つの側面から捉えることができるとしている。

　　① 各教科等の教育内容を相互の関係で捉え，学校の教育目標を踏まえた教科横断的な視点で，その目標の達成に必要な教育の内容を組織的に配列していくこと。

　　② 教育内容の質の向上に向けて，子どもたちの姿や地域の現状等に関す

ろ調査や各種デ゠タ等に基づき，教育課程を編成し，実施し，評価して
改善を図る一連の PDCA サイクルを確立すること。
③ 教育内容と，教育活動に必要な人的・物的資源等を，地域等の外部の
資源も含めて活用しながら効果的に組み合わせること。

これを受け，文部科学省はカリキュラム・マネジメントについて次のように
定義している。

　各学校においては，生徒や学校，地域の実態を適切に把握し，教育の目
的や目標の実現に必要な教育の内容等を教科等横断的な視点で組み立てて
いくこと，教育課程の実施状況を評価してその改善を図っていくこと，教
育課程の実施に必要な人的又は物的な体制を確保するとともにその改善を
図っていくことなどを通して，教育課程に基づき組織的かつ計画的に各学
校の教育活動の質の向上を図っていくこと

そして，この定義に沿い，各学校がカリキュラム・マネジメントを推進する
ために次のように努めることを求めている。

　教科等の目標や内容を見通し，特に学習の基盤となる資質・能力〔言語
能力，情報活用能力（情報モラルを含む），問題発見・解決能力等〕や現
代的な諸課題に対応して求められる資質・能力の育成のためには，教科等
横断的な学習を充実することや，「主体的・対話的で深い学び」の実現に
向けた授業改善を，単元や題材など内容や時間のまとまりを見通して行う。
これらの取組の実現のためには，学校全体として，児童生徒や学校，地域
の実態を適切に把握し，教育内容や時間の配分，必要な人的・物的体制の
確保，教育課程の実施状況に基づく改善などを通して，教育活動の質を向
上させ，学習の効果の最大化を図る。

天笠（2020：33）は「カリキュラム・マネジメントとは，各学校において，

教育課程（カリキュラム）を核に協働を促し，教育内容の組織的な配列をはかり，諸条件の適切な活用を通して，学校教育目標の実現を目指す営みである」としている。とかく学校現場では，目前の教育内容をどのように教えるかという方法論に重きが置かれがちであるが，カリキュラム・マネジメントの理念はそこから一歩も二歩も引いたところにある。これからの社会に通用する資質・能力の育成を目指した学校教育目標を掲げ，その実現に向け，教育課程や学校内外の資源を効果的につなぐ取組である。教員が学校教育目標の実現という目標を共有し，教育内容を組織的に配列し実践することによって，子どもも教員も効果的に学びを深めることができる。また，学校内外の人々と様々な形でつながり，その力を計画的に学校教育に生かしていく。子どもは多様な人々の多様な生き方に触れながら，柔軟性を備えた人格を身に付けていくことができるのである。

2 カリキュラム・マネジメント推進の要素

　天笠（2020：35）は，「カリキュラム・マネジメントは，教育内容の相互関連や教科等横断による授業を軸に，教育課程の編成・実施・評価を核にしたPDCAサイクルの確立を位置付け，経営資源の効果的な投入を基盤にして組み立てられる。それは，内容・方法・組織の一体的改革を目指して提起されたもの」であり，学校改善を志向するものであると述べている。学校の課題の改善をカリキュラム・マネジメントを通じて図ろうとする時，その推進に必要な要素とはどのようなものだろうか。主なものを挙げる。

（1）学校教育目標
　学校教育目標はその学校で育てようとする子ども像が端的に表されており，学校の教育活動全てにおいて目指されるものである。学校教育目標は子どもの実態，地域社会や社会情勢などを背景に設定されるが，カリキュラム・マネジメントを考える際にも，カリキュラム・マネジメントによって目指そうとする子ども像や育成しようとする資質・能力は，学校教育目標と整合を図ることに

なる。

（2）研究課題（テーマ）と目指す子ども像

　カリキュラム・マネジメントを通してどのような子どもを育てようとするのか，その方向性を明確にする上で研究課題（テーマ）と目指す子ども像の設定は欠かせない。設定のためには，これからの社会で必要とされる資質・能力を明らかにし，それに対する自校の子どもの実態把握が必要となる。子どもの実態は教員間で意見を交流したり子どもや保護者，地域の方等を対象に質問紙調査をしたりして，できるだけ具体的に捉える。

（3）育みたい資質・能力と評価

　（2）を受け，自校の子どもに育みたい資質・能力をより具体的な言葉にする。いくつかのキーワードにすると，教職員や学外の関係者にも共有されやすい。育みたい資質・能力を子どもを取り巻く人々が一致して意識することは，教育の層を厚くする上でも重要である。また，育みたい資質・能力をどのように評価するのか，その観点や方法，評価の時期についても明らかにする。

（4）研究組織と年次計画

　研究の推進にあたり，様々な役割を担う組織の構成は重要な視点である。カリキュラム・マネジメントを進める上では学校内においては教員間の連携が不可欠であり，学校外の人材にも協力を求めることが多くある。関わる人々の協働のあり方を，組織図にするなどして可視化し，関わる人々で共有する。研究組織は必要に応じて組織を組み替えるなど，柔軟な対応も行うようにする。

　また，研究に見通しを持たせ，積み上げていくためには，年次計画を立て，PDCA サイクルの視点をもって進めていくことも重要である。

（5）カリキュラムの開発と評価

　（1）〜（3）の視点から具体的なカリキュラムを編成する。目指す子ども像の実現に向けたより効果的な教育活動を生むために，教育内容，方法，時期

や評価などを一体的に検討する。教科等の横断を視野に入れてみると，例えば，教育内容の重なりや不統一な教育方法に気づくこともある。また，いつもの授業者だけでなく，学校内外の人材を活用することなども発想される。

　開発したカリキュラムは実際に運用しながら，PDCA サイクルの視点でその効果を検証し，常に見直しを行う。

3　カリキュラム・マネジメントの実際

　本節では，筆者の勤務校である広島大学附属三原学校園の研究開発学校の取組による，学校園全体でのカリキュラム・マネジメント推進の実際を紹介する。[(1)]本学校園は校園長が一人で，幼稚園・小学校・中学校が同一敷地内にあり，幼稚園から中学校までの12年間一貫教育を行っている。教育理念に「自ら伸びよ」を掲げ，教育目標は「人格の調和的・総合的発達をめざす」である。ここでは2012（平成24）年度〜2017（平成29）年度の新領域「希望（のぞみ）」と2018（平成30）年度からの新領域「光輝（かがやき）」の取り組みについて述べる。

（1）広島大学附属三原学校園の新領域「希望（のぞみ）」の開発
　本学校園の運営指導委員である天笠茂氏によれば，[(2)]本学校園の研究開発のポイントは以下の3点である。
> ①　幼小中全期間を通して育てる基礎的・汎用的能力が何であるか，それを明らかにする取組であること。「内容ベース」から「資質・能力ベース」への転換を目指す学習指導要領の改訂に欠かせない知見を提供している。
>
> ②　道徳及び特別活動の一部，及び総合的な学習の時間すべての授業時数を充てて「希望（のぞみ）」と称する新領域を創設し，それと教科指導との往還を図る取組，すなわち両者の横断的な関連を図る単元開発を行っていること。
>
> ③　幼小中の連携・協働による12年間を一貫させるカリキュラムの開発をめざし，発達を意識した自己開発型教育に有効な新たな学年区分が提起

されていること。

（2）研究開発課題と目指す子ども像の設定

　研究開発課題を設定するにあたり考慮した点は，社会情勢，キャリア教育の問題点，本学校園の子どもたちの実態である。

　まず，情報化社会の到来や経済のグローバル化が加速し，多様性・不確実性の時代に移行するなか，変化に対応できる柔軟で能動的なシステムを作り，個性豊かで人間味あふれる人材が求められるようになった。従来こうした視点からの人材育成の方法の一つとしてキャリア教育が挙げられていた。しかし，キャリア教育には，就業（進路）対策的な取り組みや職場体験活動に偏重した取組に留まっていること，生涯にわたって育成されるべき能力論，いわゆる「育てたい力」の視点が欠落していることなど課題が指摘されていた。

　また，本学校園の子どもたちについては，幼小中の教員で話し合ったり児童生徒に質問紙調査を行ったりして，次のような4つの課題が見出されていた。

　　○「人のために役立つことをしたい」「将来の夢がある」といった項目に
　　　対する肯定的回答が多いにもかかわらず，学習の意義について，自己の
　　　将来と関係づけた理解がなされていないと考えられること

　　○肯定感が低く，ストレスマネジメント力が不十分である可能性があるこ
　　　と

　　○特に学習習慣・生活習慣及び公共性に関する自己の状況について，客観
　　　的な評価を得られて（または認識できて）いないと考えられること

　　○第5学年以降，自己意識が否定的に（または判断基準が厳しく）なって
　　　いること

　これらの課題は，子どもたちが国際社会を生きていく上で，自己を正しく認識し，異質な人々とも対等かつ自律的に関わり，ともに難題を解決できる人材となる上で克服すべき点と考えた。

　こうした問題意識から研究開発課題と目指す子ども像を次のように設定した。
〈研究開発課題〉社会的自立の基礎となる資質・能力及び態度・価値観の体系

的な育成のための，幼小中一貫の新領域を核とした自己開発型教育の研究開発
〈目指す子ども像〉様々な人々とともに，積極的に，粘り強く課題解決に取り
組む中で，社会において有為な人となるべく自己の向上をはかる子ども⁽³⁾

（3）育みたい資質・能力

　目指す子ども像に迫るため，子どもたちに育みたい資質・能力を3つ設定し
た。社会的自立の基礎となる資質・能力をキャリアプランニング能力，人間関
係形成・社会形成能力，課題対応能力である。そして，育成する態度・価値観
は，自律，共生，参画を設定した。詳細は，表16-1・2のとおりである。表
16-1・2は研究年度を重ねる毎に修正を加え，6年間の取り組みの結果とし
て表したものである。表には「中学校修了時の子どもの姿」を入れ，各校種・
学年段階でも意識化できるようにした。

（4）新領域の設置

　本研究では，義務教育修了段階において，人として世の中に貢献しうる意欲
と資質，価値観を身につけた「個」を育成しようとした。その目標は道徳や特
別活動のねらいとも重なり合う。そこで総合的な学習の時間の全時間と道徳，
特別活動（各10時間）を統合した新領域「希望（のぞみ）」を設定することに
した。

　また，先に述べた3つの資質・能力を学校教育全体で育成する資質・能力と
捉え，「通教科的能力」として，「希望（のぞみ）」だけでなく，保育・教科に
おいても育成することとした。

　図16-1はこのようにして生まれた新領域「希望（のぞみ）」の教育課程構
造図である。道徳，特別活動と「希望（のぞみ）」との関連や，幼稚園からの
12年間の発達と接続を意識した学年区分，及び学年区分とそれぞれの期におけ
る「希望（のぞみ）」の位置づけなどを表している。

表16-1　社会的自立の基礎となる資質・能力

資質・能力	本学校園のとらえ	この資質・能力が育成された 中学校修了時の子どもの姿
キャリアプランニング能力 （なりたい自分になる力）	「働くこと」の意義を理解し，自らが果たすべき様々な立場や役割との関連を踏まえて「働くこと」を位置付け，多様な生き方に関する様々な情報を適切に取捨選択・活用しながら自ら主体的に判断してキャリア形成していく力	役割や仕事に責任をもって取り組んだり，意欲をもって学んだりしながら，自分と社会とのつながりについて考え，自分の将来や生き方を描くことができる。
人間関係形成・社会形成能力 （関係を構築する力）	多様な他者の考えや立場を理解し，相手の意見を聴いて自分の考えを正確に伝えることができるとともに，自分の置かれている状況を受け止め，役割を果たしつつ他者と協力・協働して社会に参画し，今後の社会を積極的に形成することができる力	相手の立場や気もちを尊重しながら考えを分かりやすく伝え合ったり，相手の考えから自分自身を客観的に見つめたりするとともに，全体の情況を見通しながら，集団のさまざまな意見に折り合いをつけ，全体の意見としてまとめていくことができる。
課題対応能力 （達成へ向かう力）	課題対応能力は，仕事をする上での様々な課題を発見・分析し，適切な計画を立ててその課題を処理し，解決することができる力	地域社会とのかかわりの中で，新たに挑戦してみたいことを見つけて，見通しをもって計画立案を繰り返し，自ら目標を決め，最後まで行動することができる。

表16-2　社会的自立の基礎となる態度・価値観

態度・価値観	本学校園のとらえ	この価値観が形成された 中学校修了時の子どもの姿
自律	自ら考え，判断し，実行し，自己の行為の結果に責任をもつようになる。	『なりたい自分』に向かって目標をもち，最後までやりきる大切さに気づく。
共生	異なる意見や立場，文化の人と相互に人格や個性を尊重し，支え合おうとするようになる。	様々な人とかかわる中で，相手の気もちを尊重しながら伝え合うことの楽しさや大切さに気づく。
参画	身近な集団の役に立つために働いたり，社会貢献に主体的に取り組んだりしようとするようになる。	よりよい集団や社会をめざし，自ら進んで問題を見つけ，その解決に向けて具体的に計画・立案・実行することの大切さに気づく

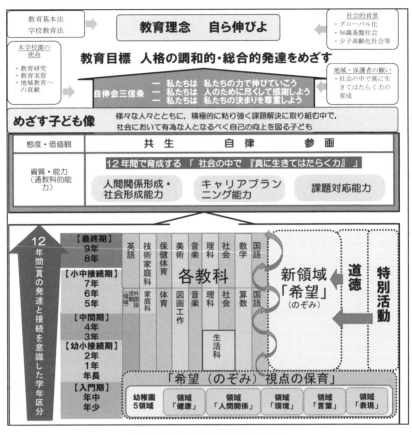

図16-1　教育課程構造図（6年次）

（5）組織作り

① 全員が研究の主体となる組織

　幼小中の研究主任が中心となり，研究を推進したが，各教員が主体となって取り組むことができるように組織づくりを行った。図16-2，表16-3に示す会・部を設置し，全体の方向性を協議・共通理解するとともに，どの部も全体研究構想をもとに各々の構想を立て，実践・検証・修正を行った。表16-4は，研究開発1年次の研究主任主催の会議及び外部評価の会の概要である。

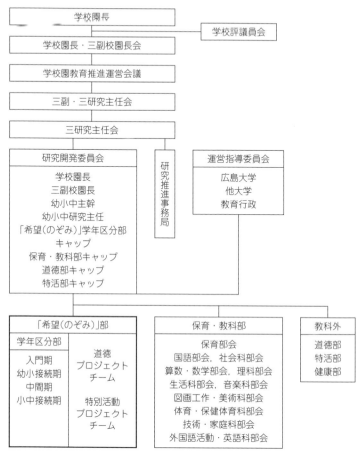

図16-2　研究組織図（6年次）

② 研究の重点に伴う柔軟な組織構成

　研究組織は基本的には図16-2に示すものであるが，研究の内容に応じて柔軟に変更を行った。表16-5は，「希望（のぞみ）」部（図16-2の太線箇所）の各年次の組織と取り組みの変遷を示したものである。

　　1年次：学校種ごとに目的・目標を達成する活動内容を模索。

　　2年次：12年間を貫く3つの学習領域「『自分づくり』から」・「『つなが

表16-3　主な部会の概要・構成員

部会名	概要	構成員
三研究主任会	研究開発委員会で提案する内容の原案作成や，公開研究会開催にあたっての事務的な内容の原稿作成等を行う。研究開発委員会，全体研究部会の前後に2〜3回開催する。事務的な連絡事項の確認はメールによる往復書簡を併用する。	幼小中の研究主任（3名）
三副・三研究主任会	研究主任会で作成した原案（研究開発委員会，全体研究部会，研究構想等）をもとに協議を行う。運営指導委員の先生方との連絡調整を行う。	三副校園長（幼の副園長，小中学校の副校長）（3名）幼小中の研究主任（3名）
研究開発委員会	定例の会議として月に1回のペースで開催し，各部会キャップから研究の進捗状況を報告したり，研究主任の提案内容を協議したりする。	学校園長（1名），三副校園長（3名），幼小中主幹（3名），幼小中研究主任（3名），「希望（のぞみ）」各学年区分キャップ（5名），保育・教科部キャップ（1名），道徳部キャップ（1名），特活部キャップ（1名）※メンバーは研究年次によって，若干異なる。
全体研究部会	全教員が研究に関する共通認識を図るために協議・ワークショップ・研修を行ったり，異校種・異学年・部会間の交流を持ったりする時間を設定する。研究推進のための重要な検討事項がある場合は，適宜実施する。	幼小中全教員
希望（のぞみ）部	全体構想に基づいて各部会の構想を立て，実践・検証・修正を行う。	研究年次によって異なる
保育・教科部	全体構想に基づいて各部会の構想を立て，実践・検証・修正を行う。	保育・教科毎

り』から」・「『もの』から」を設定し，「希望（のぞみ）」部内に3領域を担当する部会を設置。単元・活動の開発と育成する資質・能力及び態度・価値観を明確化。

3年次：3つ学習領域の統合を視野に入れつつ，単元・活動を修正。学習内容を体系的に編成し，各学習領域を関連付けた大単元を設定。

4年次：発達と接続を意識した5つの学年区分（図16-3）に組織を改編。また，子どもたちの主体的な自己成長を促す評価方法の開発に着手。

表16−4　「希望（のぞみ）」1年次の研究主任主催の会議・研修及び外部評価の会

月	研究主任主催の会議・研修			外部評価の会	
	【全体研究部会】	【研究開発委員会】	【大学連携】 （）内が参加者	【運営指導委員会】	【研究開発連絡協議会】
4月	4日 ○前年度末の研究の流れを整理 ○キャリア教育に関する意見交流	23日 ○学校園全体研究スケジュール ○実践記録の項目の提案			
5月	10日 ○希望の研究構想に関する提案・討議 ○小グループによる討議	21日 ○研究開発連絡協議会の指導内容の報告	7日 ○運営指導委員長による研究構想に関しての指導（学校園長，三副校園長，三研究主任）		14日 ○研究開発の内容にかかわる指導・助言
6月	4日 ○研究開発学校連絡協議会の報告	28日 ○希望部会と大学連携の報告	21日 ○広島大学の共同研究者による研究構想に関しての指導（学校園長，三副校園長，三研究主任，希望部会各キャップ）		
7月	20日 ○運営指導委員会の報告 ○研究会に向けて	9日 ○研究会について ○希望部会の進捗状況		17日【第1回】 ○希望の授業提案 ○研究構想に関する指導	
8月	2日〈職員研修会〉 ○キャリア教育に関して（外部講師招聘） 27日〈職員研修会〉 ○ナラティブ・アプローチに関して（外部講師招聘）	30日 ○カリキュラムに関する討議 ○研究会に向けて ○希望部会の進捗状況報告			
9月		20日 ○研究開発報告書と評価書について			
10月	24日 ○研究会に向けて ○シンポジウムの概要 ○説明研究会までのスケジュールと役割分担	11日 ○研究構想の提案			
11月	8日 ○研究会で提案するプレゼンテーションの検討 15日 ○保育・授業公開に向けての準備と確認	5日 ○平成24年度自己評価書・25年度研究計画書の提出に関して提案 ○研究会で提案する構想のプレゼンテーション ○研究会当日の動き確認		16・17日公開研究会【第2回】 ○希望の保育・授業提案 ○保育・各教科の授業提案 ○研究構想の基調提案 ○協議会 ○シンポジウム	
12月		3日 ○研究報告書について			
1月	8日〈職員研修〉 ○次年度のシラバス作成に向けて 24日 ○研究報告書の内容確認 ○執筆原稿依頼	17日 ○研究開発協議会で指導を受けたことの報告 ○研究成果と修正について			11日 ○自己評価書・計画書に基づく報告及び研究協議
2月				26日【第3回】 ○研究の評価についての指導助言 ○次年度の研究内容についての指導	
3月	19日 ○次年度のカリキュラム提出に向けて ○年度末のまとめについて	7日 ○次年度のカリキュラムの修正について			

表16-5　各年次の「希望（のぞみ）」部の組織及び取組

	研究年次	1年次	2年次	3年次	4年次	5年次	6年次
「希望（のぞみ）」部研究組織	部内構成	各校種別の4部会（小学校は低高2部会）	学習領域（学びの領域）に沿った3部会	学習領域（学びの領域）に沿った3部会	学年区分に即した5部会	学年区分に即した5部会	学年区分に即した5部会 ／ 道徳・特別活動組み入れの効果検証
	部内の部会名	幼稚園部会 小学校低学年部会（1・2年） 小学校高学年部会（3〜6年） 中学校部会	「自分づくり」から部会 「つながり」から部会 「もの」から部会	「自分づくり」から部会 「つながり」から部会 「もの・こと」から部会	入門期部会 幼小接続期部会 中間期部会 小中接続期部会 最終期部会	入門期部会 幼小接続期部会 中間期部会 小中接続期部会 最終期部会	入門期部会 幼小接続期部会 中間期部会 小中接続期部会 最終期部会 ／ 道徳プロジェクトチーム 特別活動プロジェクトチーム
	構成員	所属校種の教員	幼・小・中の教員が分かれて各部に所属	幼・小・中の教員が分かれて各部に所属	所属校種の教員（接続期は2校種の教員が所属）	所属校種の教員（接続期は2校種の教員が所属）	所属校種の教員（接続期は2校種の教員が所属） ／ 幼・小・中の教員が分かれて各部に所属
	取組の要点	幼・小・中それぞれで目標を共有し、活動内容を試行・創造する。	「希望（のぞみ）」の活動内容を特徴的な3つの領域に分け、各領域に幼小中の教員が所属し、共に協議しながら活動内容を試行・創造する。	活動内容とともに子どもたちの学び方・学びのサイクル等に関して、幼小中の教員で試行・創造・検討する。	各発達段階において何を大切にするか考慮しながら実践・検討・修正を繰り返す。子ども自身が主体的に自己を成長させる評価方法に関して実践・検討・修正を繰り返す。		
作成した主な図・表	育成するもの	「『希望（のぞみ）』でつけたい力とそれを支える価値観」			「『希望（のぞみ）』で育成する3つの資質・能力及び態度・価値観」「社会的自立の基礎となる資質・能力」「社会的自立の基礎となる態度・価値観」		
	全体構造	（新領域「希望（のぞみ）」の構造図）	研究構造図			教育課程構造図	
	目標	目標構造図					
	目標内容方法		「3つの学習領域の重点の置き方と『めざす子ども像』とのかかわり」「各学習領域で育成する基礎的・汎用的能力の学年別観点表」「態度・価値観系統表」（各部）「活動・単元系統表」（各部）	「能力、態度・価値観の焦点化」（各部）「能力及び態度・価値観めざす子どもの姿の関連表」（各部）「活動・単元・目標関連表」（各部）「学習法・学習サイクル」（各部）	「12年間の『発達と接続』を意識した学年区分」	「『希望（のぞみ）』の各学習領域における学習サイクルと目的」「『希望（のぞみ）』学年区分における活動・単元系統表」	
	リソース	「学校園内外のリソースの区分け」					
	評価				「『希望（のぞみ）』の評価方法と評価方法の開発でめざす姿」		
					「『希望（のぞみ）』学年区分における重点目標と効果測定」		
						「主体的に自己を成長させる評価方法」	
							「通教科的能力のルーブリック子どもの活動場面での評価」「通教科的能力のルーブリック子どものポートフォリオにおける評価」
					「通教科的能力と保育・教科の資質・能力等との関連」※保育・教科部で作成		

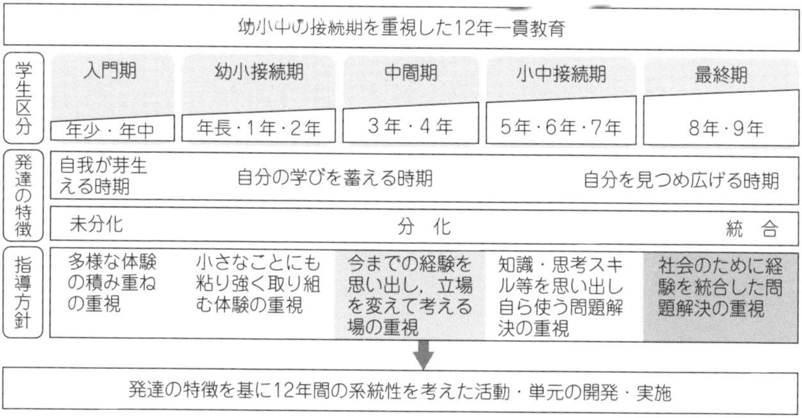

		幼小中の接続期を重視した12年一貫教育			
学年区分	入門期	幼小接続期	中間期	小中接続期	最終期
	年少・年中	年長・1年・2年	3年・4年	5年・6年・7年	8年・9年
発達の特徴	自我が芽生える時期	自分の学びを蓄える時期		自分を見つめ広げる時期	
	未分化	分　化			統　合
指導方針	多様な体験の積み重ねの重視	小さなことにも粘り強く取り組む体験の重視	今までの経験を思い出し、立場を変えて考える場の重視	知識・思考スキル等を思い出し自ら使う問題解決の重視	社会のために経験を統合した問題解決の重視

発達の特徴を基に12年間の系統性を考えた活動・単元の開発・実施

図16-3　12年間の発達の特徴と指導方針

（6）「希望（のぞみ）」の教育評価を経て「光輝（かがやき）」へ
①「希望（のぞみ）」の評価

研究開発学校の取組では，表16-6に示すような項目について毎年評価を行い，研究推進の状況を把握し，改善にいかした。ここでは，研究開発6年次の児童生徒への効果の検証方法の概要を述べる。

児童生徒への効果は，社会的自立の基礎となる資質・能力及び態度・価値観について，量的な変容と質的な変容の両面から捉えた。

量的な変容は質問紙調査（4件法）で，普段の生活における社会的自立の基礎となる資質・能力及び態度・価値観に関連する意識や行動を問うた。1～9年生の児童生徒を対象に4月と7月（例年，2回目は10月実施だが，研究開発最終年度のため7月実施）に実施し，「希望（のぞみ）」の学習による変容を見取った。図16-4は資質・能力及び態度・価値観ごとにまとめた質問項目の肯定的回答の割合の平均をもとに作成したものである。各学年区分単位で見たとき，3つの資質・能力については7月時点で，最終期を除く全ての学年区分において80％以上の肯定的回答を示している。また，3つの態度・価値観の中で，「自律」「共生」については，7月時点で各学年区分とも80％以上の肯定的回答を示している。一方，「参画」については，小中接続期部会以外は4月に比べ

表16-6　研究推進に関する評価の観点

	項目	概要
研究課題への取り組み方	全体計画	どのような考え方に立って研究課題に取り組んだか。 その考え方を途中で修正する必要が生じたか。その理由は何か。
	教育課程	研究課題や研究に当たっての考え方は教育課程の編成に際し，主としてどういう点に生かされたか。
	指導方法	研究課題や研究に当たっての考え方は指導方法のどういう点に生かされたか。
	学校運営	この研究の実施は学校の運営に当たって円滑に進められたか。
研究開発の内容	教育課程	編成した教育課程にはどのような特徴があったか。 教育内容の構成は適切であったか。
	指導方法	実施された指導方法等はどのような特徴があるか。 指導方法等は適切であったか。
実施の効果	児童生徒への効果	研究課題や研究のねらいに対応した児童・生徒の変容が見られたか。
	教師への効果	研究開発で問題にしている事柄について教師の認識や態度は変化したか。
	学校運営への効果	研究開発を実施したことによって，学校運営全般にわたってどのような影響が見られたか。
	保護者への効果	保護者や地域社会の学校に対する関心・理解・協力等に変化が見られたか。

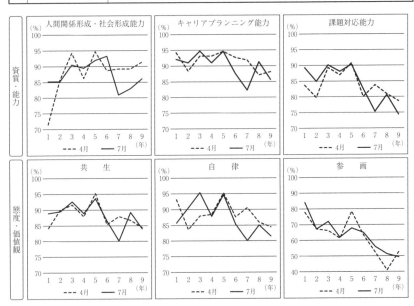

図16-4　質問紙調査における肯定的回答の変容

表16-7　中間期（3・4年）における変容　資質・能力について

キャリアプランニング能力	三年	学校のために何ができるか，自分でやろうと決めた目標に向かって活動することができた。活動を振り返ることで，だんだんと自分を客観的に見つめられるようになってきた。その結果，自分の役割や仕事に責任をもって取り組み，学校のみんなが気持ちよく生活できるように考えることができるようになった。
	四年	幼稚園年長児との交流を通して，「なりたい自分」について，吟味させることを通して，「なりたい自分」という目的に対して，ステップアップしていくための目標を立てることが出来るようになった。また，8年生が4年生の時に，幼稚園児だった自分たちにかかわってくれたことをヒントにし実践することで，上級生としての関わり方や，8年生になった時の自分のあり方についても考えることができた。
人間関係形成・社会形成能力	三年	活動を重ねていくうちに，自分の考えよりも「みんなが気持ちよくすごすことができる」を優先して考え取り組むことができるようになってきた。グループやクラスで課題解決に向けて話し合う場面では，友だちの意見に賛同したり折り合いをつけたりしながら進めていくことができた。
	四年	園児は，自分たちにとっていわゆる「絶対的弱者」であり，何かをしてあげたいという自分の思いを十分に発揮できる幼稚園年長児との交流はとても楽しみなものであり，「守るべきもの」といったような保護者的な立場を経験することが出来た。また一人の園児に対して，二人以上で交流するため，同学年間でもチームワークのような協力体制が芽生え，園児とかかわることができるようになった。
課題対応能力	三年	計画→実践→課題発見→改善を繰り返し行うことで，徐々によりよい活動になった。活動ができていない場合については，具体的な根拠を見つけ，その原因の改善案をグループや全体で話し合うことができるようになった。
	四年	園児との交流において，発達段階が全く異なるので，園児の行動が理解できずに対応に悩んでいる場面も見られた。具体的には，今まで一緒に遊んでいたのに，園児が何を思ったのか，いきなり違うことを始めたり，勝手にどこかへ行こうとしたりすることがあり，その対応に困っている場面も見られたが，どうやったら園児を楽しませることができるかを相談し考える姿を見ることができた。その結果，園児を自分たちに合わせるのではなく，自分たちを園児に合わせることに気付き，接することができるようになった。

て7月の方が肯定的回答の割合が増えている。

　質的な変容に関わっては，学年ごとに，単元におけるワークシート，振り返りや感想，関係者への手紙，授業者の見取りや対話に基づく所感により，資質・能力及び態度・価値観の変容を見取り，子どもたちへの効果を検証した。中間期の資質・能力の変容を例に挙げる（表16-7）。

② 「光輝（かがやき）」へ

　上記の通り，6年間の「希望（のぞみ）」の取組により，子どもたちには社会的な自立の基礎となる資質・能力及び態度・価値観が育まれたと考えた。しかし，実生活における目的実現や課題追究，社会参画などの場での活用という

点では，十分ではないのではないか，という視点が生まれた。例えば，小中学校の子どもの場合，見通しをもつことができる学習や行事においてはある程度の結果を出すことはできるものの，既存の枠から飛び出すことがなかなかできず，飛び出したとしても自分たちの力では対応できないという姿である。

　また，教員には，「希望（のぞみ）」で培った力を教科に生かしたり，教科で培った力を「希望（のぞみ）」で生かしたりすることで，一層の効果が図れるのではないかという思いが生じていた。さらには，社会情勢はグローバル化や情報化の一層の進展に加えて，エネルギー問題や貧困問題など，無数の問題が顕在化し，人種，性別，年齢などに関係なく，全ての人々が自分の能力を生かしながら働く多様性社会が訪れることも想定された。

　こうした本学校園の子どもの姿，研究の進捗，教員の思い，社会背景などから，「希望（のぞみ）」に続く新たな研究開発課題と目指す子ども像を次のように設定した。

〈研究開発課題〉高度に競争的でグローバル化された多様性社会に適応するために求められる，3つの次元（躍動する感性・レジリエンス・横断的な知識）の基礎となる資質・能力を育成する幼小中一貫教育カリキュラムの研究開発

〈目指す子ども像〉互いに高めあう環境の中で共創の喜びを感じながら，広い視野から知性を磨き，挑戦する気概をもち続けて，社会の発展に貢献する高い志をもつ子ども

　2018（平成30）年度から新領域「光輝（かがやき）」を中心とした幼小中一貫教育カリキュラムの開発に取り組んでいる。「光輝（かがやき）」では，従来の総合的な学習の時間に道徳及び特別活動の全ての時間を配当したり，各教科4分の1程度を上限に関連的に実施したりしている。領域や教科の枠を取り払うことで，子どもたちが自由闊達かつ多面的・多角的に物事を捉え，自己を見つめ直し，自分で将来を切り開くために必要な資質・能力を育むことができるようにしている。

　新たな問題や複雑な問題に取り組む際には，人間味あふれた感覚で前向きな価値観に基づいて行動しようとする姿勢「躍動する感性」で，困難な問題に出合っても粘り強くかつしなやかに対応できる「レジリエンス」をもち，既有の

表16-8　3つの次元（躍動する感性，レジリエンス，横断的な知識）の基礎となる資質・能力

次元	基礎となる資質・能力	
【躍動する感性】 人間味溢れる豊かな感覚を高め，前向きな価値観に基づき行動しようとすること	・人間味溢れる豊かな感覚	未知なものや自分とは異なる考え方に興味・関心を持つ。
	・自ら学ぼうとする姿勢	学ぶことに対して，自分で価値を見出し，意欲的に打ち込む。
【レジリエンス】 逆境にさらされても適応し，目標を達成するために再起すること	・粘り強く取り組む力	困難な状況においても挑戦し続けることができる。
	・コラボレーションする力	公正な態度をもって，価値観の異なる他者と協働することができる。
	・複眼的に思考する力	1つの出来事や事実を多くの異なる視点から違う見方をすることができる。
【横断的な知識】 習得した知識を実生活等において活用すること	・知識と知識を関連付けながら追究する力	学習したことと学習していることを関連させて考え方を広げ，どこまでも深く調べて明らかにしようとする。
	・論理的に問題を解決する力	根拠に基づき，筋道を立てて考え，問題を解決することができる。

知識を活用できる「横断的な知識」が必要である。そこで，目指す子ども像の育成に向けて表16-8に示す資質・能力を設定した。個々の資質・能力にのみ着目するのではなく，関連する資質・能力の関係性を意識しながら幅広い視点で育成を図ることが有効であると考えた。その枠組みを「次元」と呼んでいる。

　表16-9は「光輝（かがやき）」を通して育成する構成概念と方法的知識，各教科の見方・考え方，教育方針，学校文化等を関連づけてカリキュラムの構造整理・可視化を試みているものである。

③　実践事例「教科との関連を意識した『コロナプロジェクト』」第4学年

　新型コロナウイルス感染症の拡大に伴い全国的に臨時休校が実施された2020（令和2）年6月〜11月の光輝（かがやき）30時間の実践を紹介する。コロナ禍だから既存の活動ができないと考えるのではなく，コロナ禍だからこそ自分たちにできることは何かと捉えて取り組んだ例である。感染対策を講じつつ，子ども主体で行った活動の概要は次の通りである。

　❶　コロナ禍における学校生活での悩みや困り具合について，アンケート

表16－9　多様性社会における構成概念と発達に応じた保育・各教科等で育む力との関連表

	多様性社会における構成概念				各教科の方法的な知識
	創造性 独自性 （いまないもの）	相互依存性 （おたがいのつながり） 協働・連携・責任性 （力を合わせて）	持続可能性 （ずっとつづく） 有限性 （かぎりがある）	多様性 多文化共生 （一人一人のちがいを大切に）	
幼小接続期	あきのものであそぼう（1年） 遊び場大作戦（2年）	お店やさんごっこ（幼） あきのものであそぼう（1年） 遊び場大作戦（2年）			言葉のまとまりや順序・作業手順や時間の順序の関係・説明（国） ※活動や経験と各教科とを行き来しながら方法的な知識の素地を養う。
転換期	ダルマ祭りをつくろう（3年） コロナ問題（4年）	ダルマ祭りをつくろう（3年） コロナ問題（4年）	環境フェス（4年）		ローマ字入力とPC検索，事実と意見，キーワード，要約力（国）原因，結果から考察（理）グラフや表の整理（算）
小中接続期	創ろう！私たちの運動会（6年）	創ろう！私たちの運動会（6年）	三原市の20年後への提案（7年）	海族 VS 新型コロナウイルス（5年）	割合，統計，表の整理（算）メディアリテラシー（社）目的と相手意識，テーマや主題の読み取り（国）
義務教育完成期	個人で探究活動に取り組もう（8・9年）				文章作成，文献の比較（国）スピーチ，英作文（英），関数の考え方，統計（数）多様性の理解（保体）
各教科	空間的，多面的多角的な見方や考え方（社） 異文化理解（外，英） 伝統や文化との関連（音） 生物の種類と分類（理）	人の相互，社会参加，仕組みと制度（社） 独立変数と従属変数，生態系，環境問題，生物どうしのつながり，太陽系の天体（理） 運動を「支える」関わり方（体）	時間的な見方，変化（社） 質量保存の法則，力学的エネルギー保存の法則，エネルギー問題，環境問題，生命の連続性，進化（理） 持続可能な社会の構築（家）	造形的な視点，自分のイメージ（図） 生物の進化，ものづくり（理） 長所と短所（社） 統合的・発展的に考える（算，数） 運動との多様な関わり方（体）	**横断的な知識** 比較・分類・関係付け・焦点化・多角的・統合・予想・順序付け・批判・未来予測 計画・確率・平均・マクロ的・ミクロ的
特別活動	自己実現 多様な他者と協働する様々な集団活動の意義	人間関係形成，自己実現，合意形成，意思決定	社会参画，行動参加	自主的・実践的な集団活動	**レジリエンス** 挑戦・協働・複眼的・試行錯誤・参加・参画
道徳	国際理解，相互理解，寛容，自然愛護，畏敬，自国優先と共生，民族	相互理解，寛容，思いやり，感謝，勤労，奉仕，学校生活，集団生活の充実，自主，自律，自由と責任，公正，公平	生命尊重，郷土愛，伝統文化，開発と保護・保全，経済優先と環境保護	公徳心，社会正義，向上心，個性の伸長	**躍動する感性** 興味・関心・価値・意欲・感じ方・行動

背景となる
本学校園の教育理念・文化　　　自伸会信条（利他性）
ペア・異学年交流

表16−10 単元指導計画及び評価活動について（全30時間）

次		学習内容【合科・関連する教科】	育成したい資質・能力に関する具体的な姿（資質・能力）	評価方法
1 課題設定	1	①とくし丸に休業中の手紙を手渡しする。社会福祉協議会から手紙活動の価値づけをしてもらう。・移動スーパーとくし丸とコラボして，コロナ禍における尾三地区の高齢者を励ます手紙を届ける。	・問題や課題を設定する力・活動を計画し，見通す力	ワークシート 話し合いの様子
	2〜4	②単元の課題を設定する。・「私がぼくが，感じているコロナ問題って何？」について短冊に記入し，分類する。・「どんな人たちがコロナ問題で困っているかを考え，インタビューを行い，具体的に把握する。多角的な見方や考え方【社会】統計を読み取る力や統計から変化を読む力【算数】インタビューやメモ【国語】	・人間味溢れる豊かな感覚・問いや課題を設定する力・インタビュー	ワークシート 活動の様子
2 調べ学習	5〜9	③コロナ問題について，調べるチームと活動チームに分かれて活動する。調べるチーム（日本の過去の感染症，海外の克服事例）活動チーム（全校に困り具合のアンケート）・ローマ字入力，各段落の要旨（キーワード）を的確に見つけ出す。各段落および文章全体を短文要約できる。【国語】	・情報の正誤を判断する力（メディアリテラシー）。・情報を選分類や取捨選択できる力。・分類や比較，集めた情報の比較	ワークシート 活動の様子
	10〜13	④インターネット検索，新聞，インタビュー，専門家への質問を行い，各種メディアとの長所と短所を考える。・各種メディアの特性の理解【国語】	・時間軸と空間軸で物事を比較する，社会の多様性を理解する力，不利益者の立場を考える。（複眼的に思考する力）	ワークシート 活動の様子
3 分類・整理	14〜20	⑤調べたことを思考ツールを使用して分類や整理をしたり，比較や関連付けたりしながらまとめ，中間発表会に向けた準備を行う。・ゲストティーチャーを招聘しての中間発表「自分達が出来ること，大人が行うこと」，「今できる，将来的に行うこと」等の分類や選択する際の視点【社会科・特活】不利益者などの多角的な見方や考え方【社会科】	・分類や比較，集めた情報の比較に使える思考ツールを活用しながら習得する。（KJ法・フィッシュボーン図・ベン図・4象限マトリクス図など）	ワークシート 活動の様子

		⑥社会や校内への発信　最終発表会 　単元のまとめとふり返り。 　結果から考察という学習方法【理科】 　依頼文やお礼状を書く，質問する等および， 　今後の発表や発信場面ではポスターや標語， 　意見文，シンポジウム等の関連【国語】	・中間発表での問題点を話 　し合ったり，活動の失敗 　後に再度修正していくこ 　と。(粘り強く取り組む 　力)	ワークシート 2枚活動の様 子。
4 発表・発信	20 〜 30			

やインタビューを行い，分析を行って課題設定を行う。

❷　インターネットや新聞などを活用しながら調べたことを，思考ツールを活用して比較や分類を行う。

❸　社会科の単元で獲得した「今の自分にできること」という見方や考え方を活用して発信の内容を選択するとともに，効果的に伝えることも目標として，生活の改善や解決に向けての提案や活動を考える。

❹　最終活動として，コロナ予防ソングを作曲してSNSを通じて社会に発信，啓発カルタや手洗い動画・絵本を作成，マスクを外してよいエリアの開設等，様々なプロジェクトを実践する。

　表16-10は単元指導計画と評価活動である。表16-11は本実践の単元の評価規準である。

　この実践では，60人の学年児童が6チームに分かれ，「手洗い動画」「歌＆ダンス」「絵本」「新聞」「すごろく」「カルタ」の作成とその発信をした。単元指導計画にある通り，算数科や国語科，社会科など他教科との関連を図りつつ進めた。図16-5は「歌＆ダンス」チームが「コロナ予防ソング」をSNSで発信しているところである。また図16-6は「絵本」チームが作成した感染予防啓発絵本である。この取組を通し，子どもたちは時代がもたらす新たな課題に対し，「自分たちにできること」を自ら考え行動することの大切さを学んだ。授業担当者はこの学びについて，学年だよりの中で次のように保護者に伝えている。「社会や生活上の問題を協働的に解決していく学びでした。思考力や表現力といった各教科で学んでいることも，生活や暮らしの文脈の中で活用することで，より身に付いていきます。さらには，『今の』，『自分達にできること』を大切にして，試行錯誤しながら行動や発信していくことまで行いました。」

表16 - 11　「コロナプロジェクト」の評価規準

3つの次元	躍動する感性	レジリエンス	横断的な知識
育成する 資質・能力	人間味溢れる豊かな感覚 自ら学ぼうとする姿勢	粘り強く取り組む力 コラボレーションする力 複眼的に思考する力	知識と知識を関連付けながら 追究する力 論理的に問題を解決する力
単元の 評価規準	・身近な学校生活における問題点や外部からの要請を受けて設定した学習課題の解決に取り組み，課題解決によって他者の役に立つ喜びを味わう。 ・目的や相手に合わせて，調べる内容や方法及び最終活動や発表形式を自覚的に選択することができる。	・社会には様々な立場の方がいることを知ったり，友人の意見を選択や判断の規準に用いたりすることができる。 ・失敗後もあきらめずに粘り強く改善を試み，成功につなげようとする。	・社会科で獲得した見方や考え方，理科での考察の書き方，国語科でのインタビューやメモの取り方，インターネット検索等の各教科での学びを探究活動につなげることができる。

図16 - 5　コロナ予防ソングを SNS で発信　　　　図16 - 6　感染予防啓発絵本

保護者に学校での学びを伝えることで，保護者も子どもたちへの肯定的な評価者となっていく。こうした形も，学校内外の人的資源を有効に機能させる取り組みといえる。

４　カリキュラム・マネジメントの充実に向けて

　ここまで，学校におけるカリキュラム・マネジメントの定義，意義をもとに，カリキュラム・マネジメントの実際について述べて来た。昨今，カリキュラム・マネジメントを取り入れた学校の事例も増え，今後大いに発展していくことが期待される。その一方，カリキュラム・マネジメントの進め方に悩む声を

聞くこともある。「学校全体のものになっていない」「継続して取り組むためにはどうすればよいだろうか」などの声である。

上記3で紹介した学校園はカリキュラム・マネジメントを活かした学校づくりが継続している事例である。この事例のような息の長い取組はなぜ可能になっているのだろうか。それは，「教員間で多くの意見を出し合いながら，みんなで取り組んでいる」ということである。筆者はカリキュラム・マネジメントの充実に向けた視点として，最後にこの点を挙げたいと思う。

カリキュラム・マネジメントは学校改善を目指す取組であるが，言うまでもなく学校改善には全教員の力が結集されることが必要である。カリキュラム・マネジメントの実施においても「学校の課題は何か，子どもにどのような力を付けたいか」「そのためにはどの教育内容を関連させ，どのような教育方法を用いていくか」など，研究課題の設定から具体的な教育活動のあり方に至るまで，全ての教員が考えを出し合い，方向性を一致させていくことが非常に重要である。筆者自身，前職として学校管理職を経験したが，教育活動が成果を上げるためには，全教員が目標を共有し，互いの信頼関係の中で持てる力を出し合うことが学校の教育力を強くすることを身をもって感じた。

カリキュラム・マネジメントが一過性のものに終わらず，また，教員の誰かだけが大変な思いをするのではなく，本当の意味で子どもに教育がしっかりと届き，教員も安心して取り組めるものとして機能するためには，「みんなで取り組むこと」を大切にする教員文化が重要と考える。

注
(1) 研究開発学校は文部科学大臣の指定を受け，教育課程に関する新たな知見を開発することを通して，学習指導要領の改訂に貢献することを使命とする。
(2) 研究開発学校の運営に関し，専門的見地から指導，助言，評価を行う委員。学校教育に専門的知識を有する者，学識経験者，関係行政機関の職員等がその任を務める。
(3) 「有為な」とは本来「能力があること。役に立つこと。また，そのさま。（大辞泉）」という意味であるが，転じて「将来に期待が持てるさま」を意味する場合もある。「自らの能力を正しく認識し，それを社会のために生かし，またそのことを

期待されるような人」を目指して，自分をよりよく育てていく子供，それは言い換えれば「『自尊（自恃）』と『共生』を，向社会的にバランスさせること（＝自律的社会参画）」ができる子どもである。

引用・参考文献

天笠茂（2020）『新教育課程を創る　学校経営戦略　カリキュラム・マネジメントの理論と実践』ぎょうせい.

中央教育審議会（2016）「幼稚園，小学校，中学校，高等学校及び特別支援学校の学習指導要領等の改善及び必要な方策等について（答申）」（平成28年12月21日）.

広島大学附属三原学校園（2018）「幼小中一貫教育で育む資質・能力　自ら伸びる子供を育てる」ぎょうせい.

広島大学附属三原幼稚園・小学校・中学校（2013）「文部科学省研究開発学校指定校研究開発実施報告書　平成24年度（第1年次）〈研究開発課題〉社会的自立の基礎となる能力・態度及び価値観の体系的な育成のための，幼小中一貫の新領域による自己開発型教育の研究開発」.

文部科学省（2018）『小学校学習指導要領（平成29年告示）解説　総則編』東洋館出版社.

（第1，2，4節：宮里智恵，第3節：石井信孝）

おわりに
——教育課程（カリキュラム）編成の改革——

　本書は，「社会に開かれた教育課程の実現」に向けた「教育課程（カリキュラム）編成の改革」について論じたものである。

　「社会に開かれた教育課程の実現」とはどうすることなのか。そもそも「教育課程（カリキュラム）の編成」はどうすればよいのか。本書は，これらの教育課程に関する基本的な課題について，新学習指導要領をベースにしながら，改革の視点をもって追究してきた。

　論の構成としては，第1章の「教育課程（カリキュラム）とは」，第2章の「教育課程（カリキュラム）改革の動向」，第3章の「教育課程（カリキュラム）編成の原理」を基本に据えて，第4章の「教育課程（カリキュラム）編成と学校図書館」，第5章〜第11章の「各教科等の教育課程（カリキュラム）の特質と課題」，第12章〜第15章の「生徒指導，進路指導・キャリア教育，特別支援教育，STEAM教育と教育課程（カリキュラム）」，第16章の「学校におけるカリキュラム・マネジメントの充実」を通して教育課程（カリキュラム）編成の改革を試みるといった2段階構成にした。

　その成果として次のことが挙げられる。

　　○教育課程（カリキュラム）の定義と意義を明確にしたうえで，「社会に開かれた教育課程の実現」を目指したこと。

　　○各教科等間の関連（各教科等横断的・総合的な学習）を意図して「創意工夫を生かした特色ある教育課程（カリキュラム）」の編成・実施を試みたこと。

　　○「カリキュラム・マネジメントの充実」を図ることによって，教育課程（カリキュラム）の編成の工夫改善を試みたこと。

　　○学習指導要領や教育課程がどのような歴史的背景をもって成立してきたのかを考える手がかりを提供したこと。

　　○読者自らの教育に対する見方を，歴史を手がかりにして相対化し，見つ

め直すための手がかりを提供したこと。
〇教育目標や重点を明確にしたうえで，様々な手順を踏みながら教育課程
　（カリキュラム）編成にあたることを示唆したこと。
〇学習指導要領で求められている教科等横断的な取り組みや学校段階等間
　の接続について，事例を通して，その必要性と工夫改善を示唆したこと。
　教育課程（カリキュラム）編成は，どの時期に，どのような方法で実施すれ
ばよいのか。
　ルソーは教育課程（カリキュラム）編成について直接，論じているわけでは
ないが，『エミール』の中で次のように述べていることが参考になる。

　　学問の研究にふさわしい時期があるのと同様に，世間のしきたりを十分
　によく理解するのに適当な時期がある。あまりに若い時にそういうしきた
　りを学ぶ者は，一生のあいだそれに従っていても，選択することもなく，
　反省することもなく，自信をもっていても，自分がしていることを十分に
　知ることもない。しかし，それを学び，さらにその理由を知る者は，もっ
　と豊かな見識をもって，それゆえにまた，もっと適切な，優美なやりかた
　でそれに従うことになる。まったくなにも知らない12歳の子どもをわたし
　にあたえてみるがいい。15歳のとき，わたしはその子を，あなたがたがご
　く幼いときから教えてきた子どもと同じくらいもの知りにして返してさし
　あげるつもりだ。ちがうところは，あなたがたの生徒の知識は記憶のうち
　にあるだけだが，わたしの生徒の知識は判断力のうちにあることだろう。
　同じように，20歳の青年を世間に出してやるがいい。よく導かれるなら，
　かれは1年後には，子どものときから世間で育てられていた者よりもいっ
　そう好ましい，いっそう的確に礼儀正しい青年になるだろう。

（ルソー　1963：324）

　ルソーのこの主張は，「人は子どもというものを知らない。」「かれらは子ど
ものうちに大人を求め，大人になるまえに子どもがどういうものであるかを考
えない。」（ルソー　1962：22-23）ことと重なる。すなわち，ルソーは，幼少年期

における消極教育を主張し，早期教育を否定しているのである。また，ルソーは，「教師は生徒にふさわしく教育されていなければならない」「よい教育をうけなかった者によって，どうして子どもがよく教育されることがあろう。」（ルソー 1962：59）ことを挙げ，教師のありようについて述べている。

カントは，『カント全集17　論理学・教育学』（岩波書店 2001）の中で，「人間とは教育されなければならない唯一の被造物である。そして，教育とは"養育（養護・保育）"と"訓練（訓育）"及び"人間形成を伴った知育"ということを意味している。」（カント 2001：217）ことを挙げ，「人間は教育によって初めて人間になることができる。」「人間は人間によってのみ教育される」。「教育を受けた人間によってのみ教育される」（カント 2001：221）。「自己自身を改善すること，自己自身を教化すること，そして自らが〔道徳的に〕悪である場合には自己自身で道徳性を身に付けるようにするということ，これらが人間の行うべき義務なのである。」（カント 2001：225）と述べている。

カントは，ルソーのいう「幼少年期における消極教育」を否定しているわけではないが，上記のことから，早期教育を肯定しているかのように思われる。そのように思われる根拠は，「訓練は〔子ども期の〕ごく早い時期から行われなければならないのである。というのも，そうでないと，成長した後になって人間を変えることは困難だからである。早期に訓練を受けていない場合には，人間はどんな気まぐれで身勝手なことでもやってのけてしまう。」「人間はその〔子ども期の〕早い時期から理性の指示に従うことに慣らされなければならない。」「子ども期に母親の過剰な愛情で大事にされ過ぎることは，人間のためにはならない。」ことに求められる（カント 2001：219）。

ルソーもカントも教育課程（カリキュラム）について直接，論じているわけではない。しかし，どの時期にどのような教育課程（カリキュラム）に基づいてどのような教育が展開される必要があるかについては，今日の学校教育制度，学齢期に少なからず影響を与えてきたことが窺われる。時期に見合った教育課程（カリキュラム）がどのように編成されどのように実施されるかが重要なのである。

教育課程（カリキュラム）編成のありようについては，今一度教育の原点に

立ち返って捉え直してみる必要がありはしないか。何のための教育であり，何のための教育課程（カリキュラム）編成なのか。その原点に立って見て，何が見えてくるのかが重要なのである。本書がその一助となれば幸いである。

　本書の発刊に当たり，ミネルヴァ書房編集部長の浅井久仁人様に，企画，運営，校正に至るまで多大なるご支援を賜った。ここに，衷心より厚く御礼申し上げる。

引用文献

ルソー著，今野一雄訳（1962）『エミール（上）〔全3冊〕』岩波書店.
ルソー著，今野一雄訳（1963）『エミール（中）〔全3冊〕』岩波書店.
カント（2001）『カント全集17 論理学・教育学』岩波書店.

（竹田敏彦）

監修・編著者紹介〔執筆担当〕

竹田敏彦（たけだ としひこ）

〔はじめに，第 1 章，第 9 章，第10章，第13章，おわりに〕

〈経歴〉同志社大学法学部法律学科卒業〔法学士〕，兵庫教育大学大学院学校教育研究科学校教育専攻生徒指導コース修士課程修了〔教育学修士〕，広島大学大学院文学研究科人文学専攻思想文化学・倫理学分野博士課程後期修了〔博士（文学）〕／広島県公立中学校教諭，広島大学附属三原中学校教諭，広島県立教育センター指導主事・企画部長・副所長，広島県教育委員会事務局教育事務所所長，広島県公立中学校校長，広島大学附属学校再編計画室室長，尾道市立大学非常勤講師，広島大学大学院教育学研究科非常勤講師，広島国際大学心理科学部教授・教職主任，安田女子大学教職センター教授，安田女子大学心理学部教授，安田女子大学教育学部教授（2022年 4 月～）／日本道徳性発達実践学会常任理事，SAME（学校と道徳教育）研究会代表，日本道徳教育方法学会会員，日本倫理学会会員，日本教材学会会員，日本教師教育学会会員

〈著書〉『グローバル化に対応した新教職論──児童生徒にふさわしい教師・学校とは』〔監修・編著〕（ナカニシヤ出版，2021），『いじめはなぜなくならないのか』〔監修・編著〕（ナカニシヤ出版，2020），『道徳科を要とする道徳教育の理論と実践』〔監修・編著〕（ナカニシヤ出版，2019），『なぜ学校での体罰はなくならないのか──教育倫理学的アプローチで体罰概念を質す』〔編著〕（ミネルヴァ書房，2016），『「私たちの道徳」教材別ワークシート集 中学校編』〔共著〕（明治図書，2015），他多数

〈論文〉「いじめの傍観者を仲裁者に変える道徳教育の方法──道徳科を要として」〔単著〕（安田女子大学紀要 No.50，2022），「いじめ防止のための道徳教育の創造──総合単元的な道徳学習によって」〔単著〕（安田女子大学紀要 No.49，2021），「いじめをなくすためにはどうすればよいのか─傍観者を仲裁者に変える」〔単著〕（安田女子大学紀要 No.48，2020），「教師や親の体罰はなぜなくならないのか」〔単著〕（日本子ども虐待防止学会『子どもの虐待とネグレクト』Vol.22 No.1，2020），「体罰といじめの深層を考える」〔単著〕（安田女子大学紀要 No.47，2019），「道徳科の指導と評価の在り方─「特別の教科 道徳」の趣旨を生かして」〔単著〕（安田女子大学紀要 No.46，2018），「魅力的な道徳科授業のために必要な理論と実践─大学の道徳教育カリキュラムを検討する」〔単著〕（日本道徳性発達実践学会『道徳性発達研究』第10巻 第 1 号，2016），他多数

著者紹介〔執筆担当〕

奥 田 秀 巳（おくだ ひでみ）北海道教育大学（函館校）教育学部国際地域学科 准
　　　　　　　　　　　教授 〔第2章〕

植 田 和 也（うえた かずや）香川大学大学院教育学研究科高度教職実践専攻
　　　　　　　　　　　（教職大学院）教授 〔第3章〕

中 島 正 明（なかしま まさあき）安田女子大学 名誉教授 〔第4章〕

松 尾 賢 徳（まつお まさのり）広島県呉市立川尻中学校 校長 〔第5章〕

山 川 健 一（やまかわ けんいち）安田女子大学文学部英語英米文学科 准教授
　　　　　　　　　　　〔第6章〕

小 野 藤　訓（おのふじ さとし）広島県江田島市教育委員会 教育長 〔第7章〕

斎藤美由紀（さいとう みゆき）広島県清水ヶ丘高等学校・呉青山中学校高等学校
　　　　　　　　　　　校長 〔第8章〕

蔵 石 佳 代（くらいし かよ）大阪桐蔭中学校高等学校 教諭 〔第11章〕

金 綱 知 征（かねつな ともゆき）香川大学大学院教育学研究科高度教職実践専攻
　　　　　　　　　　　（教職大学院）准教授 〔第12章〕

船 津 守 久（ふなつ もりひさ）安田女子大学心理学部現代心理学科 教授
　　　　　　　　　　　〔第14章〕

角 谷 昌 則（かくたに まさのり）東洋大学生命科学部生命科学科 教授〔第15章〕

宮 里 智 恵（みやさと ともえ）広島大学大学院人間社会科学研究科教職開発専攻
　　　　　　　　　　　（教職大学院）教授 〔第16章：第1・2・4節〕

石 井 信 孝（いしい のぶたか）広島大学附属三原小学校 副校長
　　　　　　　　　　　〔第16章：第3節〕

教育課程(カリキュラム)編成はこうすればよい
──社会に開かれた教育課程の実現──

2022年3月20日　初版第1刷発行　　　　　　　　〈検印省略〉

定価はカバーに
表示しています

監 修 者　　竹　田　敏　彦
編 著 者　　竹　田　敏　彦
発 行 者　　杉　田　啓　三
印 刷 者　　中　村　勝　弘

発行所　株式会社　ミネルヴァ書房
607-8494　京都市山科区日ノ岡堤谷町1
電話(075)581-5191／振替01020-0-8076

ISBN978-4-623-09330-4

Printed in Japan

カリキュラム研究事典

──クレイグ・クライデル 編

西岡加名恵・藤本和久・石井英真・田中耕治 監訳　B5判　834頁　本体20000円＋税

●カリキュラム論の発祥地・アメリカでつくられたカリキュラム研究事典。基本的なキーワードの解説に加えて周辺にあるコンセプトや研究機関の解説まで全505項目を収録。それぞれの項目を簡潔かつ明快に解説、「読む事典」として活用できる。今後の日本の教育課程への示唆を与える一冊。

［原書　Craig Kridel (Ed.) *Encyclopedia of Curriculum Studies.* Vol. 1-2 (SAGE, 2010)］。

小学校教育用語辞典

──細尾萌子・柏木智子 編集代表　四六判　408頁　本体2400円＋税

●小学校教育に関わる人名・事項1179項目を19の分野に分けて収録。初学者にもわかりやすい解説の「読む」辞典。小学校教員として知っておくべき幼稚園教育や校種間の連携・接続に関する事項もカバーした。教師を目指す学生、現役の教師の座右の書となる一冊。

なぜ学校での体罰はなくならないのか
──教育倫理学的アプローチで体罰概念を質す

──竹田敏彦 編著　A5判　192頁　本体3200円＋税

●教員たちは、なぜ「愛のむち」「スキンシップ」等といった「法的に許容される体罰行為」が存在しうると考えてしまうのか。本書では、学校現場での暴力性を応用倫理学的アプローチ（教育倫理学的アプローチ）によって検証し、学校教育法第11条但書（体罰の禁止）の意味と意義を再確認する。体罰論をめぐる教育論と法理論の接点を求めるべく、「体罰概念の混乱」を克服し、「体罰概念」を明確にする。

── ミネルヴァ書房 ──

https://www.minervashobo.co.jp/